Klaus Hurrelmann

Familienstreß
Schulstreß
Freizeitstreß

Gesundheitsförderung
für Kinder und Jugendliche

2. Auflage

Beltz Verlag · Weinheim und Basel

Klaus Hurrelmann, Jg. 1944, Prof., Dr., Hochschullehrer für Sozialisations- und Bildungsforschung an der Universität Bielefeld, Sprecher des Sonderforschungsbereiches „Prävention und Intervention im Kindes- und Jugendalter"

Die Deutsche Bibliothek — CIP-Einheitsaufnahme

Hurrelmann, Klaus
Familienstress, Schulstress, Freizeitstress:
Gesundheitsförderung für Kinder und Jugendliche /
Klaus Hurrelmann. – 2., unveränd. Aufl., – Weinheim ;
Basel : Beltz, 1994
  (Beltz grüne Reihe)
  ISBN 3-407-25124-6

Alle Rechte, insbesondere das Recht der Vervielfältigung und Verbreitung sowie der Übersetzung, vorbehalten. Kein Teil des Werkes darf in irgendeiner Form (durch Photokopie, Mikrofilm oder ein anderes Verfahren) ohne schriftliche Genehmigung des Verlages reproduziert oder unter Verwendung elektronischer Systeme verarbeitet, vervielfältigt oder verbreitet werden.

2., unveränderte Auflage 1994

Lektorat: Peter E. Kalb

© 1990 Beltz Verlag · Weinheim und Basel
Satz: Walter Huber, Ludwigsburg
Druck und buchbinderische Verarbeitung: Druckhaus Beltz, Hemsbach
Herstellung: Goldener Schnitt, Rainer Kusche, Sinzheim
Umschlaggestaltung: Dieter Vollendorf, München
Printed in Germany

ISBN 3-407-25124-6

Eure Kinder sind nicht eure *Kinder.*
Es sind Söhne und Töchter von des Lebens Verlangen nach
   sich selber.
Sie kommen durch euch, doch nicht von *euch;*
Und sind sie auch bei euch, so gehören sie euch doch nicht.
Ihr dürft ihnen eure Liebe geben, doch nicht eure Gedanken,
Denn sie haben ihre eigenen Gedanken.
Ihr dürft ihren Leib behausen, doch nicht ihre Seele,
Denn ihre Seele wohnt im Hause von Morgen,
Das ihr nicht zu betreten vermöget,
selbst nicht in euren Träumen.
Ihr dürft euch bestreben, ihnen gleich zu werden,
Doch suchet nicht, sie euch gleich zu machen.
Denn das Leben läuft nicht rückwärts,
Noch verweilet es beim Gestern.

KHALIL GIBRAN

Vorwort

Dieses Buch ist aus Referaten und Ausarbeitungen für Fort- und Weiterbildungsveranstaltungen für Ärzte, Lehrer, Sozialarbeiter, Erzieher, Psychologen und Soziologen in der Familien-, Kinder- und Jugendarbeit und im Gesundheitswesen hervorgegangen. Es greift ein Thema auf, das in den letzten Jahren erheblich an Brisanz gewonnen hat: Die Gesundheitsgefährdungen von Kindern und Jugendlichen in einer nur scheinbar intakten Gesellschaft und Umwelt.

Auf den ersten Blick ging es Kindern und Jugendlichen noch nie so gut wie heute. In allen Industrieländern des Westens sind sie sozial in einem hohen Maße selbständig, genießen eine im Vergleich zu früher meist freizügige Erziehung ohne autoritäre Allüren der Eltern und können sich im Medien- und Freizeitbereich nach eigenen Wünschen und Interessen bewegen. Sie stehen materiell so gut da wie noch keine Generation vor ihnen, und sie sind auch gesundheitlich in einer günstigeren Lage, da die traditionellen Kinderkrankheiten weitgehend besiegt sind, die noch in der Zeit nach dem zweiten Weltkrieg vielen das Leben schwer machten.

Auf den zweiten Blick aber stellen sich Bedenken ein. Im sozialen Bereich fällt uns auf, wie unsicher die Beziehungen und Kontakte von Kindern und Jugendlichen vor allem im Familienbereich geworden sind und wie sehr die Gefahr wächst, daß sie von Verunsicherung, Vernachlässigung oder Überforderung betroffen werden. Die schulischen Leistungsanforderungen sind enorm angestiegen und führen bei vielen Kindern und Jugendlichen zu erheblichen Beanspruchungen. Die materiell günstige Ausstattung drängt viele Kinder und Jugendliche in einen konsumistischen Zugzwang und in eine unangenehme Konkurrenz mit Gleichaltrigen im Freizeitbereich. Die Auswirkungen der ökologischen Krise und der Umweltschädigung werden zunehmend spürbar. Teilweise als Reaktion auf diese Veränderungen stellen wir ein Ausbreiten von neuartigen psychosozialen und psychosomatischen Beschwerden und Krankheiten fest, die sich mit den herkömmlichen medizinischen Klassifikationen nur schwer oder gar nicht fassen lassen.

Dieses Buch bemüht sich darum, die wissenschaftliche Grundlage für neue Weichenstellungen in Theorie und Praxis zu legen. Es orientiert sich an der modernen sozialisationstheoretischen Konzeption, die – in Sozialmedizin und Sozialpsychiatrie, Psychologie, Pädagogik und Soziologie – das Kind ebenso wie den Jugendlichen, den Erwachsenen und den alten Menschen als einen „produktiven Verarbeiter" der äußeren und der inneren Realität und als Gestalter der eigenen Umwelt und der eigenen Persönlichkeit in dieser Umwelt versteht. Aus dieser Konzeption heraus werden Analysen der Lebenssituation von Kindern und Jugendlichen vorgenommen und Vorschläge für eine umfassende „Gesundheitsförderung" abgeleitet.

Ich bedanke mich bei den Teilnehmerinnen und Teilnehmern der Fort- und Weiterbildungsveranstaltungen, die mit kritischen Rückfragen und Ergänzungen zum Zustandekommen dieses Textes beigetragen haben.

Besonders zu Dank verpflichtet bin ich Bettina von Bornhaupt, die die Materialrecherchen zum ersten Kapitel ergänzt und den gesamten Text sorgfältig redigiert hat.

Inhaltsverzeichnis

Vorwort VII
Einleitung 1

1. Gesundheitsstand und Krankheitssymptome bei Kindern und Jugendlichen

Veränderung der Krankheitsbilder 10
Chronische körperliche Krankheiten 17
Psychophysiologische und psychosomatische Krankheiten . 21
Psychosoziale Auffälligkeiten 29
Alkohol-, Tabak-, Drogen- und Medikamentenkonsum ... 42
Körperliche Mißhandlung, sexueller Mißbrauch
und psychosoziale Vernachlässigung 50

2. Gesundheitsbeeinträchtigungen als bio-psycho-soziale „Kosten" der modernen Lebensweise

Lebenswelt, Umwelt, (Körper-)Selbst und Gesundheit ... 58
Theoretische Erklärungsansätze in Medizin, Psychologie
und Soziologie 65
Interdisziplinäre Theorieansätze:
Ein ökologisch-sozialisationstheoretisches Modell 73

3. Familienstreß – Auswirkungen des Strukturwandels der Eltern-Kind-Beziehungen

Strukturwandel der Familie und der Eltern-Kind-
Beziehungen 84
Die Spannung zwischen den Rechten der Eltern
und den Rechten der Kinder 102
Unterstützung von Familien durch Kindertagesstätten
und Nachbarschaftshilfen 113

4. Schulischer Leistungsstreß als Gesundheitsrisiko

Leistungserwartungen und Statusdruck durch die Eltern . . 129
Die Wahrnehmung der Schule durch Kinder
und Jugendliche 133
Subjektive und objektive Auslöser von „Schulstreß" 138
Eine „gute" Schule als Beitrag zur Gesundheitsförderung . . 143

**5. Gesundheitsgefährdungen im Umwelt-,
Wohn- und Freizeitbereich**

Gesundheitsgefährdung durch ökologische Schäden 155
Veränderung der sozialen Lebenswelt 162
Die mediatisierte Umwelt 168
Freizeitstreß und Wertirritierungen 173

**6. Gesundheitsförderung als umfassende
Kinder- und Jugendpolitik**

Konzeptionen und Institutionen der Gesundheitsförderung 184
Begründung und Konzeption der Gesundheitserziehung . . 197
Medizinische und psychosoziale Versorgung von Kindern
und Jugendlichen 213

Literatur 225

Einleitung

Kinder und Jugendliche können heute fast in dem gleichen Ausmaß wie Erwachsene die Segnungen einer reichen Wohlfahrtsgesellschaft genießen, aber sie spüren ganz offensichtlich auch zunehmend die „Kosten" der modernen Lebensweise. Ebenso wie Erwachsene zahlen sie ihren Preis für die fortgeschrittene Industrialisierung, Urbanisierung, Kommerzialisierung und Individualisierung des Alltagslebens – und sie zahlen ihn in einem Abschnitt des Lebenslaufs, in dem sie sich in einer schnellen Entwicklung ihres Körpers und im Aufbau ihrer Persönlichkeit befinden. Sie profitieren von den Möglichkeiten und Chancen des materiellen Wohlstands und der individuellen Lebensgestaltung, aber sie leiden zugleich unter den sozialen Unsicherheiten und psychischen Irritationen, die hiermit einhergehen. Kinder und Jugendliche stehen damit genauso wie Erwachsene in einem bio-psycho-sozialen Spannungszustand, den wir in der Umgangssprache als „Streß" bezeichnen. Streß ist gesund und lebenswichtig, solange ein Mensch ihn bewältigen kann; er ist ungesund und entwicklungsschädigend, wenn die Bewältigungskapazitäten überfordert werden.

Die Ausprägungen nicht bewältigter streßartiger Belastungen zeigen sich in psychischen Störungen, in psychosomatischen Beschwerden und in chronischen Krankheiten neuer Art. Wir müssen davon ausgehen, daß 10 bis 15% der Kinder und Jugendlichen an psychischen Störungen im Bereich Leistung, Wahrnehmung, Emotion und Sozialkontakt leiden. Zu den neu aufkommenden chronischen Krankheiten müssen wir insbesondere solche Formen wie Allergien, Asthma und Neurodermitis rechnen – Krankheiten, die über viele Jahre hinweg in mehr oder weniger bedrohlicher Weise das Handeln und Empfinden eines Kindes beeinflussen. Etwa 7 bis 10% aller Kinder und Jugendlichen sind von solchen chronischen Krankheiten betroffen, wobei sich insbesondere Allergien verschiedener Art sehr rasch ausbreiten und an Gewicht gewinnen. Weiterhin können wir das Vordringen von allgemeinen psychovegetativen und psychosomatischen Beschwerden bei Kindern und Jugendlichen feststellen:

Kopfschmerzen, Nervosität, Unruhe, Depressionen, Kreuz- und Rückenschmerzen, Konzentrationsschwierigkeiten, Schwindelgefühl, Eßstörungen, Magenbeschwerden und Schlafstörungen finden sich bei einer beträchtlichen Minderheit, teilweise bei bis zu einem Drittel der Jugendlichen im zweiten Lebensjahrzehnt (Engel & Hurrelmann 1989).

In diesem Buch werden die in den strukturellen Lebensbedingungen angelegten Streßfaktoren in Familie, Schule, Freizeit und Umwelt und ihre Auswirkungen auf den Gesundheits- und Krankheitszustand von Kindern und Jugendlichen erörtert.

Im *ersten Kapitel* dieses Buches gebe ich einen knappen Überblick über die verschiedenen Erscheinungsformen von Krankheiten, Beschwerden und Leiden im Kindes- und Jugendalter, die uns in Wissenschaft und Praxis heute in Atem halten. Neben psychosozialen und psychosomatischen Symptomen werden dabei auch gesundheitsgefährdende Verhaltensweisen wie Alkohol-, Tabak-, Drogen- und Medikamentenkonsum angesprochen. Auch der Komplex von aggressivem und dissozialem Verhalten von Kindern und Jugendlichen wird behandelt, ebenso die offenen und verdeckten Gewalthandlungen gegen Kinder und Jugendliche, wie sie von Eltern und anderen Erwachsenen ausgeübt werden. Ziel der Darstellung ist es, eine differenzierte Bestandsaufnahme der Gesundheits- und Krankheitslage der jungen Generation vorzunehmen, um den Blick für die oft übersehenen und verdrängten Leiden und Belastungen dieser Bevölkerungsgruppe zu schärfen, ohne dabei falsche Dramatisierungen und zivilisationskritische Überzeichnungen vorzunehmen.

Im *zweiten Kapitel* geht es um theoretische Erklärungen für die vielfach prekär gewordene Gesundheitslage von Kindern und Jugendlichen. Die Ursachenforschung ist noch nicht zu einem klaren Ergebnis gekommen. Eines steht aber fest: Es sind nicht einzelne Faktoren, die in einer klaren Kausalkette auf ein bestimmtes Symptom hinwirken, sondern den meisten Gesundheitsbeeinträchtigungen liegt ein komplexes Zusammenspiel verschiedener Ursachenkonstellationen zugrunde. Die in der medizinischen Forschung bislang wenig beachteten Umweltbedingungen spielen dabei eine beträchtliche Rolle. Die sozialen Lebensbedingungen und ihre psychische Verarbeitung und Bewältigung auf der einen Seite und die Umweltkonstellationen, in denen Kinder und Jugendliche aufwachsen, bilden wichtige Risikofaktoren für das Auftreten von Symptomen der Gesundheitsbeeinträchtigung.

Das körperliche Immunsystem von Kindern und Jugendlichen wird ganz offensichtlich durch starke Belastung der sozialen und ökologischen Lebensbedingungen beansprucht und in seiner Leistungsfähigkeit beeinträchtigt. Zweifellos spielen hierbei bestimmte genetische und körperlich-dispositionelle Faktoren eine wichtige Rolle. Aber sie können nicht allein für das Auftreten der verschiedenen Symptome von psychischer und physiologischer Überforderung verantwortlich gemacht werden, wie die klassische, die „Schulmedizin", es jahrelang unterstellt hatte. Wir sind auf viel breitere Erklärungsansätze gesundheitswissenschaftlicher Art angewiesen, wenn wir den neuen Phänomenen auf die Spur kommen wollen.

Gesundheitsbeeinträchtigungen und Verhaltensauffälligkeiten drücken nach Auffassung der modernen medizinischen, psychiatrischen, psychologischen, soziologischen und pädagogischen Forschung die Probleme aus, die junge Menschen bei der Aneignung des eigenen Körpers und der sozialen und dinglichen Welt haben. Sie sind ein Signal für die nicht befriedigend gelingende Auseinandersetzung mit den Anforderungen und Herausforderungen, die sich ihnen stellen. Sie sind letztlich auch ein Indikator dafür, daß Kinder und Jugendliche nicht das Ausmaß von Achtung, Würde und Subjektivität erfahren und erlangen, das sie für ihre gesunde Entwicklung benötigen.

Im *dritten Kapitel* spreche ich die wesentlichen familialen Risikobereiche für eine gesunde Entwicklung bei Kindern und Jugendlichen an. Die soziale Lebenswelt ist heute sowohl bei Kindern als auch bei Erwachsenen in hochentwickelten Industriegesellschaften durch eine eigentümliche Spannung gekennzeichnet: Einerseits sind heute auch schon für Kinder und Jugendliche die Freiheitsgrade für die Gestaltung der eigenen individuellen Lebensweise sehr hoch. Andererseits werden aber diese „Individualisierungschancen" erkauft durch die Lockerung von sozialen und kulturellen Bindungen. Der Weg in die moderne Gesellschaft ist so gesehen auch ein Weg in eine zunehmende soziale und kulturelle Ungewißheit, in moralische und wertmäßige Widersprüchlichkeit und in eine erhebliche Zukunftsunsicherheit. Deswegen bringen die heutigen Lebensbedingungen auch so viele neue Formen von Belastung mit sich, Risiken des Leidens, des Unbehagens und der Unruhe, die teilweise die Bewältigungskapazitäten überfordern.

Im familialen Bereich sind zahlreiche Risiken zu erkennen, die zu einer Belastung für Kinder und Jugendliche führen können. In erster

Linie sind hier die sich verändernden Familienkonstellationen und Familienformen anzusprechen. Wir haben heute typischerweise in den Industrieländern einen rasch wachsenden Anteil von Familien mit einer kleinen Kinderzahl, mit einem hohen Ausmaß an Trennung, Scheidung und Neuverbindung von Eltern als Lebenspartnern, mit nur einem Elternteil und solchen, in denen beide Partner berufstätig sind.

Die Hintergründe für diesen tiefgreifenden Wandel der Familienformen liegen in veränderten Lebens- und Berufsperspektiven für Männer und Frauen, denen letztlich das Bestreben zugrunde liegt, die eigene Persönlichkeit nach individualistischen Maßstäben zu entfalten. Wie auch immer wir diese Prozesse beurteilen und einschätzen mögen, die Konsequenzen für die Kinder sind einschneidend.

Es besteht die Gefahr, daß die Emanzipation von Vätern und Müttern auf Kosten der sozialen, psychischen und körperlichen Bedürfnisse der Kinder erfolgt. In einer großen Zahl von Familien ist heute eine zuverlässige physische, psychische und soziale Pflege der Kinder mit einem stabilen emotionalen Kontakt und einer umfassenden Berücksichtigung ihrer Bedürfnisse schon rein organisatorisch nicht sicher gewährleistet. Finanzielle Schwierigkeiten, Arbeitsprobleme von Vätern und Müttern und die Verunsicherung ihrer Lebenspläne führen zu spannungsvollen Beziehungen und behindern die Entwicklung der Kinder. Im Schlußteil dieses Kapitels werden vielfältige Mittel und Wege diskutiert, um die Familie in ein Netzwerk von sozialen Beziehungen und öffentlichen Unterstützungen einzubeziehen, um die Auswirkungen des „Familienstreß" auf Kinder und Jugendliche zu mindern.

Im *vierten Kapitel* geht es um schulischen Leistungsstreß. Noch nie hatten junge Menschen so günstige Bildungschancen wie heute, doch zugleich hatten sie auch noch nie so hohe Erwartungen und Anforderungen zu bewältigen. Sie stoßen auf einen ungeheuer anspruchsvollen Arbeitsmarkt, der hochwertige Qualifikationen von ihnen verlangt, ihnen zugleich aber keine absolute Garantie dafür gibt, daß sie trotz subjektiv hoher Anstrengungen auch eine angemessene Position erhalten werden. In dieser Situation versuchen immer mehr Eltern, ihren Kindern die günstigste Startposition für die nachschulische Berufslaufbahn zu erschließen. Es kommt zu elterlichen Optimierungsstrategien für die Karrieren des eigenen Nachwuchses, bei denen Eltern oft mit unterschwelligen Mechanismen von „Leistungsdruck" auf ihre Kinder arbeiten. In den Kindergärten und Schulen hat diese Entwicklung vielfach zu einer schmalspurigen Leistungsfixierung geführt, die zu bedrohlich einseitigen Anforderungen an Kinder und Jugendliche führt. Im Schlußteil dieses Kapitels wird erörtert, wie dieser Trend zu immer mehr „Schulstreß" abgebaut werden kann.

Im *fünften Kapitel* werden Belastungsfaktoren im Umwelt-, Wohn- und Freizeitbereich angesprochen. Die starke Belastung von Luft, Wasser, Boden und Nahrungsstoffen macht ganz offensichtlich Kindern und Jugendlichen mehr zu schaffen, als viele Jahre angenommen worden war. Umweltbelastungen führen zu erheblichen Beanspruchungen sowohl der physiologischen Funktionsabläufe und der körperlichen Aufbauprogramme im Wachstumsalter als auch der psychischen und sozialen Verarbeitungsfähigkeit, die mit einer Schwächung des physiologischen Immunsystems korrespondiert. Neben der ökologischen Umwelt wird die Wohnumwelt und die organisierte Freizeitwelt von Kindern und Jugendlichen thematisiert. Kinder haben heute eine Überfülle an Konsumartikeln und Spielzeugen, aber sie vermissen zunehmend Körperkontakte mit emotionaler Qualität, eine freie Entfaltung ihres natürlichen Entdeckungsdranges und Bewegungsbedürfnisses. Sie sind in ihren sinnlichen Aneignungsmöglichkeiten eingegrenzt und teilweise regelrecht verarmt. Durch Radio, Fernsehen, Video und Computer erleben sie eine Überstimulierung ihrer diesbezüglichen Sinneseindrücke; demgegenüber erfahren sie in den emotionalen und motorischen Sinnesbereichen oft eine Unterstimulierung. Ein besonderes Problem stellt auch die zeitliche „Durchrationalisierung" des kindlichen Alltags dar, die zu einer sozial zerstückelten Lebenswelt mit vielen künstlichen „Lebensinseln" führt.

Kinder und Jugendliche leiden – ebenso wie Erwachsene – an den negativen Auswirkungen der „modernen Lebensweise". Viele der modernen „Volkskrankheiten" signalisieren deutlich das gestörte Verhältnis schon junger Menschen zur Umwelt. An der Haut, den Atemwegen, dem Verdauungstrakt usw. zeigt sich in Form von Allergien, gut- und bösartigen Neubildungen, Reizungen und Infektionen eine zunehmende Unverträglichkeit mit Umgebungseinflüssen. Psychische und physiologische Regulationsstörungen deuten auf eine zunehmende Unfähigkeit hin, die widersprüchlichen Umweltanforderungen angemessen zu verarbeiten. Glücklicherweise führen nicht alle Streßfaktoren gesetzmäßig zu einer Gesundheitsbeeinträchtigung. Günstige persönliche Eigenschaften (hohe Aktivität, positives Sozialverhalten, Fähigkeit zur Selbsthilfe und Selbstkontrolle) und günstige Umweltbedingungen (Hilfe und Rat bei Bedarf, gutes soziales Netzwerk) können als schützende Potentiale wirken. Auch können im Extremfall ungünstige Ausgangsbedingungen die Widerstandskraft eines Kindes oder Jugendlichen nachhaltig stärken.

Im abschließenden *sechsten Kapitel* werden verschiedene Maßnahmen der Verbesserung der Lebens- und Umweltbedingungen für Kinder und Jugendliche angesprochen, die sich dem Stichwort „Gesundheitsförderung" zuordnen lassen. Gesundheitsförderung wird als präventive „Intervention" im ökologischen und kontextuellen Verständnis aufgefaßt, die auf das soziale, psychische und körperliche Wohlbefinden von Kindern und Jugendlichen in Familie, Kindergarten, Schule und Freizeit zielt. Die Überlegungen in diesem Kapitel gehen von der Erkenntnis aus, daß Konzepte für eine umfassende Gesundheitserziehung, Gesundheitsberatung und Gesundheitsförderung in ein Gesamtprogramm der „Politik für Kinder und Jugendliche" eingebettet sein müssen.

Die besondere Rolle der *Gesundheitserziehung, -bildung und -beratung* wird dabei herausgearbeitet. Inzwischen liegen umfangreiche Erfahrungen mit einer informativ-aufklärend angelegten Strategie der Beeinflussung des gesundheitsrelevanten Verhaltens von Kindern und Jugendlichen vor. Die Erfahrungen sind nicht schlecht, sie zeigen aber in aller Deutlichkeit die begrenzte Reichweite einer solchen Strategie. Wissen und Information sind nur unter bestimmten Umständen Faktoren, die sozial fest verankertes und mit den Alltagsbewältigungen verwobenes Verhalten verändern könnten. *Nicht in jeder Situation ist es für ein Kind oder einen Jugendlichen attraktiv und lebensweltlich sinnvoll, sich objektiv gesundheitsgerecht zu verhalten. Gesundheitsgefährdendes Verhalten ist gerade im Kindes- und Jugendalter eng mit den alltäglichen Lebensroutinen verbunden und in lebenslagentypische Verhaltensweisen einbezogen.*

Für eine effektive Gesundheitsförderung ist es deshalb wichtig, das gesamte soziale und ökologische Umfeld in die Maßnahmen einzubeziehen. Gesundheitsförderung muß den Bereich der Gesundheitserziehung überschreiten; Gesundheitserziehung ist ein integraler Bestandteil der Maßnahmen, darf aber nicht die alleinige Strategie bleiben. Eine umfassende Gesundheitsförderung im Jugendalter, verstanden als eine präventive Maßnahme in einem umweltbezogenen, ökologischen und kontextuellen Verständnis, zielt auf das soziale, psychische und körperliche Wohlbefinden von Jugendlichen in allen angesprochenen Bereichen, also Schule, Familie, Freizeit, Beruf und Umwelt.

Abschließend werden Möglichkeiten der institutionellen Gesundheitsförderung erörtert. Die Erfahrung zeigt, wie skeptisch gerade Jugendliche „Gesundheitsexperten" gegenüber sind. Die Zugangsbarrieren gegenüber Ärzten, Psychiatern, Psychologen und Sozialarbeitern sind hoch. Was Kinder und Jugendliche benötigen, sind leicht zugängliche, möglichst nachbarschaftlich oder schulnah angesiedelte Beratungsstellen, die als eine Anlaufstation bei psychischen, sozialen und gesundheitlichen Problemen dienen können. Kinder und Jugendliche müssen hier das Gefühl haben, daß sich jemand vorbehaltlos und ohne moralisch erhobenen Zeigefinger um sie kümmert, wenn sie im psychischen, im sexuellen, im finanziellen, im leistungsmäßigen oder partnerschaftlichen Bereich auf Probleme stoßen. Sie melden sich dann nicht, wenn sie die Sorge haben, in eine komplizierte Organisation eintreten zu müssen, deren Funktionsweisen sie nicht durchschauen können. Deswegen sind alle Ansätze zu unterstützen, die Gesundheitsförderung als Unterstützung und Hilfe bei der Selbstregulation und Selbstorganisation verstehen. Diese Überlegungen gelten analog auch für Eltern.

Die wichtigste Zielvorstellung der Kinder- und Jugendpolitik der nächsten Jahre muß es sein, jungen Menschen die sozialen und ökologischen Räume zu erobern, die sie für ihre Entwicklung benötigen. Durch politische Entscheidungen müssen die Voraussetzungen dafür geschaffen werden, daß Kinder und Jugendliche ihre Umgebung schrittweise selbständig erschließen und erobern können. Hier sind verschiedenste Politikbereiche angesprochen, von der Wohnungspolitik über die Verkehrpolitik bis zur Familien- und Bildungspolitik und zur Umwelt- und Ernährungspolitik. Das Lebensumfeld von Kindern und Jugendlichen muß zum Gegenstand einer Querschnittaufgabe verschiedener Politikbereiche gemacht werden. Auf allen Ebenen politischen Handelns muß versucht werden, Situationen und Bedingungen zu beeinflussen, die für die Lebenslage von Kindern und Jugendlichen entscheidend sind.

Das vorherrschende Verständnis von Kindererziehung ist zu überdenken. Viele Eltern schwanken heute zwischen den Polen einer pädagogischen Überbehütung und einer völligen Vernachlässigung. Es fehlt ein angemessenes Konzept vom Anspruch eines Kindes und Jugendlichen auf Eigenständigkeit der persönlichen Entfaltung und dem Recht, unabhängig von Erwachsenen eigene Erfahrungen und Erlebnisse zu machen. Ein modernes Verständnis von Kindererziehung und Kinderschutz muß hierauf Rücksicht nehmen. Erwachsene tragen andere Bilder von ihrem Leben in sich als es Kinder naturgemäß tun.

Den Kindern dürfen nicht Vorstellungen vom Erwachsenenleben aufgedrängt werden, sondern sie müssen eigene Bilder von ihrem Selbst und ihrer Person entwickeln und realisieren können. Erwachsene sollten Kindern gegenüber als Gesprächspartner mit eigener Lebensgeschichte und eigenen Erfahrungen auftreten. Kinder benötigen für ihre Entwicklung die Erfahrungen der Erwachsenen, sie benötigen produktiven Widerstand, der ihnen eine Aneignung ihrer eigenen Lebenswelt und eigene Orientierungen ermöglicht. Aber sie müssen in diesem Prozeß der Auseinandersetzung die Chance haben, ihren persönlichen Spielraum zu entfalten und nicht ständig in einer überfürsorglichen und unmündigen Position zu sein.

Diese Überlegungen müssen auch in ein modernes Verständnis von „Kinderschutz" und „Jugendschutz" eingehen. Das traditionelle Konzept sollte so erweitert werden, daß es keine Konzeption der Abschirmung der Kinder von wichtigen gesellschaftlichen Lebensbereichen ist, sondern im Gegenteil eine angemessene Beteiligung und Mitgestaltung von Kindern und Jugendlichen an diesen Bereichen sicherstellt. Wir sollten Kinder- und Jugendschutz so verstehen, daß er eine Abwehr der Interessen anderer von denen der jungen Menschen gewährleistet, mit dem Ziel, deren Bedürfnissen gerecht zu werden – nicht mit dem Ziel einer Ausgrenzung der Kinder aus der Welt der Erwachsenen, in dem falsch verstandenen Bemühen, Kinder von den „Gefährdungen des modernen Lebens" abzuhalten. Die weitere Arbeit kann nur in die Richtung einer stärkeren Beachtung der Subjektivität von Kindern und Jugendlichen gehen: Junge Menschen als Akteure, die selbständig handeln und ihre Welt aneignen, erobern und gestalten, die *hier* und *jetzt* leben und ein in der Gegenwart erfülltes Leben erwarten, die zwar in vielen Bereichen ihrer persönlichen Entwicklung noch nicht fertig und ausgereift sind – welcher Erwachsene wollte das von sich behaupten? –, die aber jeweils als ein einmaliges Individuum mit eigener Kompetenz und Selbständigkeit geachtet werden.

Kapitel 1
Gesundheitsstand und Krankheitssymptome bei Kindern und Jugendlichen

Die moderne Medizin hat bei der Bekämpfung der klassischen Infektionskrankheiten einen Triumph errungen. Die jahrhundertelang mit Kindheit und Jugend verbundenen Epidemien und Mangelkrankheiten sind heute weitgehend besiegt. Mit der Einführung von Reihenimpfungen, modernen Diagnoseverfahren (Früherkennung) und Behandlungsmethoden ist es gelungen, den größten Teil von Kindern und Jugendlichen dauerhaft vor schwerer Krankheit zu bewahren. Durch die günstige sozioökonomische Entwicklung ist außerdem auch ein Mindeststandard für die alltägliche Lebensführung gesichert, der ebenfalls dem Gesundheitszustand von Kindern und Jugendlichen zugute kommt. Diese Prozesse gelten allerdings nur für die reichen Industrieländer des Westens und auch hier nur für die größten Teile der Bevölkerung, z. B. nicht für die in den letzten Jahren wieder anwachsenden Minderheiten, die in Armut und ungünstigen sozialen und Wohnverhältnissen leben.

Der relativ gute Gesundheitszustand von Kindern und Jugendlichen birgt die Gefahr, die Gesundheitsrisiken zu übersehen, die sich gerade in den ersten Lebensabschnitten ergeben. Die Veränderung des Krankheitsspektrums, also das Zurückdrängen der akut-infektiösen und die Zunahme der chronisch-degenerativen Krankheiten, betrifft auch das Kindheits- und Jugendalter. Zu oft wird übersehen, daß die wichtigsten chronischen Krankheiten, die heute das Erwachsenenleben bedrohen, in der Regel ihren Ausgangspunkt im Jugendalter haben. Hier ist in erster Linie an Schädigungen des Herz-Kreislauf-Systems zu denken, aber auch an Krebskrankheiten, andere organische Schäden und psychosoziale Beeinträchtigungen.

Viele für Gesundheitsbeeinträchtigung und Krankheit im Erwachsenenalter maßgebliche Verhaltensweisen, Faktoren der Lebensführung und des Lebensstils, der Verarbeitung der soziokulturellen, sozioökonomischen und sozioökologischen Umwelt, haben ihren Ausgangspunkt im Kindes- und vor allem im Jugendalter. Wir müssen deswegen sehr sorgfältig prüfen, welche langfristigen Gesundheitsrisiken bereits im Jugendalter erkennbar und welche gesundheitsschädigenden Verhaltensweisen mit Langzeitwirkung zu identifizieren sind. Zweifellos kommt hier auch dem Drogenkonsum (Zigaretten-, Alkohol- und illegaler Drogenkonsum), der Fehlernährung und der mangelnden Bewegung eine Schlüsselrolle zu. Auch das breite Spektrum von emotional belastenden Erfahrungen und Lebenslagen und seine Auswirkungen auf spätere Krankheiten muß dringend thematisiert werden. Dabei sind sozialpsychologische, psychosomatische, medizinsoziologische und sozialepidemiologische Betrachtungsweisen nötig, um das klassische schulmedizinische Analysespektrum zu ergänzen.

Veränderung der Krankheitsbilder

Das Spektrum von Krankheiten und Beschwerden hat sich in den letzten Jahrzehnten in allen Altersgruppen deutlich verschoben. Im 19. Jahrhundert herrschten akute lebensbedrohende und meist ansteckende Krankheiten vor. Die hauptsächlichen Todesursachen um 1900 waren Grippe, Lungenentzündung und Mangelkrankheiten, während heute Herzkrankheiten, Krebskrankheiten, andere chronische Leiden und auch Unfälle die häufigsten Todesursachen bilden. Das angestiegene Lebensalter und die völlig veränderten Lebensstile hinterlassen ihre Spuren auch in den Krankheits- und Todesstatistiken.

Lang andauernde Beeinträchtigungen des Gesundheitszustandes sind heute charakteristisch, die die Patienten über einen großen Zeitraum der Lebensspanne an einer vollen Entfaltung der körperlichen Kräfte und der sozialen Partizipation hindern. *Es ist nicht mehr der Bazillus, der Hauptursache für Krankheiten ist, sondern es ist „Streß", der diese Position eingenommen hat. Daher setzt eine genaue Analyse von Krankheiten heute genauso viele soziologische und psychologische wie medizinische Kompetenzen voraus.* Die physiologischen, chemischen und biologischen Aspekte der Gesundheitsbeeinträchtigung sind nicht mehr die einzig relevanten, um Behandlung, Pflege und Wiederherstellung der körperlichen und seelischen Kräfte zu bewirken. Schnelle Erfolge durch biochemische und chemotherapeutische Behandlungen sind nicht mehr überall möglich. Der „ganze" Mensch in all seinen Verhaltensbereichen und Persönlichkeitsdimensionen wird zum Thema der „Behandlung"; der alleinige Blick auf den partiell Kranken, dessen sonstige Lebensgewohnheiten und Lebensbedingungen ausgeklammert bleiben, ist nicht mehr ausreichend.

Genaue und zuverlässige Daten über gesundheitliche Beeinträchtigungen von Kindern und Jugendlichen sind schwer zu gewinnen. Einen guten Anhaltspunkt bieten die Unterlagen des Statistischen Bundesamtes, die im wesentlichen auf den Angaben von Ärzten, Krankenhäusern und Krankenkassen beruhen. Die folgende *Abbildung 1* zeigt sehr anschaulich die ausgeprägte Altersverteilung von Krankheiten in der Bundesrepublik Deutschland: Ein gehobenes Niveau in der Altersgruppe unter 10 Jahren, das niedrigste Niveau bei den 10- bis 20jährigen und dann ein kontinuierliches Ansteigen der Krankenzahlen mit steigendem Alter. Hier wird sehr deutlich, wie relativ gesund Jugendliche, gemessen an diesen Werten, sind.

Unterstrichen wird dieser Befund auch durch die Untersuchungen über die *subjektive Zufriedenheit mit dem eigenen Gesundheitszustand.* 79% der 12–24jährigen sind mit dem Gesundheitszustand zufrieden, nur 10% sind ausgesprochen unzufrieden. Die höchsten Zufriedenheitswerte werden in der Gruppe der 12–17jährigen erreicht, danach sinkt der Anteil der Zufriedenen kontinuierlich ab (Minister für Arbeit, Gesundheit und Soziales 1987, S. 71).

Abbildung 1 zeigt einen deutlichen geschlechtsspezifischen Effekt: *Jungen sind bis zur Mitte des Jugendalters stärker als Mädchen von Krankheiten bedroht,* danach dreht sich dieses Verhältnis bis zum 40. Lebensjahr um. Auch im höheren Alter überwiegen die Frauen bei den Krankheitsraten. Damit bilden diese „offiziellen" Krankenstatistiken sehr zuverlässig Trends ab, die auch in wissenschaftlichen Untersuchungen gefunden werden, die auf Selbstberichten beruhen. Tatsächlich scheinen Jungen bis zu 15 Jahren etwas anfälliger für Gesundheitsbeeinträchtigungen aller Art zu sein.

Die meisten vorliegenden Studien kommen zu dem Ergebnis, daß Jungen im Durchschnitt empfindlicher auf Störpotentiale in ihrer Umwelt reagieren, da sie stärker als Mädchen auf Außenweltimpulse eingehen und von ihnen eher abhängig sind. Der Anteil von sozialen Integrationsstörungen ist bei Jungen höher, ausgedrückt z.B. in Aggressivität und Delinquenz; auch der Anteil von psychischen Beeinträchtigungen und Störungen und der von Leistungsstörungen im schulischen Bereich. Mädchen zeigen in den ersten 10 Lebensjahren die flexibleren Anpassungsmechanismen an Problemkonstellationen – oft allerdings um den Preis von Überanpassung und nach innen gerichteten Verarbeitungsformen. Erst im Jugendalter gleichen sich die erkennbaren Symptome der Verarbeitung von Problembelastungen bei Jungen und Mädchen aus. Hier kommt es durch

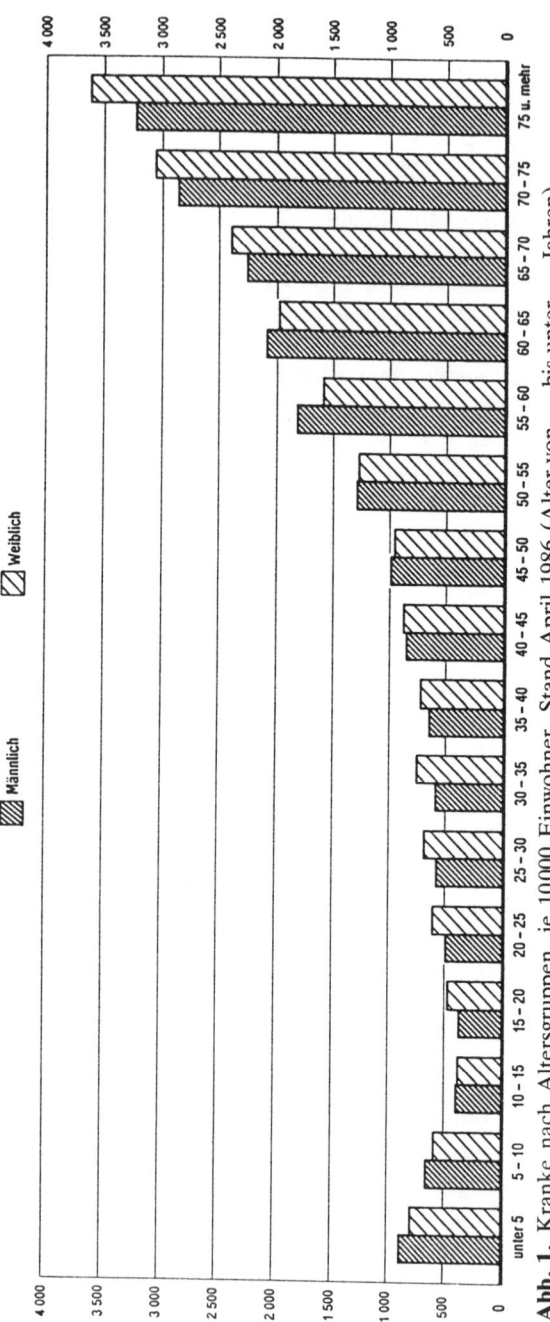

Abb. 1. Kranke nach Altersgruppen, je 10000 Einwohner, Stand April 1986 (Alter von ... bis unter ... Jahren)

Quelle: Statistisches Bundesamt, Wirtschaft und Statistik 2/1989, S. 105

spezifische psychische, psychosomatische und gesundheitliche Krankheitsbilder dann zunehmend zu einer stärkeren Belastung von Mädchen und Frauen gegenüber Jungen und Männern. In den höheren Altersgruppen finden sich überwiegend höhere Krankheitsquoten von Frauen. Das gilt sowohl für den Anteil von körperlichen Krankheiten, die Anzahl von Krankheitstagen und der Arztbesuche als auch die Verordnung und den Konsum von Arzneimitteln.

Im Unterschied zu den Krankheitsraten *sind hingegen die Todesraten der Männer höher,* was vor allem auf lebensbedrohende chronische Krankheiten, Behinderungen und Unfälle zurückzuführen ist. Frauen erkranken häufiger an kurzfristigen Krankheiten, die sich in täglichen Symptomen und in vorübergehenden Beeinträchtigungen des Wohlbefindens ausdrücken. Bei Männern überwiegen hingegen die langfristigen Krankheiten mit Todesfolge sowie Verletzungen und Unfälle. Vor allem im Jugendalter ist die hohe Todesrate auf die Verletzungsgefahr durch riskantes Verkehrsverhalten und ähnliche gesundheitsbeeinträchtigende Verhaltensweisen zurückzuführen.

Die genauen Ursachen dieser geschlechtstypischen Verteilung von Krankheits- und Todesdaten sind noch nicht zuverlässig erforscht. Bei den Krankheitsdaten spielen wahrscheinlich verschiedene Faktoren zusammen: Unterschiedliche genetische Ausstattungen und hormonale Dispositionen, die das gesundheitsrelevante Verhalten und die Widerstandskraft gegen Risiken beeinflussen; rollentypische Verhaltensweisen, die mit den charakteristischen Verhaltenserwartungen an Männer und Frauen in unserer Gesellschaft verbunden sind und zu unterschiedlichen Lebensstilen in Arbeit, Privatleben und Freizeit führen; unterschiedliche psychische Wahrnehmungsstrukturen, die zu einem anderen Umgang und zu einer anderen subjektiven Einschätzung von Beeinträchtigungen des Wohlbefindens führen; unterschiedliche Bereitschaft der Bekanntgabe und Offenlegung von beeinträchtigtem Wohlbefinden und schließlich auch unterschiedliche Beeinflußbarkeit durch Ärzte und andere Ratgeber in Sachen Gesundheitsverhalten (Verbrugge 1989).

Aufschlüsse aus den Todesstatistiken

Auch die Todesstatistiken geben Hinweise auf spezifische Belastungen und Beanspruchungen von verschiedenen Bevölkerungsgruppen je nach Geschlecht und Alter. So ist zum Beispiel nach den Daten des Statistischen Jahrbuchs die *Säuglingssterblichkeit* in der Nachkriegszeit deutlich und anhaltend zurückgegangen. Starben 1939 von tausend Lebendgeborenen noch 61 im ersten Lebensjahr, 1946 sogar 97, so waren es 1955 noch 42 und 1987 nur noch 8. Die Zahl der Gestorbenen je tausend Lebendgeborenen ist bei den männlichen Säuglingen um mehr als ein Viertel höher als die der weiblichen. Zwei Risikogruppen sind erkennbar: Die Sterblichkeit der nicht ehelich geborenen ist um mehr als die Hälfte höher als die der ehelich geborenen Säuglinge; die Sterblichkeit der Säuglinge mit ausländischer Staatsangehörigkeit liegt mit 10,6 deutlich höher als die Sterblichkeit der Säuglinge deutscher Staatsangehörigkeit. Als die häufigsten Todesursachen werden kongenitale Anomalien, das Syndrom des plötzlichen Todes im Kindesalter, Affektionen durch verkürzte Schwangerschaftsdauer und Geburtsuntergewicht genannt. Die Sterblichkeit in der ersten Lebenswoche, die sogenannte Frühsterblichkeit, ist zwar erheblich zurückgegangen, sie bestimmt aber immer noch maßgeblich die Säuglingssterblichkeit. Von je hundert gestorbenen Säuglingen sterben immer noch etwa vierzig in der ersten Lebenswoche, darunter 27 bereits in den ersten 24 Lebensstunden.

Ein wesentlicher, die Säuglingssterblichkeit bestimmender Faktor ist das zu geringe Geburtsgewicht. 1985 waren z. B. mehr als die Hälfte der gestorbenen Säuglinge untergewichtig, sie wogen weniger als 2500 g. Insgesamt waren aber nur 5,7% aller Lebendgeborenen untergewichtig.

Mit dem Rückgang der Säuglingssterblichkeit in den letzten Jahrzehnten ist auch die Zahl von *Geburtsschäden* zurückgegangen. Es überleben heute nicht nur mehr Kinder die Geburt und die ersten Lebenswochen, sondern diese Kinder überleben auch gesünder als früher. Eine wichtige Rolle dürften dabei die verschiedenen Maßnahmen der Gesundheitserhaltung und Krankheitsverhütung spielen, die flächendeckend eingeführt wurden. Zu erwähnen sind die Impfungen gegen Röteln, Diphtherie, Tetanus, Kinderlähmung, Mumps und Masern. Zu erwähnen sind auch Maßnahmen gegen Unfallverhütung, Drogenabhängigkeit, Ernährungsschäden, Zahnschäden und Schäden des Stütz- und Bewegungsapparates. Weiterhin ist auf Verbesserung der Früherkennung von Hör- und Sehbehinderungen, angeborenen Stoffwechselstörungen, angeborenen Herzfehlern und Fehlbildungen der Harn- und Geschlechtsorgane hinzuweisen. Eine möglichst frühzeitige Erkennung ist meist Voraussetzung für die gezielte Frühbehandlung.

Trotz dieser günstigen Entwicklung gibt es immer noch einen hohen Prozentsatz von vermeidbaren Todesfällen, einen hohen Anteil von Kindern mit bleibenden Hirnschäden und anderen Beeinträchtigungen. Auch muß darauf hingewiesen werden, daß durch die medizinischen Möglichkeiten, Früh- und Frühestgeborene am Leben zu erhalten, in einigen Bereichen neuartige Schäden aufgetreten sind. Ein Beispiel sind etwa die Zunahmen von Blindheit bei Säuglingen durch Fehler der Sauerstoffzufuhr im Inkubator.

Die Statistik der Sterbefälle weist auf *Besonderheiten der jüngeren Altersgruppen* im Vergleich zur Gesamtbevölkerung hin: Im Unterschied zu den anderen Lebensabschnitten rücken im Kindes-/Jugendalter entwicklungsspezifische Verhaltensweisen in den Vordergrund, die zu einem *ungewöhnlichen Profil von Todesursachen* führen: An erster Stelle aller Todesursachen stehen bei Kindern und Jugendlichen nicht – wie in der Gesamtheit der Bevölkerung – Krankheiten, sondern Unfälle im Verkehr und im Freizeitbereich. In keiner anderen Altersgruppe ist der Anteil derer, die durch riskantes Verkehrsverhalten sterben, derartig groß (s. *Tabelle 1*). An zweiter Stelle der Todesursachen stehen die Folgen gewaltsamen Handelns, vor allem Mord und Totschlag sowie Selbsttötung. Unbeherrschtes aggressives und eruptives Verhalten ist eine entwicklungsbedingte Besonderheit dieser Altersstufe, die viele Jugendliche mit dem Leben bezahlen. Bei Selbsttötung gehört die Bundesrepublik Deutschland schon seit Jahrzehnten zu den Gesellschaften mit den höchsten Werten.

Tabelle 1. Sterbefälle nach Todesursachen und Alter je 100 000 Einwohnern

	insgesamt	1–5 J.	5–15 J.	15–25 J.
Krankheiten des Kreislaufsystems	561,0	2,7	0,8	2,8
Bösartige Neubildungen	272,6	3,3	3,0	5,5
Krankheiten der Atmungsorgane	64,9	5,7	0,6	1,6
Krankheiten der Verdauungsorgane	51,5	1,2	0,2	0,6
Unfälle	32,0	14,7	7,7	29,9
Selbstmord und Selbstbeschädigung	19,0	0,0	0,6	11,1
Diabetes mellitus	18,6	0,0	0,0	0,1
infektiöse und parasitäre Krankheiten	8,4	4,5	0,5	0,9

Quelle: BMJFFG, Daten des Gesundheitswesens 1989, S. 182–189

Wie *Tabelle 2* zeigt, sind Jungen erheblich stärker als Mädchen von Unfällen betroffen. Wenn man das Unfallrisiko nach verschiedenen Altersgruppen und Arten der Verkehrsteilnahme differenziert, dann kristallisieren sich als besondere Problemgruppe die männlichen 15–25jährigen heraus, vor allem als Fahrer und Mitfahrer von Krafträdern und Kraftwagen. Diese Altersgruppen weisen sowohl absolut

Tabelle 2. Sterbefälle durch Unfälle nach Unfallkategorien, Altersgruppen und Geschlecht (je 100000 Einwohnern)

Im Alter von ... bis unter ... Jahren		Darunter Verkehrsunfall
	Männlich	
0– 1	31,0	2,2
1– 5	13,7	4,0
5–15	10,0	6,0
15–25	46,2	40,1
25–35	27,0	19,5
35–45	23,0	12,5
	Weiblich	
0– 1	23,2	1,0
1– 5	8,9	2,9
5–15	5,2	3,8
15–25	12,8	11,5
25–35	6,0	4,6
35–45	6,5	4,2

Quelle: BMJFFG, Daten des Gesundheitswesens (1989, S. 200)

als auch relativ sehr hohe Verkehrsrisiken auf. Die Werte der Mädchen und jungen Frauen liegen deutlich niedriger. Im Jahr 1985 wurden mehr als ein Prozent der 15- bis 18jährigen als Fahrer und Mitfahrer von Krafträdern und annähernd der gleiche Prozentsatz der 18- bis 25jährigen als Fahrer und Mitfahrer von Personenkraftwagen bei einem Verkehrsunfall verletzt oder getötet.

Als *Ursache* für das riskante Verkehrsverhalten müssen die besonderen Entwicklungsanforderungen der Jugendphase im Zusammenhang mit dem sozialen Lebensraum der Jugendlichen angesehen werden: *Jugendliche brauchen für ihre Entwicklung intensive Erlebnisse, um ihre Gefühlsdynamik zu entwickeln und den Prozeß der Verselbständigung emotional zu bewältigen.* Nach der Pubertät wird das vorübergehend stabilisierte Selbst aufgebrochen; neue nach außen gerichtete Wünsche und Pläne treten auf (Baacke 1983). Um der Leere zu entfliehen, suchen Jugendliche nach Identifikationsmöglichkeiten mit Idealen, mit anderen Menschen, mit Aufgaben. Werden sie ihnen nicht geboten, so kann es zu Verirrungen und Fehlleitungen kommen. Risikoverhalten kann in diesem Zusammenhang ein symbolischer Ausdruck der Auseinandersetzung mit der eigenen Entwicklung sein. Es spiegelt den Wunsch wider, an die Grenze der eigenen Körperkräfte und der eigenen psychischen Verarbeitungsfähigkeit zu gehen. Extreme Sportarten, unkontrolliertes Verkehrsverhalten und Drogenkonsum haben hier ihren psychischen Ausgangspunkt. Durch die Überreglementierung des Alltags bieten wir Jugendlichen heute nur wenige Möglichkeiten und Spielräume für das Ausleben ihrer Kräfte und Wünsche. In Familie und Schule ist oft nur eine sehr „kultivierte" Abfuhr der Energie möglich, außerhalb dieser Bereiche stoßen Jugendliche sehr schnell auf Verbote und Grenzen. Hier liegt die Ursache für mögliche Überreaktionen und Problemverhaltensweisen. – Positiv ist aber zu vermerken, daß sowohl die Unfallziffern als auch die Todesraten in den letzten Jahren bereits zurückgegangen sind.

Chronische körperliche Krankheiten

Im Laufe der letzten Jahrzehnte ist eine Verschiebung von sogenannten „akuten" Krankheiten zu den „chronischen" Erkrankungen zu verzeichnen – sowohl in der Gesamtbevölkerung wie auch bei Kindern und Jugendlichen. Bei Kindern und Jugendlichen müssen wir heute mit einem Anteil von etwa 14% chronischen Krankheiten pro Jahrgang rechnen. *Tabelle 3* zeigt die Befunde von 1974 und 1982.

Bei den Kindern und Jugendlichen handelt es sich bei den chronischen Erkrankungen vor allem um Allergien, Asthma bronchiale, Neurodermitis, angeborene Herzfehler, Epilepsie, Diabetes und Krebs, die über viele Jahre lang in mehr oder weniger bedrohlicher Weise das Handeln und Empfinden eines Kindes beeinflussen. Je

Tabelle 3. Kranke Personen nach Anteil der chronisch Kranken und Altersgruppen (in Tausend)

Alter von ... bis unter ... Jahren	1974 insgesamt	darunter chronisch in %	1982 insgesamt	darunter chronisch in %
unter 15	1280	9,3	858	14,1
15–40	1921	27,0	1635	34,7
40–65	3271	65,3	3474	72,4
65 und mehr	3125	83,5	3389	86,8
insgesamt	9596	56,1	9356	65,7

Quelle: BMJFFG, Daten des Gesundheitswesens, 1989

ernsthafter die körperliche Störung ist, desto größer ist in der Regel auch das begleitende Ausmaß von psychischen Störungen (Petermann, Noecker & Bode 1987). Während die sogenannten akuten Krankheiten meist durch den Verlauf „Ursache – Ausbruch – Höhepunkt – Abklingen – Symptomfreiheit" gekennzeichnet und zu 80 bis 90% auf Infektionen, Unfälle, Vergiftungen usw. zurückzuführen sind, sind die chronischen Krankheiten durch einen anderen Verlauf charakterisiert. Bei ihnen kommt es nicht zu einem fest konturierten Ablaufmuster, sondern sie sind schleichend und fortdauernd, mal abklingend, mal wieder anschwellend. Auch in Abklingphasen sind bleibende Symptome charakteristisch; dazu kommt die Angst und die Sorge vor einem erneuten Auftreten und vor Folgesymptomen.

In folgenden werden für den Bereich der chronischen körperlichen Beschwerden einige kurze Hinweise zu wichtigen Krankheitsbildern gegeben, um anschaulich auf die wichtigsten Erscheinungsformen im Kindes- und Jugendalter einzugehen.

Allergien

Unter Allergien verstehen wir eine veränderte Reaktionslage des Körpers auf Umweltstoffe. Es handelt sich um eine teilweise angeborene Bereitschaft des Organismus, mit (Über-)Empfindlichkeitserscheinungen auf bestimmte Umweltstoffe zu antworten. Die Stoffe, die zu allergischen Reaktionen führen können, kommen in der häuslichen Umgebung und in der Natur vor und sind für eine sensibilisierte Person schädlich. Diese Schadstoffe werden als Allergene oder Antigene bezeichnet; sie regen in einem empfindlichen und meistens erheblich belasteten Organismus die Bildung von spezifischen Antikörpern (Immunglobuline) an. Bei einer Antigen-Antikörper-Reaktion kommt es zur Freisetzung von Vermittlersubstanzen, die dann an bestimmten Organen (Haut, Schleimhaut usw.) zu offensichtlichen Krankheitserscheinungen führen.

Die häufigsten allergischen Krankheiten (Atopien) sind Heuschnupfen und andere allergische Fließschnupfen, Bronchialasthma und das atopische Ekzem (konstitutionelle Neurodermitis). Seltener sind Nahrungsmittelallergien, bestimmte Formen von Ausschlägen und Insektenstichallergien. Aber auch die zuletzt genannten Erscheinungsformen können heftige und lebensbedrohliche allergische Reaktionen auslösen.

Es wird geschätzt, daß die Allergien sämtlicher Ausprägungen zusammengenommen bei bis zu 20 oder sogar 25% aller Kinder und Jugendlichen vorkommen. Nicht alle dieser Krankheitsformen haben einen schwerwiegenden Verlauf. Das Bronchialasthma tritt bei etwa 5% der Kinder auf und zeigt sich bei wenigen in einer schweren Form. Komplizierte und nicht einfach zu behandelnde Krankheitsformen entstehen vor allem dann, wenn Kombinationen von Krankheitsbildern wie etwa Asthma, Neurodermitis und chronischem Schnupfen auftreten.

Als die wichtigsten und häufigsten Allergene sind bisher identifiziert worden: Pollen (Blütenstaub), Hausstaubmilben, Tierhaare und Tierschuppen, Nahrungsmittel, verschiedene berufliche Arbeitsstoffe, Arzneimittel, einige chemische Substanzen, Kosmetika und Insektengifte. Es sind vor allem organische und eiweißhaltige, aber auch anorganische Stoffe wie Metalle und Chemikalien, die als Allergene wirken und Allergien auslösen können. Die ursächlichen Zusammenhänge sind nicht immer klar erkennbar, wie im Falle des Heuschnupfens. Oft können sie nur vermutet und in langjähriger Beobachtung identifiziert werden. Zunehmend wird die Schadstoffbelastung der Luft, des Wassers und des Bodens als ursächlich erkannt. Umstritten ist, welchen Stellenwert psychische Faktoren haben. Zunehmend setzt sich aber die Erkenntnis durch, daß nervöse Impulse das Immunsystem des Körpers beeinflussen. Wahrscheinlich muß eine bestimmte somatische Veranlagung vorliegen, die im Zusammenspiel mit einer psychischen Belastung zu der Schwächung des Immunsystems führt.

Krebserkrankungen

Sie treten bei etwa 5 bis 7 von 100 000 Kindern unter 15 Jahren in der Bundesrepublik auf. Es ist nicht so sehr wie bei älteren Menschen das Oberflächengewebe, das befallen wird, sondern es sind Leukämien und Lymphknotengeschwulste, die die Hälfte der Neuerkrankungen ausmachen. Danach folgen Hirntumore, die bei etwa jedem 7. jungen Patienten festgestellt werden. Der Anteil von Krebskrankheiten ist in den letzten Jahren konstant geblieben. Auch hat die Krebsbehandlung bei Kindern innerhalb der letzten 20 Jahre große Fortschritte gemacht. Vor 20 Jahren rechnete man mit 30% Heilungen, heute mit 60 bis 70%, wenn alle Arten von Krebskrankheiten zusammengenommen werden. Allerdings ist die Therapie für die Kinder sehr anstrengend; oft dauert sie mehrere Jahre, bis sich eine bleibende Besserung ankündigt. Die Erfolge erklären sich nicht nur aus Verbesserungen der Arzneimittel, Operations- und Bestrahlungsmethoden, sondern auch aus der zunehmend engeren Zusammenarbeit der Ärzte. Für fast jede der zahlreichen Krebskrankheiten gibt es heute Experten, die über spezielle Erfahrungen verfügen und denen schwierige Behandlungsfälle überwiesen werden können (Petermann, Noecker & Bode 1987).

Diabetes mellitus

Das Diabetes stellt eine chronische Stoffwechselerkrankung dar, die durch den Mangel des Hormons Insulin gekennzeichnet ist, das in der Bauchspeicheldrüse gebildet wird. Der Mangel an Insulin beeinträchtigt den Transport des im Blut gelösten Traubenzuckers in die Körperzellen. Kinder und Jugendliche sind meist von einem bestimmten Typ von Diabetes betroffen, bei dem ein völliges Fehlen von Insulin vorliegt. Die entsprechenden Zellen der Bauchspeicheldrüse sind zugrundegegangen und damit ist die Krankheit nicht heilbar. Die Kinder sind lebenslang auf künstliches Insulin angewiesen. Man geht davon aus, daß ungefähr 17 000 diabetische Kinder und Jugendliche bis zum 20. Lebensjahr in der Bundesrepublik Deutschland leben. Unter 2000 Jugendlichen lebt demnach einer mit Diabetes. Ein gehäufter Ausbruch der Krankheit ist im Jugendalter zu verzeichnen (Petermann, Noecker & Bode 1987, S. 90). Zur Entstehungsgeschichte ist bekannt, daß genetische Faktoren, Virusinfektionen, Prozesse des körpereigenen Immunsystems und Streßsituationen für den Ausbruch des Diabetes verantwortlich gemacht werden können. Die Hypothese, daß Diabetes allein durch Streßsituationen bewirkt wird, hat sich nicht halten lassen.

Angeborene Herzfehler

Herzfehler kommen bei 0,8% aller lebend geborenen Kinder vor. Ein Kind von 125 Neugeborenen leidet also an einem angeborenen Herz- oder Herzgefäßfehler. Insgesamt wird die Zahl von Neuerkrankungen in der Bundesrepublik auf bis zu 500 pro Jahr geschätzt. Fortschritte der Operationstechnik haben es möglich gemacht, immer mehr Patienten am Leben zu erhalten. Erfolgt keine angemessene chirurgische oder auch medikamentöse Behandlung, dann sterben die meisten Kinder während des ersten Lebensjahres an Herzversagen und unzureichender Sauerstoffversorgung des Körpers (Petermann, Noecker & Bode 1987, S. 116).

Epilepsie, weitere Krankheiten

Die epileptischen Anfallsleiden gehören mit zu den verbreiteten chronischen Erkrankungen bei Kindern und Jugendlichen. Von Epilepsie sind etwa 0,5–1% der Bevölkerung betroffen, das sind für die Bundesrepublik etwa 300000–600000 Patienten, davon ist die Hälfte unter 16 Jahre alt. Darüber hinaus haben etwa sechs Millionen Menschen in der Bundesrepublik eine Anfälligkeit für epileptische Anfälle und sind – zum Beispiel nach einer Kopfverletzung – besonders gefährdet, epilepsiekrank zu werden (Steinhausen 1988, S. 73). Die Ursachen für eine Erkrankung an Epilepsie liegt nach neuesten Erkenntnissen – neben einer erblichen Disposition – in den Folgeerscheinungen nach einer exogenen Schädigung des Gehirns. Auch wird heute bestritten, daß Leistungs- und Funktionsstörungen (z. B. Intelligenzminderung) auf die Anfälle zurückzuführen sind. Vielmehr ist davon auszugehen, daß hierfür zum einen die (für die Epilepsie ursächlichen) Hirnfunktionsstörungen, zum anderen die beträchtlichen Nebenwirkungen der Medikamente (Antikonvulsiva) verantwortlich sind. Neben den Beeinträchtigungen im Leistungsbereich, unter denen jedoch bei weitem nicht alle epilepsiekranken Kinder und Jugendlichen leiden, sind soziale Faktoren besonders belastend: die Stigmatisierung in der Gleichaltrigengruppe, in Kindergarten und Schule.

Weitere überwiegend organisch ausgeprägte chronische Krankheiten, die eine etwas geringere Verbreitung haben, sind Erkrankungen der Dünndarmschleimhaut (Zöliakie; hier wird mit Neuerkrankungen von etwa 280 pro Jahr und einer Gesamtzahl von etwa 6000 erkrankten Kindern im Bundesgebiet gerechnet), Unterfunktion der Schilddrüse (Hypothyreose; hier wird mit in etwa der gleichen Verbreitung wie bei der Zöliakie gerechnet), Störung der Drüsenabsonderung (zystische Fibrose; hier rechnet man mit etwa 120 Neuerkrankungen pro Jahr und einem Bestand an etwa 2350 Kindern) und Muskelerkrankungen mit etwa 110 Erkrankungen pro Jahr bei ca. 1750 erkrankten Kindern im Bundesgebiet insgesamt (Petermann, Noecker & Bode 1987).

Psychophysiologische und psychosomatische Krankheiten

Neben den überwiegend physiologisch situierten chronischen Krankheiten haben sich in den letzten Jahren die psychophysiologisch und „psychosomatisch" ausgeprägten immer weiter verbreitet. Die Grenzen zwischen den Kategorien sind dabei fließend. In den Lehrbüchern wird unter der Bezeichnung „psychosomatische Erkrankungen" *eine Gruppe von Störungen zusammengefaßt, die mit einer körperlichen Symptomatik und einem faßbaren körperlichen Befund einhergeht, bei denen jedoch psychische Einflüsse als Ursache, Teilursache oder den Krankheitsprozeß aufrechterhaltende Faktoren vorliegen.* Die krankhaften Veränderungen spielen sich besonders im vegetativen Nervensystem ab und wirken sich an einem Organsystem meist besonders aus (Bräutigam & Christian 1986; Nissen 1987; Remschmidt 1987, S. 233). Der Anteil seelischer Faktoren an der Verursachung der Störungen kann von unterschiedlicher Bedeutung sein und ist manchmal nicht klar abgrenzbar. Daher gibt es auch verschiedenste Typologien für psychosomatische Krankheiten. Remschmidt weist darauf hin, daß Auffassungsunterschiede sich auch in der Begriffsbestimmung niederschlagen können:

„Die Erkrankungen werden einerseits als psychophysiologische Erkrankungen bezeichnet. Damit will man zum Ausdruck bringen, daß dem psychophysischen Wechselspiel eine wichtige Rolle zukommt, die sowohl von der psychischen Seite her (Persönlichkeitsstruktur, Konflikte, biographische Belastungen) als auch von der physiologischen Seite (z. B. Bluthochdruck, erhöhte Adrenalinausscheidung, Histaminausscheidung, erhöhte Darmmotilität, verstärkte Magensekretion) faßbar ist. Der psychophysiologische Ansatz ist in seinem Aussagewert relativ bescheiden und konzentriert sich bei den einzelnen Störungen auf die psychisch und physisch nachweisbaren Zusammenhänge, die er im Hinblick auf die einzelnen Patienten oder eine Krankheitseinheit zu systematisieren versucht. Demgegenüber geht die psychosomatische Betrachtungsweise von einem Ganzheitskonzept aus, das psychische, physische (physiologische) und psychosoziale Faktoren in eine einheitliche Betrachtungsweise einzuordnen versucht" (Remschmidt 1987, S. 234/35).

Als die häufigsten psychosomatischen Erkrankungen im Kindes- und Jugendalter können mit Remschmidt (1987) das endogene Ekzem, Asthma bronchiale, Störungen des Eßverhaltens sowie Magen- und Darmstörungen angesehen werden.

Endogenes Ekzem

Das endogene Ekzem wird auch als atopische Dermatitis oder Neurodermitis bezeichnet. Es handelt sich um eine Hauterkrankung, die sich sehr früh, meist innerhalb der ersten beiden Lebensjahre, ausprägt und einen chronischen Verlauf nimmt. Sie ist gekennzeichnet durch Veränderungen der Haut, die sich an charakteristischen Stellen häufen, und durch einen starken Juckreiz. Die Verbreitung ist schwer abzuschätzen. Eine englische Längsschnittstudie kommt auf der Basis einer Elternbefragung zu Werten von 7,2% für die unter vierjährigen und 3,8% der über vierjährigen Kinder. Die Entwicklung der Krankheit läuft meist so ab, daß schon vor dem Einsetzen des eigentlichen Krankheitsbildes überempfindliche Hautreaktionen auftreten. Es wird vermutet, daß neben erblichen Faktoren allergische Prozesse und Störungen der Mutter-Kind-Beziehungen zu den Ausgangsbedingungen gehören. Die psychosozialen Störungen könnten auf zu geringe Hautkontakte und einen Mangel an emotionaler Zuwendung zurückzuführen sein. Jedenfalls ist das Einsetzen und Wiederauftreten der Hautveränderungen deutlich mit emotionalen Belastungssituationen verbunden. Die Krankheitssymptome herrschen über einen langen Zeitraum der Lebensspanne vor (Remschmidt 1987, S. 236).

Asthma bronchiale

Hierunter wird eine anfallsweise auftretende Atemnot bezeichnet, die durch eine die Ausatmung behindernde Verengung der äußeren Luftwege verursacht wird. Schleimhautschwellungen, übermäßige Sekretion und Verkrampfungen der Bronchialmuskulatur sind die Auslöser. Die Symptomatik gipfelt meist in Anfällen von Atemnot mit verlängerter Phase des Ausatmens sowie vielfältigen, intensiven körperlichen Beeinträchtigungen. Eine Häufung solcher Anfälle kann lebensgefährlich sein. Zwischen den Anfällen liegen bei den Patienten häufig keine Beschwerden vor. Diese Erkrankung zeigt sich vor allem im ersten Lebensjahrzehnt. Es wird geschätzt, daß etwa 4% einer Kinderpopulation an Asthma bronchiale leiden. In über einem Drittel der Fälle tritt die Erkrankung vor der Pubertät auf. Untersuchungen zur Entstehungsgeschichte machen deutlich, daß die Ausbildung einer allergischer Reaktion von großer Bedeutung ist. Die allergischen Reaktionen werden wahrscheinlich durch psychische Faktoren ausgelöst oder verstärkt. Eine hohe Angstempfindlichkeit des Kindes, auffällige Familienbeziehungen und häufige psychische Belastungssituationen hängen ganz offensichtlich mit dem Entstehen der Erkrankung zusammen. Wie Remschmidt betont, greifen die meisten Wissenschaftler heute zu einer multifaktoriellen Theorie der Erklärung: Eine genetische Disposition im Sinne einer besonderen Anfälligkeit und Verletzlichkeit der Atmungsorgane wird angenommen, die durch verschiedene Auslösereize wie insbesondere Infektionen, immunologische Reaktionen und emotionale Belastungen zum Ausbruch kommt. Psychische und familiale Belastungssituationen spielen als vermittelnde Faktoren eine wichtige Rolle. Sie können zur Auslösung oder zur Aufrechterhaltung der Erkrankung beitragen. Eine spezifische Persönlichkeitsstruktur oder eine spezifische Abhängigkeit von bestimmten Familienkonflikten und familiendynamischen Spannungen konnte bisher nicht nachgewiesen werden (Remschmidt 1987, S. 238).

Anorexia Nervosa

Hierunter wird eine überwiegend bei Mädchen vor oder während der Pubertät auftretende und von psychischen Faktoren stark abhängige, schnelle und extreme Gewichtsabnahme bei Verweigerung der Nahrungsaufnahme verstanden. Diese Erkrankung nimmt in den westlichen Industrieländern in den letzten Jahren zu. Heute muß von einer Verbreitung von bis zu einem Prozent bei Mädchen in der Altersgruppe 14–20 Jahre gerechnet werden. Die diagnostischen Kriterien werden u. a. wie folgt beschrieben: Starke Furcht davor, dick zu werden; sich dick fühlen auch bei Gewichtsverlust; Gewichtsverlust von mindestens 25% des ursprünglichen Körpergewichtes; Weigerung, das Normalgewicht zu halten; keine erkennbare körperliche Störung, die für den Gewichtsverlust verantwortlich gemacht werden könnte; Ausbleiben der Regelblutung. Die Erkrankung tritt besonders häufig in den sozialen Mittel- und Oberschichten auf. Vermutlich hat diese Symptomatik etwas mit der großen Bedeutung zu tun, die der weibliche Körper in unserer Alltagskultur für die Selbstdarstellung von Frauen hat. Gesellschaftliche Anerkennung von Frauen ist in unserem Kulturkreis sehr stark mit der körperlichen Erscheinungsform (Schlankheitsideal) verbunden. Deshalb liegt für viele junge Mädchen, die diesem Ideal nacheifern, der Schritt in die Magersucht nahe. Der Hintergrund wird meist durch ein sehr enges und stark zusammengehöriges Familienklima gebildet. Anpassung und Unterordnung unter das Familienwohl wird in den meisten Familien mit magersüchtigen Mädchen als Ausgangspunkt gefunden. Viele Magersüchtige haben nicht gelernt, mit Konflikten und mit Aggressivität gegen andere Familienmitglieder umzugehen. Sie sind ehrgeizig, fleißig, freundlich, angepaßt bis zur Selbstaufgabe und zur Zurückstellung der eigenen Person. Die Magersucht ist insofern auch ein verzweifelter Versuch, die eigene Person zu stabilisieren und gegen den Familienverband abzusetzen. Eigene Wünsche und Pflichten sollen zum Ausdruck gebracht werden, doch dafür fehlt es an den entsprechenden Kompetenzen. Die jungen Mädchen versuchen einerseits, sich abzugrenzen und der Einmischung zu entgehen, andererseits, ziehen sie die gesamte Sorge der Familie auf sich und können so ihre unbewußten und heftig abgewehrten Wünsche nach Abhängigkeit und schützender Kontrolle ausdrücken.

Bulimie

Bulimie wird in Abgrenzung von der Anorexia Nervosa als eine Störung bezeichnet, die durch Heißhungerphasen, selbst herbeigeführtes Erbrechen, starke Gewichtsschwankungen sowie impulsives und depressives Verhalten gekennzeichnet ist. Die wichtigsten diagnostischen Kriterien sind: Wiederkehrende Phasen von Heißhunger bei schneller Aufnahme einer sehr großen Speisemenge in einer kleinen Zeitspanne, vor allem hochkalorische und leicht aufzunehmende Speisen, wiederholte Versuche zur Gewichtsabnahme durch strenge Diät oder Einnahme von Abführmitteln, depressive Verstimmungen. Es liegen meist keine bekannten körperlichen Störungen zugrunde. Für die Entstehung der Krankheit werden ähnliche Annahmen wie für die Anorexia Nervosa diskutiert (Steinhausen 1988). Der Ausgangspunkt wird jedoch stärker in Persönlichkeitsfaktoren und in genetischen sowie konstitutionellen Einflüssen gesehen, während die Familiendynamik für die Bulimie nicht so stark ins Gewicht zu fallen scheint.

Adipositas

Hierunter versteht man ein ausgeprägtes Übergewicht, das gleichzeitig durch eine ungewöhnliche Ansammlung von Fettgewebe gekennzeichnet ist. Die Krankheit ist meist auf die abnorme Gewohnheit zurückzuführen, zuviel zu essen. Studien in westlichen Industrieländern zeigen, daß 15 bis 20% aller Kinder und Jugendlichen unter Adipositas leiden, wobei der Prozentsatz mit zunehmendem Lebensalter bis etwa 14–16 Jahre besonders ansteigen kann. Ist ein oder sind beide Elternteile ebenfalls adipös, dann steigt die Verbreitungsquote auf bis zu 40% an. Adipöse Kinder und Jugendliche zeigen auch eine spezifische Persönlichkeits- und Familienstruktur. Sie sind stark von Bezugspersonen abhängig und in ihrer Selbständigkeitsentwicklung gehemmt; in den Familien wird häufig ein überbeschützendes Verhalten der Mütter vorgefunden, während die Väter eine eher passive und zurückgezogene Rolle spielen. Studien zur Entstehungs- und Entwicklungsgeschichte zeigen, daß adipöse Kinder und Jugendliche oft unter einer früh erworbenen Störung der Nahrungsaufnahme leiden, die sich in einer mangelnden Wahrnehmung von Hungergefühl und Sättigung zeigt (Remschmidt 1987; S. 247).

Magen- und Darmstörungen

Diese Krankheiten können nach verschiedenen Krankheitsbildern unterschieden werden. Unter ulcus ventriculi et duodeni werden Druckbeschwerden im Überbauch, Nüchternschmerz, Sodbrennen und allgemeine Magenempfindlichkeit bezeichnet. Häufigstes Krankheitsbild sind Magen- und Zwölffingerdarmgeschwüre. Es kann mit einer Verbreitung von etwa 1 bis 3 Fällen auf 100000 Kinder und Jugendliche unter 15 Jahren gerechnet werden. Als Ursache werden in der Forschung genetische Einflüsse, Persönlichkeitsfaktoren und familiäre Faktoren herausgestellt. Bei den Persönlichkeitsfaktoren werden insbesondere Passivität, Hemmungen in der Äußerung von Gefühlen, übermäßig starke Abhängigkeit von der Mutter und emotionale Labilität genannt (Remschmidt 1987, S. 249).

Psychosomatische Krankheiten als „sinnvolles" Verhalten?

Wie deutlich wird, treten „psychosomatische" Krankheiten mit Störungen der psychosozialen Beziehungen zusammen auf. Das Denken auf mehreren Prozeßebenen, also ein multidimensionales und systemisches Denken, ist für Erklärung und Verständnis dieser Krankheiten Voraussetzung. Das übliche Delegationsprinzip, wie es in der naturwissenschaftlich ausgerichteten Medizin durch die fortschreitende Spezialisierung erzwungen wurde, ist hingegen nicht tauglich. Alle beteiligten Helfer sind gezwungen, die Krankheit auf verschiedenen Prozeßebenen zu sehen, wobei jede der Ebenen andere Zusammenhänge erkennen läßt und damit auch andere Untersuchungs-, Interpretations- und entsprechende Therapiemethoden benötigt. *Voraussetzung für einen angemessenen Zugang zu psychosomatischen Krankheiten bei Kindern und Jugendlichen ist ein Abrücken vom individuumorientierten, symptom- und krankheitszentrierten Denken zum beziehungsorientierten, ökologischen und systemischen Denken.* Das Individuum und seine Beschwerden lassen sich nicht unabhängig vom Lebenskontext und von den sozialen Beziehungen verstehen, in denen sie entstanden sind und sich stabilisieren.

Die systemische Sicht weicht von einer linear-kausalen Erklärung für Symptome ab und sieht Symptome bei kranken Kindern und Jugendlichen in letzter Konsequenz aus Ausdruck einer Störung der Beziehungen, in die Kinder und Jugendliche einbezogen sind.

„Der Kranke wird zum Symptomträger eines ganzen Systems. Der Sinn der Symptomatik kann dementsprechend nur im Kontext der Familie richtig erkannt werden. Die zentrale Frage richtet sich dann nicht mehr nach der Störung auf der somatischen Organebene, auch nicht mehr allein nach der Frage von Zusammenhängen zwischen psychischen Belastungen und der Symptombildung, sondern letzten Endes danach, welchen Sinn die Symptomatik im Kontext der Beziehungen und der notwendigen Veränderungen im familiären Lebenszyklus hat. D. h., daß psychosomatische Erkrankungen auf der somatischen oder psychologischen Ebene allein in den meisten Fällen nicht verstehbar und dadurch auch nicht kausal therapierbar sind. Medizinische Modelle sind mechanische Modelle, angemessen für Krankheiten, denen physikalische Eigenschaften zugrundeliegen. Sie haben ihre Grenzen, da sie sich aufgrund ihres Paradigmas auf die inneren Strukturen des Individuums beschränken. Der systemisch denkende Therapeut sieht die Krankheit, das Symptom, nicht als persönliche, isolierte und krankhafte Eigenschaft eines Menschen, sondern als passendes, sinnvolles Verhalten im Kontext des Beziehungssystems, dem der Betroffene angehört" (Mangold 1988, S. 74).

Im Anschluß an Minuchin, Rosman und Baker (1981, S. 32) kann dieses Denkmodell auch in vereinfachter Form dargestellt werden. Es nimmt seinen Ausgangspunkt von den außerfamilialen Belastungen („Streßfaktoren"), die auf die „Anfälligkeit" und „Verletzlichkeit" eines Kindes für Krankheiten ebenso einwirken wie auf die soziale Organisation und die interne Beziehungsstruktur der Familie; beide Faktoren beeinflussen direkt oder indirekt die verschiedenen biochemischen und physiologischen Mittlermechanismen und schließlich die Symptomatik (siehe Abbildung 2).

Dieses Modell ermöglicht multifaktorielle Erklärungen für das Auftreten von Krankheiten allgemein, speziell auch psychosomatischen Symptomen, ohne daß eine isolierte Ursache für die Erkrankung formuliert wird. Die Veränderungen, die zur Symptomfreiheit

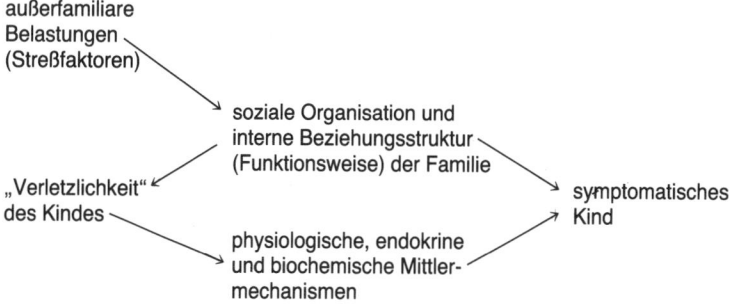

Abb. 2. Erklärungsmodell für psychosomatische Krankheiten bei Kindern und Jugendlichen

des Kindes führen sollen, müssen auf allen Ebenen einsetzen. Würde die Behandlung sich allein auf die Beseitigung des Symptoms richten, dann würde sie den wirklichen Ausgangspunkt der Krankheitsgeschichte nicht treffen.

Das Kurieren an körperlichen Symptomen ist für viele Patienten, die zu psychosomatisch behandelnden Ärzten kommen, meist eine lange Leidensgeschichte. Kinder und Jugendliche kommen im Durchschnitt erst nach vier oder fünf Jahren, nach einer langwierigen und aufwendigen Behandlung bei verschiedenen Spezialisten, zur Psychotherapie und zur Familientherapie. Erst wenn alle Versuche, die somatischen Störungen und Beeinträchtigungen auf dem Wege der klassischen organbezogenen Medizin zu beseitigen, gescheitert sind, greifen die Patienten und ihre Familien zur Hilfe durch Psychotherapeuten und psychosomatische Ärzte.

Die Frage nach dem „Sinn" einer Krankheit führt den Arzt und den Therapeuten oft genau auf die Ebene, auf der das wirkliche Problem liegt. *Wichtig ist, die ursprüngliche Ursache der Fehlentwicklung zu beheben, anstatt das Symptom zu traktieren oder sogar zu pflegen.* In diesem Sinn haben Minuchin, Rosman und Baker (1981, S. 41) ein Konzept der strukturellen Familientherapie entworfen, das von vier Merkmalen der Familien mit psychosomatisch erkrankten Kindern ausgeht, die uns zum Teil bereits bei den Kurzbeschreibungen der einzelnen Krankheitsbilder begegneten:
1. Verstrickung: In den Familien herrscht ein extremes Maß an Nähe und Intensität; die Grenzen der einzelnen Familienmitglieder und der Subsysteme sind sehr unklar. Die einzelnen empfinden und definieren sich verstärkt als Teil der Familie denn als Individuum.
2. Überfürsorglichkeit: Es besteht ein ungewöhnliches Interesse am Wohlergehen des anderen; vor allem das symptomatische Kind empfindet große Verantwortung gegenüber den Eltern.
3. Starrheit: In Zeiten von Veränderungen und bei Beginn neuer Entwicklungsstufen kommen die Familien in große Schwierigkeiten; sie sind sehr verletzlich gegenüber äußeren Ereignissen und haben Schwierigkeiten, sich ihnen flexibel anzupassen.
4. Konfliktvermeidung: Häufig werden Konflikte generell vermieden; kommt es jedoch zu Meinungsverschiedenheiten, wird dafür gesorgt, daß das wirkliche Thema nie zur Sprache kommt.

Treten diese vier Merkmale auf, sind ungünstige Voraussetzungen mit großer Wahrscheinlichkeit für die Erkrankung eines Kindes gegeben. Entscheidend ist, ob das Kind in einen Konflikt der Eltern, der eigentlich ein Konflikt des Ehepaares ist, miteinbezogen wird. Ist das der Fall, kann das Symptom als „Regulär" innerhalb des Systems fungieren und es stabilisieren.

Um angemessen auf die wachsenden Probleme mit psychosomatischen Krankheiten eingehen zu können, wäre es nötig, bei allen niedergelassenen Ärzten und auch in Kliniken für Kinder und Jugendliche eine psychosomatische Abteilung zu haben, die eine Mittelstellung zwischen psychotherapeutischer, familientherapeutischer und medizinisch orientierter Arbeit einnimmt. Die therapeutische Abteilung wäre dann von Anfang an, und nicht erst nach einem langen Weg durch andere Bereiche, für alle Krankheitsbilder zuständig, bei denen unklare, vermutlich funktionelle psychosomatische Störungen zugrunde liegen, für die keine schlüssige medizinische Abklärung vorliegt. Sie kommt auch der mangelnden Bereitschaft der Patienten entgegen, sich der Psychotherapie zuzuwenden. Auch bei noch nicht verfestigter Symptomatik und noch nicht längerdauernden familialen Beziehungskrisen ist eine solche Abteilung eine sinnvolle Hilfe. Denn hier kann medizinische, psychologische und familiendynamische Diagnostik und Therapie gleichzeitig und gleichwertig angeboten werden.

Auf weitere institutionelle Schlußfolgerungen gehe ich im letzten Kapitel dieses Buches ein.

Psychosoziale Auffälligkeiten

Die Entwicklung von Kindern und Jugendlichen verläuft in den seltensten Fällen völlig glatt und unproblematisch. Die meisten Menschen sind in diesen Entwicklungsphasen mit Konflikten und Schwierigkeiten konfrontiert und zeigen in Form von „Verhaltensauffälligkeiten", daß ihnen die Bearbeitung dieser Probleme schwer fällt und sie Unterstützung brauchen. Das Grundproblem – sofern es sich im Einzelfall überhaupt isolieren läßt – kann in unterschiedlichen Feldern liegen, z. B. in innerpsychischen Konflikten, familiären Spannungen und problematischen sozialen Verhältnissen. Die Symptome und Auffälligkeiten zeigen sich in unterschiedlicher Deutlichkeit. Die Kriterien, wonach ein Verhalten als auffällig, also von der Norm abweichend, gilt, sind entsprechend unterschiedlich und von situativen, normativen und sozialen Bedingungen abhängig (Rutter 1980).

Repräsentative Studien kommen im Durchschnitt zu der Schätzung, wonach *etwa 10–12% der Kinder im Grundschulalter* psychosoziale Auffälligkeiten zeigen. Hierunter fallen Störungen im Wahrnehmungs- und kognitiven Verarbeitungsbereich (Leistungsstörungen, Lese-Rechtschreib-Schwächen usw.), emotionale Störungen, Ängste und Depressionen, dissoziales und aggressives Verhalten, Nahrungs- und Eßstörungen, Störungen der Sexualentwicklung, Neurosen und Psychosen. *Im Jugendalter muß mit einer höheren Quote von etwa 15–20% gerechnet werden.* Die Tendenz ist steigend. Darunter befindet sich ein Kern von mindestens 5%, das sind über 600000 unter 18jährige in der BRD, der so massive Probleme hat, daß eine Unterstützung unbedingt notwendig ist.

Wie bei den körperlichen Krankheiten ist auch hier die Belastung von Jungen im Kindesalter deutlich höher als die von Mädchen, im Jugendalter gleichen sich die Werte an, und es kommt in vielen Bereichen dann zu höheren Belastungssymptomen bei Mädchen.

Auffälligkeiten im Wahrnehmungs- und Leistungsbereich

Es ist bislang noch unklar, wieviele Menschen sich im Laufe ihrer Entwicklung mit Beeinträchtigungen im Wahrnehmungs- und Leistungsbereich auseinandersetzen müssen. Es ist aber anzunehmen, daß nur ein Teil in Beratungsstellen und ärztlichen Praxen diagnostiziert wird; dies ist zum einen abhängig von der Schwere der Störung, zum anderen von den sozialen, personalen und familialen Ressourcen zur Kompensation. Die ansteigende Tendenz von Auffälligkeiten und Störungen in diesem Bereich weist auf folgende Zusammenhänge hin: Zum einen haben die Kinder offensichtlich nicht die notwendigen Hilfen, die eine Kompensation bereits im Vorfeld ermöglichen, zum anderen scheinen die Maßstäbe dafür, was als Auffälligkeit bezeichnet (und somit ausgegrenzt) wird, immer enger (oder vielleicht muß man auch sagen: anspruchsvoller) geworden zu sein.

Zunächst gebe ich einen knappen Überblick über einige der wichtigsten Symptomatiken.

Teilleistungsschwächen

Unter Teilleistungsschwächen werden bestimmte Minderleistungen in der Entwicklung von Funktionen der Erlebens-, Denk- und Handlungsfähigkeit verstanden. Es handelt sich entweder um eine verlangsamte Funktionsentwicklung, ein Funktionsdefizit oder ein reduziertes Niveau der Leistungsfähigkeit bestimmter Funktionen. Die häufigsten Einzelsymptome sind Lese-Rechtschreibschwäche (Legasthenie) und Rechenschwäche. Andere Störungen umfassen den Bereich der Sprech- und Sprachentwicklung, der Motorik, der räumlichen

Orientierung und der sensomotorischen Entwicklung. Die Definition und Klassifikation der Teilleistungsschwächen ist äußerst schwierig und hängt besonders von institutionellen Gepflogenheiten und Traditionen ab; die beiden häufigsten Erscheinungsformen der Lese-Rechtschreibschwäche und der Rechenschwäche werden z. B. typischerweise fast nur im schulischen Kontext erkannt. Deswegen ist auch die Schätzung der Häufigkeit der Verbreitung von Teilleistungsschwächen schwierig. Die meisten Häufigkeitsangaben schwanken bei 4 bis 7% aller Kinder im Schulalter, wobei meist mehrere der genannten Teilleistungschwächen zusammen auftreten (Remschmidt 1987, S. 115).

Unter den Einzelsymptomen ist die *Lese-Rechtschreibschwäche* (Legasthenie) am stärksten verbreitet. Sie wird auf bis zu 5% Verbreitung bei Schulkindern geschätzt. Sie bezeichnet eine Schwäche im Erlernen des Lesens und Schreibens, die deutlich unter dem erwartbaren Niveau nach Alter und Intelligenz liegt. Die Legasthenie geht oft mit einer verzögerten Sprachentwicklung einher. Sie betrifft Jungen deutlich häufiger als Mädchen. Die Kinder mit Legasthenie beherrschen in der Regel das Lesen und Diktatschreiben der einzelnen Buchstaben und Zahlen, haben aber Schwierigkeiten bei Worten und Sätzen. Über den Begriff „Legasthenie" hat es viele Diskussionen gegeben; unbestritten jedoch ist, daß viele Kinder im Prozeß des Lesen- und Schreibenlernens Schwierigkeiten haben, die mit ihren Wahrnehmungs- und Koordinierungsfähigkeiten in Beziehung gesetzt werden müssen.

Eine *Rechenschwäche* liegt dann vor, wenn die Rechenfähigkeit stark beeinträchtigt ist, obwohl die allgemein intellektuellen Voraussetzungen für das Erlernen des Rechnens gegeben sind. Man schätzt, daß diese Teilleistungsschwäche bei bis zu 2% der Kinder im Schulalter verbreitet ist. Die betreffenden Kinder können vor allem die richtige Zuordnung konkreter Mengen zu den Zahlworten und den richtigen Gebrauch abgebildeter Mengen konkreter Gegenstände nicht vornehmen und haben Schwierigkeiten beim Erlernen der Ziffern des Dezimalsystems.

Als *spezifische Wahrnehmungsschwächen* werden Beeinträchtigungen bei der Wahrnehmung von Formkonstanz (Unterscheidung von Kreis, Oval und Rechteck usw.), von Größenkonstanz (Erkennen von Größenunterschieden), und der räumlichen Orientierung bezeichnet. Diese Schwierigkeiten drücken sich vor allem im Leistungsbereich, z. B. beim Erlernen der Kulturtechniken aus. Andere Wahrnehmungsstörungen zeigen sich eher im alltäglichen Kontakt, z. B. wenn die Kinder soziale Kommunikationsgesten nicht erfassen oder wenn sie Reize aus der Umwelt nicht filtern können (Gestalt – Hintergrund – Wahrnehmung).

Sensomotorische Störungen

Hier handelt es sich um Entwicklungsschwächen, bei denen komplizierte Bewegungsabläufe nicht koordiniert werden können. So ist z. B. die Abstimmung von auditiven Reizen mit visuellen oder haptischen Reizen erschwert, die auditive, visuelle oder taktile Unterscheidungsfähigkeit gestört, oder Blickausrichtung, Hörausrichtung und Körpergleichgewicht sind in ihrer Steuerung anfällig. Die feinmotorischen Abstimmungen, die Bewegungsgenauigkeit, die Auge-Hand- und die Auge-Fuß-Koordination sind unzureichend. Die Beeinträchtigung in der Entwicklung der motorischen Koordination ist in der Regel nicht auf eine allgemeine intellektuelle Behinderung zurückzuführen.

Die sensomotorischen Störungen werden oft auch als psychomotorische Störungen bezeichnet. Man kann zwischen allgemeiner motorischer Entwicklungsrückständigkeit und spezielleren, umschriebenen Störungen unterscheiden. Die allgemeine Rückständigkeit ist dadurch gekennzeichnet, daß die motorischen Abläufe nicht oder nur unzureichend miteinander abgestimmt und integriert sind. Die Kinder sind z. B. nicht oder nur unzureichend in der Lage, einen Ball zu fangen, zu klettern oder das Radfahren rechtzeitig zu erlernen. Die Ursachen werden einerseits in konstitutionellen Faktoren gesehen, andererseits werden aber auch Hirnfunktionsstörungen und Hirnreifungsverzögerungen geltend gemacht (Remschmidt 1987, S. 179). Ein besonderes Problem bei psychomotorischen und Wahrnehmungsstörungen liegt darin, daß sie nur durch eine ausführliche Diagnostik zu bestimmen sind.

Hyperaktivität und Minimale Cerebrale Dysfunktion

Viele Untersuchungen kommen zu dem Ergebnis, daß fast jedes 20. Kind im Schulalter unter Aufmerksamkeitsstörungen leidet. In ihrer schwerwiegenden Ausprägung werden sie als Hyperaktivität oder hyperkenetisches Syndrom bezeichnet. Dieses Syndrom ist bei Jungen weitaus häufiger als bei Mädchen. Organisch gesehen sind diese Kinder meist völlig gesund, es sei denn, die Ursache für das hyperkinetische Syndrom und die damit verbundene Hyperaktivität liegt in einer Schädigung des zentralen Nervensystems, die durch vorgeburtliche oder während des Geburtsvorganges eingetretene Beeinträchtigungen bewirkt ist (Minimale Cerebrale Dysfunktion).

Hyperaktivität umfaßt eine Fülle von ineinandergreifenden Einzelsymptomen. Ausgangspunkt ist meist eine fahrige und hektische Motorik in der frühen Kindheit, die mit bestimmten Lern- und Verhaltensstörungen einhergeht. Wichtig ist, zwischen Primärsymptomen und Sekundärsymptomen zu unterscheiden. Zu den *Primärsymptomen* können motorische Unruhe, ziellose Aktivität, Impulsivität, ungesteuerte Motorik, Konzentrationsschwäche, Aufmerksamkeitsstörungen, erhöhte Reizempfindlichkeit, sehr schnelle Erregbarkeit und niedrige Frustrationstoleranz gerechnet werden. Die Kinder sind durch ein überstürztes Problemlöseverhalten gekennzeichnet, sie kommen zu überhasteten und unkonzentrierten Arbeitsweisen, die vor allem im schulischen Bereich auffallen. Die Fähigkeit zur ruhigen und konzentrierten Handlungssteuerung ist ausgefallen und wird durch übertriebene Reizbarkeit und Erregbarkeit überlagert.

Meist als Folge dieser Primärsymptome der Hyperaktivität treten *sekundäre Symptome* auf, wie Kontakt- und Beziehungsstörungen, Lernstörungen im schulischen Bereich, Selbstwertprobleme und Verhaltensauffälligkeit, die sich in unkoordiniertem und dissozialem Verhalten und in Disziplinschwierigkeiten ausdrücken können.

Der Anteil von Kindern, bei denen eine Störung des zentralen Nervensystems zugrunde liegt, dürfte kleiner sein als lange Zeit angenommen. Man kann wahrscheinlich den Kreis der hyperkinetischen Kinder, die im engen Sinn unter einer Minimalen Cerebralen Dysfunktion (MCD) leiden, als kleiner als 1% ansetzen. Zunehmend wird es möglich, mit geeigneten medizinisch-diagnostischen Verfahren die frühkindliche Funktionsstörung des Nervensystems zu identifizieren, die sich in Wahrnehmung, Sprachvermögen, Gedächtnis, Pulsfrequenz und Motorik ausdrücken kann. Ursachen für eine solche Dysfunktion können auch in Stoffwechselstörungen und in Nahrungsmittelunverträglichkeiten liegen. Weiterhin werden überstandene Kinderlähmung, Keuchhusten, traumatische Hirnschädigungen und Hirntumore angenommen. Hauptursache sind offenbar aber Störungen beim Geburtsvorgang durch anomale Lage, Zangengeburt, Frühgeburt oder Kaiserschnitt.

Die frühen Anzeichen für eine Minimale Cerebrale Dysfunktion sind meist die Abnormalität der motorischen Funktion (erhöhte Aktivität, gestörte Koordination), die Störung der Aufmerksamkeit und der kognitiven Erfassung, entsprechende Lernstörungen, unkontrollierte Impulsivität, mangelnde Kontrolle der Handlungssteuerung, starke Stimmungsschwankungen und Probleme im Aufbau von zwischenmenschlichen Beziehungen. Wie deutlich wird, überschneiden sich die Erscheinungsbilder der MCD deutlich mit dem allgemeinen hyperkinetischen Syndrom. Eine klare diagnostische Trennung ist nicht immer möglich.

Weitere Überschneidungsmöglichkeiten gibt es mit neuropathischen Erscheinungsformen, wie längerandauernden nervösen Störbarkeiten, einer abnormen Erregbarkeit des Nervensystems, überschießender Reizbeantwortung und begrenzter Fähigkeit zur Selbststeuerung, aber auch zu entwicklungsbedingter Hyperaktivität, hirnorganischen Psychosyndromen, psychogener Hyperaktivität, Psychosen und noch anderen möglichen Differentialdiagnosen. Hier ist eine sehr genaue Diagnostik notwendig, gerade auch um eine Medizinisierung und „Verkrankung" auffälliger und abweichender Verhaltensweisen bei Kindern zu vermeiden (Hellerich 1984, S. 176).

Konzentrationsstörungen

Unter diesem Begriff werden verschiedene Auffälligkeiten von Kindern gefaßt: Die Kinder träumen viel, lassen sich leicht ablenken, können nur schwer eine Aufgabe zu Ende bringen, ermüden rasch. Gerade hier sind die (sehr unterschiedlichen) Normen der Erwachsenen von Bedeutung dafür, ob das Verhalten des Kindes als auffällig bezeichnet wird oder nicht. Werden die Kinder wegen Konzentrationsstörungen Ärzten vorgestellt (z. B. Kinderärzten, Kinder- und Jugendpsychiatern), wird oft eine medikamentöse Behandlung vorgeschlagen, die im Zusammenhang mit verhaltenstherapeutischen Maßnahmen stehen sollte (Kinze & Barchmann 1990). Es müssen jedoch auch familiäre und soziale Faktoren berücksichtigt werden, z. B. ob in der Familie derzeit große Spannungen bestehen oder ob das Kind einen geschützten Platz zum Arbeiten hat.

Auffälligkeiten im affektiven Bereich

Im affektiven Bereich gibt es deutliche Überschneidungen mit den anderen Symptomen, da natürlich auch Kinder und Jugendliche z. B. mit psychosomatischen Beschwerden psychisch „auffällig" sind. In Abgrenzung dazu bezieht sich die folgende Darstellung auf Symptome, die im psychiatrischen Sinne als psychische Krankheiten gelten. In der psychiatrischen Literatur wird zwischen neurotischen und reaktiven Störungen mit psychischer Symptomatik und körperlicher Symptomatik unterschieden. Zeigt sich die Leitsymptomatik vorwiegend im emotionalen Bereich, dann wird von einer psychischen

Symptomatik gesprochen. Die wichtigsten Erscheinungsformen in diesem Bereich sind die folgenden:

Angst- und Affektsyndrome
Hierunter werden Angstzustände gefaßt, die als krankhaft angesehen werden, weil die Intensität der Angstempfindung ungewöhnlich hoch ist und die alterstypischen Aktivitäten einschränkt, und weil die Inhalte und Objekte der Ängste ungewöhnlich sind. Angst und Ängstlichkeit nehmen mit dem Älterwerden verschiedene Ausdrucksformen an, die mit der Entwicklungsstufe eines Kindes korrespondieren. So wird im Säuglingsalter überwiegend von der 8-Monats-Angst gesprochen, im Vorschulalter von der Trennungsangst, später der Schulangst und in der Adoleszenz von Angstneurosen.

Bei der *Schulangst* oder Schulphobie sind starke Schulverweigerungstendenzen, körperliche Beschwerden wie Kopfschmerzen, Bauchschmerzen und Übelkeit und die Neigung zu Angstzuständen und depressive Verstimmung erkennbar. Die Ursache der Störung liegt in einer übermäßig ausgeprägten Bindung zwischen Mutter und Kind, die im Laufe der Behandlung abgebaut bzw. modifiziert werden muß (Remschmidt 1987, S. 221). Bei der Schulangst im engeren Sinne ist die Schulverweigerung häufig auf Leistungsversagen oder auf seelische Kränkungen in der Schule zurückzuführen. Die Schüler versuchen, vor der Schulsituation auszuweichen und Demütigungen ihres Selbstwertgefühls zu entgehen. Vielfach können Lernstörungen und auch körperliche und andere Beeinträchtigungen oder Behinderungen der auslösende Faktor sein.

Die *Angstneurose* wird als eine Kombination von körperlichen und psychischen Angstsymptomen verstanden, die keiner realen Gefahr zuzuschreiben sind, sondern „eingebildet" sind. Die Angst ist diffus und kann sich bis zur Panik steigern. Als Folge ergibt sich häufig ein sozialer Rückzug der Jugendlichen. Als Reaktion zeigen sich auch vegetative Erscheinungen wie beschleunigte Atmung und Herztätigkeit, Blutdrucksteigerung, Schweißausbrüche und Verdauungsstörungen. Die Verbreitung ist schwer abzuschätzen. Es gibt aber Hinweise darauf, daß in den letzten 10 Jahren durch die öffentliche Diskussion globaler Themen von Kriegsgefahr und Umweltverschmutzung Zukunftsängste und damit auch spezifische Formen von Angstzuständen bei Kindern und Jugendlichen zugenommen haben.

Depressive Syndrome

Sie können ebenfalls in allen Alters- und Entwicklungsstufen auftreten und verschiedene Symptomatiken annehmen. Vielfach werden die Symptome traurige/depressive Grundstimmung, Denkhemmung und Hemmung der Handlungsfunktionen unterschieden.

„Die Hemmung der Handlungsfunktionen äußert sich häufig in einem ausgeprägten Rückzug von allen alterstypischen Aktivitäten, die traurige Stimmung in Niedergeschlagenheit, Weinerlichkeit, mangelndem Zutrauen, Minderwertigkeitsgefühl und Hoffnungslosigkeit. Nicht selten klagen die Kinder auch über Schmerzen und Beschwerden in verschiedenen Organen, zuweilen sind sie ängstlich um ihre Körperlichkeit besorgt (Hypochondrie). Da jüngere Kinder (z.B. Kleinkinder und Kinder im Vorschulalter) ihre Befindlichkeit sprachlich noch nicht gut ausdrücken können, fallen sie häufig durch Appetitlosigkeit, Rückzug, Weinerlichkeit, Unfähigkeit zu spielen und Antriebsarmut auf" (Remschmidt 1987, S. 226).

In der Gruppe der depressiven Syndrome werden oft reaktive Depressionen (erlebnisbedingte Reaktion auf seelische Erschütterungen, Traumatisierungen und belastende Ereignisse), neurotische Depressionen, somatogene Depressionen und andere Formen unterschieden.

Selbstmord und Selbstmordversuche

Suizid steht bei Kindern von 5–15 Jahren statistisch gesehen an 5. Stelle der Todesursachen (siehe oben), bei den Jugendlichen über 15 Jahren sogar an 2. Stelle. Die Zahl der mißglückten Suizide liegt wesentlich höher und wird auf etwa das 8- bis 10fache der tatsächlich erfolgten Selbstmorde geschätzt. In absoluten Zahlen ausgedrückt sind es etwa 13000 Kinder und Jugendliche, die jährlich in der Bundesrepublik einen Selbstmordversuch machen. Bei etwa 1100 jungen Menschen endet dieser Versuch mit dem Tod. Fachleute aus der Kinder- und Jugendpsychiatrie weisen auf den hohen Anteil von familiären Konflikten und Schul- und Partnerschaftsproblemen als häufigste Anlässe für die Verzweiflungstaten der jungen Menschen hin. Am häufigsten treten Jungen zwischen 16 und 17 Jahren die Flucht in den Tod an. In den letzten Jahren steigt die Zahl der jüngeren Kinder. Nach Angaben von Kliniken müssen immer mehr zwölf- und dreizehnjährige Kinder nach einem Selbstmordversuch behandelt werden. Unterschwellig werden diese verzweifelten jungen Menschen von dem Gefühl gesteuert, nutzlos zu sein, keine Chance zu haben und nicht gebraucht zu werden.

Störungen im sozialen Verhaltensbereich

Kinder und Jugendliche sind Opfer von Gewalthandlungen, aber sie sind auch selbst Täter. Die meisten Eltern werden auf aggressive Handlungen ihrer Kinder meist aufmerksam, wenn die ersten stabileren Kontakte zu Gleichaltrigen hergestellt werden, in Spielgruppen, zu Hause und in der Nachbarschaft oder im Kindergarten und der Schule. Bei der Bewertung und Einschätzung des aggressiven Verhaltens der eigenen Kinder sind Eltern sich nicht immer sicher. Einerseits sehen sie mit einem gewissen Wohlgefallen, wenn das eigene Kind die Fähigkeit entwickelt, sich gegenüber Gleichaltrigen mit eigenen Interessen und Bedürfnissen durchzusetzen, und sie nehmen in Kauf, daß dabei hin und wieder auch aggressive Handlungsimpulse auftreten. Wird nicht auch in vielen wichtigen Bereichen des Alltags stillschweigend auf ein gewisses Potential an Aggressivität gesetzt? Wird nicht zunehmend der Begriff „aggressiv" als gleichwertig mit dem Begriff „offensiv" gesetzt, z. B. im Sport und im organisierten Spiel, in vielen Bereichen des Wirtschaftslebens und des Rechtsverkehrs? Auf der anderen Seite beschäftigt die Eltern natürlich die Frage, unter welchen Umständen das aggressive Verhalten ihrer Kinder mit den vorherrschenden moralischen Standards in ihrem Umfeld zu vereinbaren ist. Gerade religiös und ethisch sensible Eltern schrecken auf, wenn sie Elemente von Gewalt in den Handlungen ihrer eigenen Kinder beobachten können. Dulden sie damit nicht ein Aufkeimen von unsolidarischen Verhaltensweisen? Sind sie als Bezugspersonen und Erzieher nicht verpflichtet, jede aggressive Verhaltenskomponente ihres Kindes schon in Ansatzpunkten zurückzudrängen?

Aggressionen und Gewalthandlungen

Eine aktuelle Untersuchung zum Ausmaß und zur Verbreitung von aggressiven und gewaltförmigen Handlungen im Schulbereich liegt von Holtappels (1985) vor. Es waren etwa 760 Schülerinnen und Schüler in den Großstädten Düsseldorf und Duisburg einbezogen (7. bis 9. Jahrgänge). Zu den potentiell oder manifest gewalthaltigen Erscheinungsformen gehörten u. a. (in Klammern der jeweilige Anteil der Schüler, die angeben, diese Handlung schon einmal begangen zu haben):

Mitschüler im Unterricht ärgern, bewerfen oder beschießen (62%)
den Lehrer beschimpfen oder freche Antworten geben (55%)
andere hänseln oder sich über sie lustig machen (53%)

den Lehrer ärgern oder provozieren (47%)
versehentlich die Einrichtung der Schule beschädigen (34%)
sich mit Mitschülern raufen, schlagen (32%)
mit anderen einen Mitschüler verprügeln (25%)
andere Schüler unter Druck setzen (20%)
im Schulgebäude etwas absichtlich beschädigen (17%)
Sachen im Schulgebäude abmontieren (12%)
Sachen von Mitschülern absichtlich kaputtmachen (10%)

Ein historischer Vergleich der Werte für die Bundesrepublik Deutschland ist schwierig, da kaum Untersuchungen aus früheren Jahren vorliegen. Ein vorsichtiger Vergleich einiger der Merkmale für Normverstöße mit der Untersuchung von Brusten und Hurrelmann (1973) ergibt eine leicht steigende Tendenz des Anteils für Normverstöße im Schulbereich. Für die Annahme, daß eine dramatische Zunahme der Normverstöße stattgefunden hat, gibt es keine empirischen Belege.

Aus den vorliegenden ausländischen Studien, vor allem aus dem amerikanischen Raum, werden deutlich höhere Verbreitungsquoten gemeldet (McPartland & McDill 1977). Wie die Untersuchungen zeigen, müssen Faktoren im familialen, vor allem aber im außerfamilialen Bereich als Auslöser angesehen werden. So erweist sich die Mitgliedschaft in Cliquen oder sonstigen festen Assoziationen mit gleichaltrigen Jugendlichen, die sich regelmäßig in der Freizeit treffen, als wichtiger Vorhersagefaktor, sofern die Gruppe abweichende Normen verfolgt. Die abweichende Orientierung kann sich bis in den Schulbereich hinein in der Gruppenintegration fortsetzen.

Im Schulbereich selbst werden als wichtige Auslösefaktoren für Aggressivität und Gewalt Entfremdungsgefühle, Gefühle der Normlosigkeit und der inneren Distanz zu den schulischen Wertstrukturen genannt. Ein schlechter Leistungsdurchschnitt, ein- oder mehrfaches Wiederholen eines Jahrganges, Zurückstufung in eine als im Prestige niedriger eingeschätzte Schule und Verfehlen des Schulabschlußzeugnisses sind deutliche Begleiterscheinungen von Aggressivität und Gewalt in der Schule. Schulversagen führt auch zur inneren Ablehnung von Schule und zur Entfremdung von der Schulkultur. Ganz offensichtlich wird das Scheitern an den schulischen Leistungsanforderungen als eine deutliche Beeinträchtigung des Selbstwertgefühls und der späteren sozialen und beruflichen Lebenschancen gewertet.

Als ein wichtiger vermittelnder und moderierender Faktor erweist sich dabei die *Beziehung zu den Eltern:* Scheitern an Schullaufbahnanforderungen ist sehr häufig mit Konflikten im Elternhaus verbunden, was darauf hindeutet, daß die Jugendlichen den Karriereerwartungen der Eltern nicht gerecht werden (Engel & Hurrelmann 1989). Aggressives und auch delinquentes, normverletzendes und regelverletzendes Verhalten bei Kindern und Jugendlichen bildet vielfach den Endpunkt einer langen Kette von Belastungen durch ungünstige Sozialisationsbedingungen in der Familie, geringen Schulerfolg, fehlenden Schulabschluß, mangelhafte oder fehlende Berufsausbildung und Arbeitslosigkeit. Aggressiv und gewalttätig sind Jugendliche demnach also, weil die Ausgangsbedingungen für ihre Persönlichkeitsentwicklung im sozialen Umfeld nicht günstig sind. In einer auf Leistung, Erfolg und Prestige orientierten öffentlichen Kultur leiden diejenigen, die die bei uns für wünschenswert oder erforderlich gehaltenen Attribute für die Anerkennung und Hochbewertung nicht besitzen.

Es ist wichtig, diesen Ausgangspunkt zu betonen: *Es ist nicht die Abwendung der Jugendlichen vom sozialen System, die in diesem Lebensabschnitt den Ausgangspunkt für Gewalt und Aggressivität, für Delinquenz und Kriminalität abgibt, sondern es ist im Gegenteil oft der hohe Grad des Angepaßtseins, der Übernahme der vorherrschenden Normen und Werte, der das problematische Verhalten erzeugen kann.*

An Leistungs- und Prestigeerwartungen der Umwelt zu scheitern, ist nur für denjenigen eine schmerzhafte und enttäuschende Erfahrung, der diese Erwartung teilt. Derjenige, der sich ohnehin von diesen sozialen Anforderungen losgesagt und abgesetzt hat, kann in diesem Bereich auch keine Enttäuschungen mehr erleben. Mit anderen Worten: Gerade im Jugendalter können abweichende Verhaltensweisen, zu denen Aggressivität und Gewalt gehört, durch die Befolgung von gesellschaftlich zentralen und konformen Werten entstehen, nämlich von Erfolg, Status und Prestige. Gerade diejenigen, die sich voll mit der Erfolgs- und Leistungskultur in Schule und Beruf identifizieren, sind in Gefahr, in eine schwierige Belastungssituation dann zu kommen, wenn sie den wertgeschätzten Erfolg nicht auf eine anerkannte Weise im System erbringen (Engel & Hurrelmann 1989).

Für Jugendliche ist nicht nur das öffentliche und „offizielle" Feld der Wertschätzung über Leistung in der Schule von Bedeutung, sondern auch *das informelle und nur teilöffentliche Feld der Wertschätzung in der Gleichaltrigengruppe im Freizeitbereich*. Schüler, die im offiziellen Bereich der Leistungserbringung nach schulischen Standardregeln nicht erfolgreich sind, können in die Versuchung geraten, sich den fehlenden Erfolg im informellen Sektor der Gleichaltrigengruppe und der Clique zu holen. Die offizielle und die inoffizielle Kultur werden von diesen Jugendlichen so gegeneinander ausgespielt, daß sie das Versagen in dem einen Bereich durch einen künstlich herbeigeführten Erfolg im anderen Bereich überspielen, ihre erkennbare Schwäche in dem einen Bereich also durch eine demonstrative Stärke in dem anderen Bereich kompensieren.

Im Freizeitbereich der Jugendkulturen geht es vor allem um den Besitz von wichtigen Gütern, der hoch bewertet wird. Es sind vor allem *Statusgüter unserer kommerziellen Freizeit- und Konsumkultur*, die hierbei die größte Rolle spielen: Kleidung, Fahrzeuge, Medienausstattung usw. Solche Güter nicht in ausreichendem Maße zu besitzen, ist für Jugendliche eine erhebliche sozialpsychologische Belastung, eine Erfahrung des Zurückgesetztseins mit der Bedrohung, sozial isoliert zu sein. Soziologisch wird diese Gefühlslage auch als eine *Statusdeprivation* bezeichnet, als das subjektive Gefühl, im Vergleich zu den Gleichaltrigen eine ungünstige Ausstattung mit wichtigen Prestigesymbolen zu erleiden.

Das Sexualverhalten Jugendlicher und mögliche Folgen

Jugendliche nehmen heute typischerweise schon früh sexuelle Kontakte auf, treten aber erst spät in familiale Beziehungen mit eigenen Kindern ein. Sie leben damit in einer Phase längerer sexueller Aktivität ohne die traditionelle familiale Einbindung. Als gesundheitlich problematische Konsequenzen kommen für die Jugendlichen sowohl die Möglichkeit einer Schwangerschaft als auch die Gefahr einer Infektion mit einer der sexuell übertragbaren Krankheiten infrage.

Frühschwangerschaften

Während sich in den USA das Problem der Schwangerschaften bei sehr jungen Frauen in einem erschreckenden Maße ausweitet, läßt sich eine derartige Tendenz in der Bundesrepublik nicht aufzeigen. Im Gegenteil: Sowohl die Anzahl der Schwangerschaftsabbrüche als auch die der ausgetragenen Schwangerschaften bei jungen Frauen sinkt (siehe *Tabelle 4*).

Auch die Zahl der Schwangerschaftsabbrüche bei den unter 18jährigen ist in den letzten Jahren rückläufig. Probleme bestehen dennoch: Bei jungen Frauen unter 18 Jahren ist der Anteil der unehelichen Geburten weit überdurchschnittlich hoch und liegt bei fast 50%. Untersuchungen haben gezeigt, daß eine ausreichende Kontrazeption beim ersten Geschlechtsverkehr bei bis zu 50% der Jungen und 35% der Mädchen versäumt wird. Unzureichende Kontrazeption

Tabelle 4. Geborene nach Alter der Mutter

	bis 14 J.	15 J.	16 J.	17 J.	18 J.	19 J.	20 J.
1972	118	626	3202	10722	20707	29156	36192
1975	91	493	2549	7389	14545	22032	27733
1978	48	362	1764	5651	12408	19553	25183
1981	57	293	1587	4942	10528	18368	25760
1984	51	239	984	2858	6287	12174	18876
1987	44	198	918	2615	5644	10185	15577

Quelle: Statistisches Jahrbuch 1974–1989

wird bei Ausbleiben einer Schwangerschaft häufig beibehalten. Das Austragen einer unerwünschten Frühschwangerschaft ist äußerst belastend; es gefährdet nicht nur die Zukunft des Kindes, sondern auch die der Mutter. Denn viele junge Mütter bleiben früher oder später mit ihrem Kind allein, sind beeinträchtigt in der beruflichen Ausbildung, in der Wahl ihres Arbeitsplatzes und damit letztlich dann auch in der Zuwendung zu ihrem Kind. Hier liegt noch ein wichtiges Feld der Aufklärung und der Arbeit an mehr Gleichberechtigung und Gleichverpflichtung beider Geschlechter.

Sexuell übertragbare Krankheiten

Durch die Aufnahme sexueller Beziehungen und durch eventuell mangelndes Wissen oder Leichtsinn sind Jugendliche besonders gefährdet, an einer der sexuell übertragbaren Infektionskrankheiten (Gonorrhoe, Syphilis etc.) zu erkranken. Jedoch ist im Laufe der letzten Jahre – wiederum gegensätzlich zu den Trends in einigen anderen Industrieländern wie insbesondere den Vereinigten Staaten – ein Sinken der Neuerkrankungszahlen festzustellen – bei der Gesamtpopulation, wie auch bei Jugendlichen und jungen Erwachsenen (s. *Tabelle 5*).

Tabelle 5. Gemeldete Erkrankte an Geschlechtskrankheiten je 100000 Einwohner

	insgesamt	0–10 J.	10–15 J.	15–20 J.	20–25 J.
1971	133,6	1,2	3,4	227,1	701,8
1975	125,4	2,3	2,2	189,0	488,1
1980	93,6	0,4	4,4	155,1	344,1
1985	66,8	1,5	0,6	56,0	225,8
1988	18,4	0,2	0,4	15,3	54,8

Quelle: BMJFFG: Daten des Gesundheitswesens 1972–1989

Auch die Infektionskrankheit AIDS, überwiegend durch ungeschützten hetero- und homosexuellen Verkehr verbreitet, hat ihren Ausgangspunkt für die Immunschädigung im Jugendalter. Die Schätzungen über die Verbreitung sind unterschiedlich. Die Anzahl der Träger des Immunschwächevirus HIV wird in verschiedenen Industrieländern heute bei den 15–19jährigen auf bis zu 1% der Population geschätzt. In manchen Wohngebieten und Bevölkerungsgruppen werden bis zu zehnmal höhere Verbreitungen angenommen. Die Inkubationszeit des HIV-Virus beträgt etwa 10 Jahre und die Auftretenswahrscheinlichkeit des Krankheitsbildes AIDS ist auch bei HIV-Positiven schwer berechenbar, so daß insgesamt keine gesicherten Häufigkeitsschätzungen vorgenommen werden können (Hurrelmann & Lösel 1990, S. 5).

Alkohol-, Tabak-, Drogen- und Medikamentenkonsum

Mit dem Sammelbegriff Drogen bezeichnen wir Wirkstoffe pflanzlicher oder chemisch-synthetischer Herkunft, die über das Zentralnervensystem abnorme Erlebniszustände bewirken können. Als legale Drogen gelten die in unserem Kulturkreis akzeptierten Mittel Alkohol, Tabak und Arzneien, als illegale die sogenannten Rauschdrogen wie Cannabis (Haschisch), Halluzinogene und Substanzen, die dem Betäubungsmittelgesetz unterliegen, wie z. B. Heroin und Kokain. Alkohol und Tabak gelten bei uns als Genußmittel; die Begriffe Drogenmißbrauch und Drogenabhängigkeit werden im wesentlichen nur mit den illegalen Substanzen in Verbindung gebracht. Eine Drogenabhängigkeit in diesem Verständnis ist dann gegeben, wenn der Körper der laufenden Zuführung eines Suchtmittels bedarf, um weitgehend normale Funktionen aufrecht zu erhalten (Deutsche Hauptstelle gegen die Suchtgefahren 1990).

Die Entstehungsgeschichte für Drogenkonsum weist bei den verschiedenen Drogenarten auf unterschiedliche Verläufe hin. Der Alkoholkonsum bei Jugendlichen scheint im besonderen Maße mit Einflüssen des Elternhauses verbunden zu sein, während der Konsum von Tabak und von Marihuana stark durch Einflüsse Gleichaltriger provoziert wird. Bei den harten Drogen wie Heroin scheinen sowohl familiäre Variablen wie auch Persönlichkeitsvariablen und intrapsychische Konflikte von ausschlaggebender Bedeutung zu sein. Der Konsum von Drogen kann die Funktion übernehmen, eine unentwickelte und labile Persönlichkeit zu stabilisieren und zu stützen. Drogen können dann in den Dienst der Stabilisierung des schwachen Ichs gestellt und als ein Versuch verstanden werden, das gestörte Gleichgewicht zwischen den eigenen Bedürfnissen und den Anforderungen von außen wieder herzustellen.

Welche Substanz im einzelnen gewählt wird, hängt mit den spezifischen Stilen der Angstbewältigung und der Streßbekämpfung zusammen, die ein Kind oder Jugendlicher im Laufe der Lebensgeschichte entwickelt hat. Der Heroin-Mißbraucher greift zu einem Mittel, das ihm Rückzug und Verdrängung gestattet und einen Zustand geringerer Empfindlichkeit für Umweltreize und Wahrnehmungsfähigkeit beschert. Der Konsument von Amphetaminen setzt auf erhöhte Wachsamkeit, Unterdrückung von Müdigkeit und Bekämpfung der Passivitätsängste angesichts einer als feindlich empfundenen Umwelt. Viele Forscher führen die jeweils gewählten Drogenformen auf verschiedene konflikthaft verlaufende Entwicklungsphasen in der eigenen Geschichte zurück, bei der die Beziehung zu den Eltern eine wichtige Rolle spielt:

„Drogenkonsumenten sind unfähig, den normalen Weg der Individuation zu verfolgen. Sie suchen Abkürzungen, eine Pseudointegration durch unechte, pharmakologisch erzeugte Ich-Zustände. Im Fall des Heroinkonsums versetzt das narkotisierte Bewußtsein zurück in einen Regressionszustand, in dem unmittelbare Befriedigung möglich ist, ohne Rücksicht auf langfristige nachteilige Konsequenzen. Langfristig ist dieses Verhalten zum Scheitern verurteilt, weil die Drogensucht eine Eigendynamik entwickelt, die den Konsumenten in eine gesundheitliche, persönliche und soziale Sackgasse manövriert" (Seifert-Schröder 1989, S. 230).

Extreme familiale Interaktions- und Erziehungsmuster tragen zur Aufnahme des Drogenkonsums und zu seiner Stabilisierung bei Jugendlichen bei. Die problematischen Erziehungsmuster bewegen sich zwischen überfürsorglicher Verwöhnung auf der einen Seite und dominanter Bevormundung bei autoritärer Entwertung der Persönlichkeit des oder der Jugendlichen auf der anderen Seite. Unbewußt und ungewollt verhindern Eltern die Indentitätsentwicklung und die Ablösung ihres Kindes vom Elternhaus.

Rauchen / Tabakkonsum

Nach einer repräsentativen Studie bezeichneten sich 1986 37% der 12- bis 24jährigen Jugendlichen als Raucher, 9% als ehemalige Raucher und der Rest als Nichtraucher. Die Quote der Raucher steigt mit dem Alter an. Bei den 18- bis 24jährigen stufen sich deutlich über 40% als ständige Raucher ein. Die Raucheranteile bei den männlichen und weiblichen Jugendlichen unterscheiden sich heute nur noch wenig voneinander, vor allem in den jüngeren Altersgruppen. Die bis zu 18jährigen rauchen in der Regel weniger als 10 Zigaretten pro Tag, später pendelt sich der Konsum auf einen Durchschnitt von etwa 20 Zigaretten täglich ein (Minister für Arbeit, Gesundheit und Soziales 1987, S. 8).

Ein auffälliger Trend in den letzten Jahren geht in Richtung eines wachsenden Anteils von Nichtrauchern. Der Anteil von 12- bis 24jährigen, die bei Befragungen angeben, noch nie in ihrem Leben geraucht zu haben, nimmt zu, von 1981 bis 1986 z.B. um 10%; der Anteil der ständigen Raucher ist im gleichen Zeitraum nicht weiter angestiegen, vielmehr zeigen sich deutliche Tendenzen eines Absinkens (Minister für Arbeit, Gesundheit und Soziales 1987, S. 10).

Wie Studien zeigen, ist die Aufnahme des Konsums der Alltagsdroge Nikotin ganz eindeutig mit Selbstwertproblemen verbunden: Verhaltensunsicherheit in der Pubertät, mangelnde Anerkennung in der Gleichaltrigengruppe, Mißerfolgserlebnisse in der Schule und andere als ungünstig erlebte Vergleichsprozesse sind wichtige Ausgangsmotive. Die Aufnahme des Konsums bildet sich bereits im Alter von 10 bis 14 Jahren heraus. Ein Jugendlicher, der bis zum Alter von 18 oder 19 Jahren Nichtraucher geblieben ist, wird diesen Status mit hoher Wahrscheinlichkeit auch im weiteren Lebenslauf beibehalten (Engel & Hurrelmann 1989, S. 178). Die Aufnahme des Rauchens ist ein soziales Phänomen und kaum physiologisch oder genetisch determiniert. Die ersten körperlichen Beeinträchtigungen des Rauchens zeigen sich bereits in den Pubertätsjahren. So erhöht sich z.B. der Anteil jugendlicher Hypertoniker (überhöhter systolischer Blutdruck) bei regelmäßigen Rauchern gegenüber Nichtrauchern; auch bei den Cholesterinwerten zeigt sich ein ähnlicher Trend.

Alkoholkonsum

Die Ausgangssituationen für die Aufnahme des Alkoholkonsums sind teilweise mit denen des Rauchens vergleichbar. Die Parallelen liegen darin, daß auch der Alkoholkonsum oft unter großem Gruppendruck, Zwang zur sozialen Konformität und in Situationen der Kompensation von Unsicherheit und der Beeinträchtigung des Selbstwertgefühls auftritt. Der Übergang vom normalen Trinken in das Suchttrinken ist allerdings hiermit nicht erklärbar. Möglicherweise spielen hier genetische Faktoren eine Rolle, die zu enzymatischen Veränderungen beim chemischen Umbau von Ethanol führen. Mit Sicherheit haben auch besondere soziale und psychische Dimensionen der Belastungserfahrung einen Einfluß auf eine „Suchtkarriere". Eine konfliktgeladene Beziehungsstruktur in der Herkunftsfamilie mit Störung der Interaktion und dadurch hervorgerufener Beeinträchtigung der Identitätsbildung wird oft als Grund genannt.

Nach einer repräsentativen Studie trinken 21% der 12- bis 24jährigen regelmäßig, nämlich fast täglich, Bier, Wein oder andere alkoholhaltige Getränke. 42% der Befragten geben an, mindestens einmal pro Woche Bier zu trinken. Der Weinkonsum liegt mit 5% einmal in der Woche deutlich niedriger, auch der Schnapskonsum mit 6% einmal wöchentlich (Minister für Arbeit, Gesundheit und Soziales 1987, S. 33). Der Anteil der regelmäßigen Alkoholkonsumenten liegt dabei für die männlichen Jugendlichen mit 31% deutlich über dem der weiblichen Jugendlichen mit 10%. Eine für Nordrhein-Westfalen repräsentative Zeitvergleichsstudie (Befragungen der gleichen Population von Jugendlichen im Zeitabstand) zeigt einen Anstieg des Bier- und Weinkonsums in den Jahren von 1986 bis 1988. Auch die Zahlen bei den Konsumenten von „harten" Alkoholika (Schnaps, Likör, Weinbrand) haben zugenommen. Das Einstiegsalter in die „Konsumentenkarriere" hat sich zugleich nach vorne verschoben (Nordlohne 1990).

Der Übergang von der Alkoholgefährdung zur Alkoholabhängigkeit ist schon im Jugendalter identifizierbar. Wir müssen in der Bundesrepublik mit 180000–200000 jugendlichen Alkoholikern rechnen. Den Anteil von Alkoholgefährdeten können wir auf bis zu 2% der 15–17jährigen und bis zu 5% der 18–20jährigen schätzen.

Illegale Drogen

Die Erfassung der Verbreitung illegaler Drogen ist methodisch nicht leicht; auch die Ergebnisse der entsprechenden Studien sind teilweise widersprüchlich. Von den Jugendlichen im Alter von 12–24 Jahren haben etwa 11% schon einmal illegale Drogen verwendet. Die Altersunterschiede sind dabei sehr deutlich: Bei 12–14jährigen kann mit etwa 1%, bei 15–17jährigen mit 5%, bei 18–20jährigen mit 12% und 21–24jährigen mit 17% Konsumenten illegaler Drogen gerechnet werden. Männliche Jugendliche sind deutlich stärkere Konsumenten als weibliche (Minister für Arbeit, Gesundheit und Soziales 1987, S. 53). Das Einstiegsalter in den Konsum illegaler Drogen hat sich statistisch gesehen in den letzten 15 Jahren nicht stark verändert; es liegt weiterhin bei etwa 17 Jahren. Die zuerst probierte illegale Droge ist meist Haschisch/Marihuana. Bei den meisten Jugendlichen zwischen 17 und 18 Jahren bleibt es in der Regel bei einem reinen

Probierkonsum. Jenseits des 20. Lebensjahres wächst aber offensichtlich die Bereitschaft, *harte* Drogen zu nehmen. Hier ist die Zahl der Konsumenten und Abhängigen gestiegen, was sich auch in dem massiven Anstieg der Todesfälle ausdrückt (1988 starben schon 670 Menschen an einer Überdosis – so viele wie nie zuvor. 1989 waren es bereits mehr als 1000). Hält dieser Trend an, dann stehen wir in der Bundesrepublik nach einem Höhepunkt der Verbreitung illegaler Drogen gegen Ende der 70er Jahre und einem vorübergehenden deutliche Abflachen am Ende der 80er Jahre zu Beginn der 90er Jahre vor einer zweiten Drogenwelle.

Wie groß der Gesamtumfang der Drogenszene zu Beginn der 90er Jahre ist, ist schwer abzuschätzen. Die Angaben des Bundesministeriums für Jugend, Familie, Frauen und Gesundheit, die auf Schätzungen der Drogenbeauftragten der Länder zurückgehen, belaufen sich auf etwa 50000 Abhängige. Demgegenüber liegen Schätzungen des Bundeskriminalamtes und des Bundesinnenministeriums höher und belaufen sich auf etwa 100000 Personen. Vermutlich liegt der realistische Wert zwischen diesen beiden Schätzmarken. Werden die nichtsüchtigen Gelegenheitskonsumenten und Probierer von Opiaten und anderen Rauschmitteln mit einbezogen, dann allerdings muß die Zahl erheblich höher angesetzt werden, auf etwa 200000 Personen.

Große Bedeutung kommt dem Mißbrauch von lösemittelhaltigen Haushalts- und Industrieprodukten zu, da sie leicht und billig zu beschaffen sind. Schätzungen besagen, daß zwischen 30000 und 100000 Kinder und Jugendliche „schnüffeln" bzw. „sniffen", und daß etwa 3% der Rauschgifttoten Lösungsmittelabhängige sind.

Arzneimittelkonsum

Verschiedene Studien berichten für die letzten Jahre ein Anwachsen der Verbreitung der Einnahme von Arzneimitteln bei Kindern und Jugendlichen. Ähnlich wie Erwachsene greifen auch junge Leute zum Arzneimittel, um in unangenehmen Lebenssituationen Entlastung und Ablenkung, Anregung und Leistungssteigerung hieraus zu beziehen (Nordlohne 1990). Bei Kindern und Jugendlichen besteht eine besonders große Gefahr für eine kurzschlüssige pharmakologische Reaktion von Eltern und Ärzten bei sozialen und psychisch abweichenden Verhaltensweisen und bei schulischen Leistungsschwierigkeiten. Vielfach ist in den letzten Jahren vor einem Mißbrauch von Psychopharmaka als Reaktion auf auffälliges Verhalten gewarnt worden, vor einer „Medizinierung" von sozial unerwünschten Verhaltensweisen bei Kindern und Jugendlichen, die ihre eigentliche Ursache gar nicht in den medizinisch zugänglichen körperlich-physiologischen Bereichen, sondern überwiegend in psychischen und sozialen Bereichen haben (Voß 1987).

Obwohl 96% der repräsentativ ausgesuchten 2000 Mütter in Nordrhein-Westfalen angaben, mit der Gesundheit ihrer Kinder zufrieden zu sein, verabreichten 29% von ihnen ihren Kindern in einem Zeitraum von vier Wochen Mittel gegen Schnupfen und Husten, gegen Rheuma, Bronchitis, Allergien und rund 30 andere Krankheiten. Tatsächlich aber war nicht einmal die Hälfte dieser Kinder im fraglichen Zeitraum wirklich krank. Fast 40% der Mütter begründeten ihren Schritt mit „Verhaltensauffälligkeiten" der Kinder, wobei Konzentrationsmängel, Zappeligkeit, Kopf- und Magenschmerzen und Schlafstörungen am häufigsten genannt wurden (Minister für Arbeit, Gesundheit und Soziales 1989).

Diese Studie zeigt, daß der Medikamentenmißbrauch der Kinder in Beziehung steht zum Einkommen der Eltern. Kinder in Familien mit einem monatlichen Pro-Kopf-Einkommen von 1000 Mark und mehr schlucken beispielsweise 60% mehr Tabletten als Kinder aus Familien mit weniger als 500 Mark Pro-Kopf-Einkommen. Der Ehrgeiz der Mittelschicht-Eltern, ihre Kinder fit zu machen und fit zu halten für den „Ernst des Lebens", spielt offenbar eine wichtige Rolle. Den hohen Stellenwert schulbezogener Faktoren bei der Einnahme von Arzneimitteln zeigen auch die Befunde der Bundeszentrale für gesundheitliche Aufklärung (1982). Die Neigung der Eltern, auf Schulleistungsschwierigkeiten ihrer Kinder und deren Begleiterscheinungen (Konzentrationsstörungen, Nervosität usw.) mit Medikamenten zu reagieren, ist heute hoch. Während sich 1978 18% der Eltern für eine medikamentöse Behandlung von Schulproblemen aussprachen, verdoppelte sich dieser Anteil bis 1982 schon auf 36%.

Nach repräsentativen Erhebungen bei 12–24jährigen nehmen 14% täglich oder wöchentlich, 52% gelegentlich Medikamente ein. In der Altersgruppe der 15–17jährigen werden deutlich die höchsten Werte erreicht (Minister für Arbeit, Gesundheit und Soziales 1987, S. 68). Am häufigsten werden Mittel gegen Erkältung und Schmerzmittel eingenommen. Insgesamt bestätigt sich, wie in den früheren Erhebungen, daß Mädchen und junge Frauen einen höheren Medikamentengebrauch haben als männliche Befragte. Offensichtlich bewerten und verarbeiten junge Männer und junge Frauen Beeinträchtigungen ihres Befindens und Erlebens auf unterschiedliche Weise. Frauen neigen eher zu den innengerichteten und selbstbezogenen Formen der Verarbeitung von Spannungen und Belastungen, Männer stärker zu den nach außen gerichteten und potentiell aggressiven Formen der Verarbeitung. Aus diesen Mustern könnte sich zum Teil erklären, warum Frauen die stärkeren Arzneimittelkonsumenten sind: Sie wählen die stille, unauffällige Form der Verarbeitung, sie machen das Problem gewissermaßen mit sich selbst ab und sind eher bereit, gegenüber einem professionellen Helfer (Arzt, Psychologe) das Problem anzuzeigen und Beratung und Hilfe zu suchen.

Aktuelle Studien zeigen deutlich einen *Zusammenhang zwischen schulischen Belastungen und dem Konsum von Medikamenten:*
1. Schulische Leistungsschwierigkeiten und die Sorge, an den selbstgesetzten Erwartungen und Zielen für die Schullaufbahn zu scheitern, führen zu psychosomatischen Beschwerden und zu Beeinträchtigungen des Wohlbefindens. Treten Schwierigkeiten in der Schule auf, die sich in Versetzungsgefährdungen, Klassenwiederholungen, Verfehlen eines Schulabschlusses oder Verletzung der eigenen, teils sehr anspruchsvollen Leistungserwartungen ausdrücken, dann zeigen sich bei den Jugendlichen deutliche Beeinträchtigungen ihres Gesundheitszustandes und verstärkte psychosomatische Beschwerden wie Kopfschmerzen, Magenschmerzen, Schwindelgefühl, Schlafstörungen, Übelkeit. Mit dieser Gesundheitsbeeinträchtigung geht oft das Gefühl einer, durch die schulischen Anforderungen überbeansprucht zu sein.
2. Genau hierin liegt, der Untersuchung zufolge, die Ausgangskonstellation für verstärkten Arzneimittelgebrauch: Die Intensität der Nutzung aller Medikamentengruppen steigt an, wenn Jugendliche verstärkt gesundheitliche Beschwerden und einen unbefriedigenden Gesundheitszustand berichten. Auch hier sind die Reaktionen der Mädchen wiederum stärker als die der Jungen (Nordlohne, Hurrelmann & Holler 1989).

Ärzten muß dringend empfohlen werden, *Arzneimittel nur bei klar und eng umschriebenen Krankheitsbildern und Symptomen zu verschreiben*. Wichtig ist eine individuelle Beratung der jungen Patienten, wenn Schwierigkeiten auftreten. Kommt der Arzt zu der begründeten Entscheidung, ein Medikament zu verschreiben, so ist intensiv auf die individuelle Dosierung zu achten. Sind dem behandelnden Arzt die notwendigen sorgfältigen Begleituntersuchungen nicht möglich, so sollte im Zweifelsfall von einer medikamentösen Behandlung Abstand genommen werden. Das Einschalten von Psychologen und Psychiatern kann viel wirkungsvoller für die Behandlung sein, da den jungen Klienten und den Eltern auf diese Weise klargemacht wird, wie stark verästelt die Ursachen einer Mißbefindlichkeit und auch einer Leistungsstörung sein können. Den Ärzten muß im eigenen Interesse daran gelegen sein, vom „Rezeptblockdenken" abzurükken, wo es um komplexe und tief in der persönlichen Gesamtentwicklung verankerte Beeinträchtigungen des Wohlbefindens und der Gesundheit geht.

Stoffungebundene Suchtformen

Mit Sucht wird normalerweise ein krankhafter Endzustand der Abhängigkeit von einer Droge oder einem Genußmittel bezeichnet. Der süchtige Mensch leidet unter dem Zwang, sich das Suchtmittel in steigender Dosis zuzuführen. Er ist nicht in der Lage, sich direkt von dieser Sucht zu befreien. Zunehmend stellt sich die Frage, ob neben bestimmten Stoffen nicht auch bestimmte Verhaltensweisen Gegenstand und Inhalt einer Suchtkrankheit sein können. Auch ein Verhalten kann als „Suchtmittel" benutzt werden. Verstehen wir Sucht als ein dauerhaftes Ausweichen vor scheinbar unlösbaren Konflikten und als ein unabweisbares Verlangen nach einem Mittel, das es gestattet, vor einem gegenwärtigen, unerwünschten Erlebnis- und Bewußtseinszustand in einen anderen, gewünschten Zustand zu fliehen, dann kann dieses Mittel sowohl eine Droge wie auch ein bestimmtes Verhalten sein: Spielen, Essen, Arbeiten usw.

Auch bei Spielsucht, Essenssucht oder Arbeitssucht kommt es zu einem Verlust der willentlichen Einflüsse auf das Verhalten, zu einem Wiederholungszwang und zu einer Unfähigkeit, sich abstinent zu verhalten. Zugleich – das ist eine weitere Parallele zwischen dem stoffgebundenen und dem stoffungebundenen Suchtverhalten – zentriert sich das gesamte Leben immer mehr um das Suchtverhalten, das zu einem Fluchtplatz vor der sozialen Umwelt wird.

Nach Schätzungen ist die Spielsucht in der Bundesrepublik weit verbreitet. Acht bis zehn Millionen Menschen spielen jährlich an Glücksspielautomaten, über 360 000 täglich. Über eine Million Menschen tun es länger als eine Stunde und setzen dabei beträchtliche Mengen Geld ein. Die Suchtberatungsstellen registrieren einen verstärkten Zulauf von Spielern, und viele Spieler melden sich auch bei Fachkliniken zur Therapie an. Die Zahl der Problemspieler in der Bundesrepublik wird auf 200 000 bis 500 000, meist Männer, geschätzt. Etwa 4000 Spieler haben sich schon zu Selbsthilfegruppen in 54 Städten zusammengeschlossen. Normalerweise erfolgt der Einstieg in das Spielverhalten auf Gewohnheitsbasis kurz nach dem 20. Lebensjahr; der allergrößte Teil der Spielsüchtigen ist zwischen

20 und 30 Jahre alt (Deutsche Hauptstelle gegen die Suchtgefahren 1990).

Körperliche Mißhandlung, sexueller Mißbrauch und psychosoziale Vernachlässigung

Obwohl historisch vergleichende Untersuchungen einen Rückgang in der Verbreitung von körperlichen Aggressionen zwischen Eltern/ Erziehern und Kindern feststellen, sind erhebliche Restbestände von aggressivem Verhalten zu beobachten (De Mause 1977). Außerdem haben sich neuartige Formen der Aggressivität herausgebildet, die in früheren historischen Epochen entweder nicht existierten oder nicht als problematisch eingeschätzt wurden: Neben körperlicher Mißhandlung sexueller Mißbrauch, emotionale Ablehnung, soziale Vernachlässigung und psychische Überforderung (Honig 1986).

Vermutlich hat sich das Spektrum von Gewalt und gewaltförmigen Akten verbreitet, und zugleich haben die indirekten und damit diffuseren Formen von Gewalt zugenommen, teilweise als Ausgleich, als „kollektive soziale Kompensation" für die eher im Rückgang befindlichen Formen der direkten physischen Gewalt. Vermutlich hat sich zugleich die kulturelle Sensibilität gegenüber *allen* Formen von Gewalt erhöht. Über viele Formen der Gewalt gegen Kinder und Jugendliche wurde bis vor wenigen Jahren gar nicht öffentlich diskutiert, zum Beispiel über sexuelle Ausbeutung von Töchtern durch ihre Väter oder Stiefväter. Jede einzelne Form der Mißhandlung und Ausbeutung von Kindern und Jugendlichen muß offenbar in der öffentlichen Diskussion erst angeeignet und abgearbeitet werden. In dieser Zeit der schmerzlichen „Entdeckung" eines Mißhandlungsphänomens steigt mit der Aufmerksamkeit auch die Genauigkeit der Beobachtungs- und Registriermethoden für die Erfassung. Oft müssen wir feststellen, daß wir bislang nur die Spitze eines Eisberges entdeckt haben.

Erscheinungsformen von Gewalt, Mißbrauch und Vernachlässigung

Gewalt gegen Kinder und Jugendliche hat verschiedene Facetten:
1. Gewalt im engeren Sinn ist ein physischer Akt – ein Vorgang, bei dem ein Mensch unter Einsatz von körperlichen Zwangsmitteln einem anderen Menschen Schaden zufügt – und zwar in der Absicht oder der Inkaufnahme, daß durch den Akt dem anderen Menschen körperliche, seelische oder psychische Schmerzen oder

sogar Verletzungen entstehen. Mit der körperlichen Gewalt gegen Kinder sind alle elterlichen Handlungen (Schläge, Stöße, Schütteln usw.) gemeint, die beim Kind zu körperlichen Verletzungen führen können (Trube-Becker 1987). Ob ein Kind dabei tatsächlich zu Schaden kommt, hängt von einer Reihe von Bedingungen ab: Der Härte und Intensität der Gewalthandlung, dem Alter und der Empfindlichkeit des kindlichen Organismus (heftiges Schütteln kann bei Säuglingen zu lebensgefährlichen Gehirnblutungen führen, bei älteren Kindern dagegen ohne Verletzungsfolgen bleiben) und situationalen Umständen (wenn ein Kind auf einen Steinfußboden oder gegen eine harte Kante statt auf einen Teppichboden fällt).
Eine besondere Ausprägung der Gewalt stellen alle Arten der Bedrohung, Beschimpfung und Beleidigung und der indirekten Beeinträchtigung wie Ignorieren, Nicht-zur-Kenntnis-Nehmen und Liebesentzug dar. Hierzu gehören sadistische Erziehungsmethoden, aber auch scheinbar harmlosere Formen der Ablehnung und psychischen Bestrafung wie zum Beispiel die durchgängige und demütigende Bevorzugung eines Geschwisterkindes, die Isolierung des Kindes oder die Bestrafung mit lange andauerndem Liebesentzug (Engfer 1986).
2. Eine spezifische Form der körperlichen Gewalt gegen Kinder und Jugendliche ist die *sexuelle Gewalt*. Hierbei handelt es sich um einen sexuell geprägten oder direkten sexuellen Kontakt zwischen einem biologisch, psychisch und sozial noch nicht voll entwickelten Kind und einem Erwachsenen, der allein der Bedürfnisbefriedigung des Erwachsenen dient. In der Regel ist das Kind aufgrund seines Alters und Entwicklungsstandes nicht in der Lage, frei über Aufnahme und Gestaltung des Kontaktes zu entscheiden. Sexueller Mißbrauch umfaßt alle Geschehnisse, die gegen die sexuelle Selbstbestimmung verstoßen. Dazu zählen Exhibitionismus, Berührungen, die das Kind über sich ergehen lassen muß, Oral- und Analverkehr und Genitalverkehr, bis hin zur Vergewaltigung. Sexueller Mißbrauch ist nicht unbedingt mit brutaler körperlicher Zwangsausübung verbunden, denn meist verfließen Intimität und Ausbeutung miteinander.
Bei der sexuellen Ausbeutung von Kindern geht es für den ausbeutenden Erwachsenen um die Befriedigung von Bedürfnissen nach Macht, Kontrolle, Sexualität, Zärtlichkeit und Intimität an sicheren „Objekten": Kinder sind auf Erwachsene existentiell angewiesen; Kinder können sich jemandem vorbehaltlos zuwenden; bei Kindern, die einem vertrauen, ist die Wahrscheinlichkeit,

zurückgewiesen zu werden, sehr gering. Kinder stellen keine Ansprüche auf sexuelle Leistung (Saller 1989, S. 146).
3. Weiterhin können wir als eine Form der Gewalt die psychische oder soziale Vernachlässigung und – als Gegenpol – Überforderung unterscheiden: *Vernachlässigung* ist die bewußte oder fahrlässige und vermeidbare Nichtbeachtung elementarer Bedürfnisse oder das Unterlassen der Förderung und Unterstützung der physischen, psychischen und sozialen Entwicklung eines Kindes oder Jugendlichen, wobei Verletzungen, Schädigungen oder Benachteiligungen in Kauf genommen werden. *Überforderung* ist das Aufdrängen von Verhaltensweisen und Lebenszielen, die aus den Bedürfnissen des Erwachsenen entstehen. Werden bei der Vernachlässigung den Kindern und Jugendlichen soziale und psychische Möglichkeiten und Ressourcen vorenthalten oder genommen, so werden bei der Überforderung durch direkte Beeinflussung oder indirekt durch die soziale Struktur der Beziehungen und der Machtverhältnisse in einer Familie einem jungen Menschen Nachteile oder Schäden zugefügt, indem seine sozialen, psychischen und physischen Bedürfnisse unterdrückt, nach nicht-selbstbestimmten Kriterien gesteuert und an der weiteren Entfaltung gehindert werden. Insofern kann Überforderung eine spezifische Form von „struktureller Gewalt" sein (Garbarino, Schellenbach & Sebes 1986).

In den letzten Jahren wird sowohl in der Forschung als auch in der Jugendhilfepraxis deutlich, daß zwischen den Erscheinungsformen der *körperlichen* Mißhandlung von Kindern und des *sexuellen* Mißbrauchs deutlich nach Ursachen, Verlaufsformen und -folgen unterschieden werden muß. Während bei einer körperlichen Mißhandlung eher Kinder betroffen werden, die den Erwartungen der Eltern nicht entsprechen, die die Eltern herausfordern und reizen, so sind es bei sexueller Gewalt vorwiegend angepaßte Kinder, meist Mädchen, die aufgrund der sozial überlieferten Rolle des Kindes zum Sexualobjekt, zum Opfer der sexuellen Ausbeutung, werden. Die mißhandelten Kinder sind oft der Sündenbock der Familie, während die sexuell mißbrauchten Kinder die „Lieblinge" der (Stief-)Väter sind. Somit ergibt sich für die Kinder das unlösbare Dilemma, auf der einen Seite sich geliebt zu fühlen und auf der anderen Seite zugleich Gewalt und Verachtung ihrer Bedürfnisse zu erfahren. Der sexuelle Mißbrauch ist nicht, wie es häufig bei der körperlichen Kindesmißhandlung der Fall ist, eine spontane Reaktion eines Erwachsenen in einer Überforderungssituation. Sexueller Mißbrauch wird vielmehr oft lange vorbereitet und strategisch eingeleitet und erstreckt sich über viele Jahre.

Auch die Reaktion der Eltern ist bei körperlicher Mißhandlung anders als bei sexuellem Mißbrauch. Im Falle der körperlichen Mißhandlung haben Eltern häufig den Wunsch, die Mißhandlung von sich aus zu beenden, sie geben die Handlungen bei deren Aufdecken durch Dritte in vielen Fällen auch offen zu. Zunehmend melden sich Eltern, die ihre Kinder körperlich mißhandeln, von sich aus bei Kinderschutzzentren, beim Kinderschutzbund oder bei ähnlichen Einrichtungen und bitten um Hilfe. Erwachsene, die zum sexuellen Ausbeuter geworden sind, zeigen sich im Gegensatz dazu beim Offenlegen des Mißbrauchs nur selten geständig. Sie leugnen die Tat, streiten sie oft mit großem Erfolg ab – weil keine eindeutigen Beweise und Spuren vorliegen – und sind auch bei nachgewiesenem Mißbrauch nicht bereit, die Verantwortung für ihr Handeln zu übernehmen (Finkelhor 1984; Kavemann & Lohstöter 1984).

Mit einer sexuellen Mißhandlung verbunden ist meist ein Geheimhaltungsdruck, den der Täter ausübt. Das ist bei körperlicher Mißhandlung nicht charakteristisch, sie wird von den Eltern oft als eine völlig gerechte Strafe ohne Unrechtsbewußtsein verstanden. Hier liegt auch der Grund dafür, daß sexueller Mißbrauch schwieriger zu erkennen sind als körperliche Mißhandlungen. Sexuell mißhandelte Mädchen vertrauen sich aus dem gleichen Grund so selten anderen Personen an. Dies ist besonders dann der Fall, wenn der Täter aus dem Verwandtenkreis oder aus der Familie stammt. Bei den Opfern liegt das Unvermögen vor, das für sie schwer nachvollziehbare Geschehen überhaupt in Worte zu fassen und anderen gegenüber zu offenbaren. Viele Frauen berichten jedoch später, daß sie sich als Mädchen mehr oder minder deutlich an Erwachsene, vor allem die Mutter, um Hilfe gewandt haben. Da diese gewöhnlich nicht oder nur mit Vorwürfen (Schuld, Lüge etc.) reagierten, kommt zu dem Gewalterlebnis mit dem Mißbraucher auch noch die Erfahrung hinzu, von anderen Vertrauenspersonen nicht geschützt, sondern auch noch „verraten" worden zu sein (Kempe & Kempe 1984).

Die meisten Opfer der sexuellen Gewalt sind Mädchen, und zwar in allen Altersgruppen. Von sexueller Gewalt sind schon die 0–5jährigen stark betroffen; sie stellen in manchen Fachkliniken die zweitgrößte Patientengruppe dar, neben den 9–15jährigen, die am häufigsten vertreten sind. Insgesamt sind zwei- bis dreimal so viele Mädchen wie Jungen unter den Opfern; in den Beratungsstellen liegt der Anteil der Jungen heute bei etwa einem Drittel der Klientel. Die sexuelle Ausbeutung erstreckt sich in den meisten Fällen über einen langen Zeitraum von bis zu fünf Jahren, in 10% der Fälle sogar bis zu 10 Jahren.

Wer sind die Täter?

Alle genannten Erscheinungsformen von Gewalt gegen Kinder kommen überwiegend in Familien vor. Das ist ein schockierender Befund, wenn man bedenkt, wie sehr wir in unserem Kulturkreis gerade der Familie die Rolle des pflegenden und schützenden sozialen Raumes zuweisen. Hier liegt auch die Ursache, warum Aufklärung über körperliche und sexuelle Gewalt gegen Kinder so schwer ist. Erst allmählich wird es möglich, über diese anscheinend völlig intimen und privaten Dinge auch öffentlich zu sprechen. Das öffentliche Darüber-Reden ist dringend notwendig, wenn wir den Ursachen auf die Spur kommen und der Tatsache Rechnung tragen wollen, daß es sich um Mißhandlungsphänomene mit erheblicher Auswirkung handelt.

Tatsache ist jedenfalls, daß der weitaus größte Anteil aller Gewalttaten gegen Kinder in der Bundesrepublik von den eigenen Eltern ausgeübt wird. Der größte Teil der Täter bei *körperlichen Mißhandlungen* sind Frauen. Zu erklären ist das vor allem daraus, daß Frauen in unserer Gesellschaft die überwiegende Zeit des Tages mit Kindern verbringen, dabei meist alleine mit den Kindern sind, während der Mann der Arbeit nachgeht oder sonstige außerhäusliche Aktivitäten vornimmt. Gereiztheit, Überspanntheit, Unzufriedenheit und Verärgerung über die eigene Situation kann schon bei geringfügigen Anlässen wie Schreien, Bocken, Einnässen und Nicht-Essen-Wollen eines Kindes spontane körperliche Übergriffe auslösen.

Im Bereich der *sexuellen Mißhandlung* sind die Täter überwiegend (zu über 80%) Männer. Eine Studie im Auftrag des Bundeskriminalamtes hat ergeben, daß 94% der Täter Personen aus der nächsten Umgebung des Kindes waren, meist Vertrauenspersonen aus der Familie oder gute „Freunde" der Familie. Nur 6% der Opfer wurden von einem völlig fremden Mann sexuell mißbraucht. Je enger also die verwandtschaftlichen Beziehungen sind, desto intensiver ist die sexuelle Ausbeutung (Baurmann 1983). Die meisten Täter wenden keine körperliche Gewalt beim Vorgang des sexuellen Mißbrauches an. Sie versuchen vielmehr, durch besondere Freundlichkeit die Zuneigung des Kindes zu gewinnen. Andere Täter spekulieren auf die Erziehung des Kindes zum Gehorsam und nutzen das vorhandene Abhängigkeitsverhältnis aus. Viele Mißbrauchshandlungen geschehen unter Alkohol- und Drogeneinfluß.

Sexuelle Ausbeutung und körperliche Mißhandlung werden aus allen sozialen Bevölkerungsgruppen berichtet. Ein Schwergewicht liegt auf Familien mit niedrigem sozialen und ökonomischen Status. Die Ursache für diese Ungleichgewichtigkeit könnte aber auch darin liegen, daß die privilegierteren Familien die besseren Möglichkeiten des Verschweigens und Vertuschens von Gewalttaten gegen Kinder haben und diese auch ausnutzen. Genaue Aussagen sind wegen der großen Dunkelziffern in diesem Bereich kaum möglich. Das Problem des sexuellen Mißbrauchs von Mädchen muß auch unbedingt im gesellschaftlichen Kontext gesehen werden und ist somit auch Ausdruck von Unterdrückung und Gewalt gegenüber dem weiblichen Geschlecht insgesamt (Brinkmann & Honig 1986).

Die Verbreitung von Gewalt

In der Bundesrepublik Deutschland werden jährlich über 1400 meist brutale körperliche Kindesmißhandlungen bei den Polizeidienststellen registriert. Zusätzlich wurden z. B. im Jahr 1988 13 179 Fälle des sexuellen Mißbrauchs von Kindern und Jugendlichen (Ermittlungsverfahren nach § 176 StGB) angezeigt. Diese Zahlen können allerdings nur einen Anhaltspunkt für die wirkliche Verbreitung dieser gewaltförmigen Übergriffe im (meist) familialen Beziehungsbereich geben, denn die „Dunkelziffer" ist ungeheuer groß: Nur schätzungsweise 30% aller Fälle werden offiziell registriert, vielleicht sogar noch weniger. Viele Fälle bleiben völlig unerkannt, einige werden in vertrauensvoller Form durch Kinderschutzeinrichtungen angegangen, ohne daß eine Anzeige erfolgt.

Wir dürften es demnach in der Wirklichkeit mit mindestens 5000 Fällen der körperlichen und mindestens 50000 der sexuellen Mißhandlung zu tun haben, die jährlich in der BRD auftreten. Andere Untersuchungen, die nicht nur die polizeilichen Statistiken, sondern auch Dunkelfelduntersuchungen mit einbeziehen, kommen auf Werte von bis zu 300000 betroffenen Kindern pro Jahr (Saller 1989). Rechnen wir diese Zahl auf alle Kinder und Jugendlichen hoch und berücksichtigen eventuelle Mehrfachnennungen, dann können wir schätzen, daß bis zu 1 Million, also fast 10% aller 11 Millionen Kinder und Jugendlichen unter 18 Jahren in der Bundesrepublik Deutschland, von körperlicher und/oder sexueller Gewaltausübung betroffen sind oder waren.

Manche Experten vermuten, daß die Zahlen – vor allem im Blick auf den sexuellen Mißbrauch – noch deutlich höher liegen und bei Mädchen bis zu einem Drittel pro Jahrgang betragen könnten. Auch werde der Anteil der sexuell mißbrauchten Jungen oft unterschätzt und liege möglicherweise bei bis zu 10% oder mehr aller Jungen, jedenfalls dann, wenn man auch einmalige Mißbrauchsereignisse einbeziehe (Saller 1989).

Berücksichtigen wir auch die (in den offiziellen Registrierungen nur in seltenen Extremfällen enthaltenen) Fälle von gravierender emotionaler Ablehnung, seelischer Quälung und psychosozialer Vernachlässigung, also die oben angesprochene Nichtbeachtung kindlicher Bedürfnisse und das bewußte oder fahrlässige Unterlassen ihrer gesundheitlichen oder psychischen Förderung, dann stoßen wir schätzungsweise auf weitere vielleicht 10% von jungen Menschen, die in ihren Familien unter Fehlhandlungen oder Mißhandlungen leiden müssen.

Die Folgen von Gewalt und Mißhandlung

Die Folgen von Gewalt und Mißhandlung sind äußerst ernst: Tod, chronische Körperschäden, Behinderungen, körperliche Entwicklungsverzögerungen, Sinnesbeeinträchtigungen, Sprachstörungen, motorische Koordinationsstörungen, emotionale Störungen, aggressives Verhalten gegen andere Menschen, aggressives Verhalten gegen die eigene Person, depressive Syndrome und sexuelle Entwicklungsstörungen werden berichtet. *Es ist nicht nur die Erfahrung der körperlichen Gewalt und des psychisch-seelischen Übergriffs, die den Mädchen und den Jungen schwerstens zu schaffen macht, sondern es ist vor allem der elementare Bruch des Vertrauens im Generationenverhältnis, der für die meisten Betroffenen so schwer zu verkraften ist.* Die erwachsene Vertrauensperson hat in schmählicher und hinterhältiger Weise die Zuneigungs-, Zärtlichkeits- und Liebesbedürfnisse sowie möglicherweise – je nach Alter des Kindes – auch die erwachenden erotischen und sexuellen Bedürfnisse des Kindes ausgenutzt und ausgebeutet – und zwar aus einer Position heraus, in der das Kind in vielfältiger Hinsicht vom Erwachsenen abhängig ist.

Damit wird der für die weitere psychische und soziale Entwicklung so elementar wichtige Aufbau von Vertrauen in Bezugspersonen – ja möglicherweise sogar die Fähigkeit schlechthin, enge Vertrauensbeziehungen zu einer anderen Person aufzubauen – grundlegend irritiert und gestört. Der sexuelle Übergriff eines Elternteils verletzt im übrigen das „Inzesttabu", das seit Urzeiten in allen Formen menschlichen Zusammenlebens in Kraft war, um die körperliche und psychische Unversehrtheit der Persönlichkeitsentwicklung des gesellschaftlichen Nachwuchses sicherstellen zu können. Nur wenige Opfer von fortdauernder sexueller Mißhandlung in der Familie können diese Entwicklungsverzerrung später abstreifen. Bei den meisten bleiben tiefe psychische Wunden und soziale Verletzungen, die sie ein Leben lang mit sich herumtragen, und die nur allzu oft dazu führen, daß die eigenen sozialen Beziehungen, die sie neu aufbauen, unausgewogen und unausgereift sein können.

Kapitel 2
Gesundheitsbeeinträchtigungen als bio-psychosoziale „Kosten" der modernen Lebensweise

Wie der Überblick zu Gesundheits- und Krankheitsdaten im ersten Kapitel gezeigt hat, besteht Anlaß zur Sorge um das körperliche, seelische und soziale Wohl der Kinder und Jugendlichen. Zwar haben wir ein technologisch hochentwickeltes medizinisches Gesundheitswesen und auch ein einigermaßen funktionsfähiges psychologisches Beratungssystem für Kinder, Jugendliche und Eltern. Auch sind – vor allem im Vergleich zu anderen Industrieländern und besonders den Ländern der „Dritten Welt" – die materiellen Lebensbedingungen bei uns im Durchschnitt sehr günstig. Unser wohlfahrtsstaatliches System sorgt weitgehend dafür, extreme soziale Ungleichheiten zu vermeiden und ein Mindestmaß an Gleichheit im Zugang zu materiellen Ressourcen herzustellen. Die Mehrheit der Bevölkerung, auch die Mehrheit der Kinder und Jugendlichen, hat materiell gesehen so günstige Lebensbedingungen wie nie in der Geschichte zuvor.

Trotz dieser Erfolge bei der Versorgung der Bevölkerung mit materiellen Gütern und wichtigen Dienstleistungen ist aber das soziale, psychische und körperliche Wohlbefinden großer Teile der jungen und jüngsten Bürgerinnen und Bürger keineswegs ausreichend gewährleistet. *Sie zahlen, um im Bild zu sprechen, einen „hohen Preis" für die fortgeschrittene Industrialisierung und Urbanisierung, der sich in körperlichen, psychischen und sozialen Belastungen ausdrückt.*

Lebenswelt, Umwelt, (Körper-)Selbst und Gesundheit

Die meisten der im ersten Kapitel erörterten sozial, psychisch und physiologisch von den erwünschten Formen abweichenden Verhaltensweisen müssen wir als Symptome für Streß, für einen bio-psychosozialen Spannungszustand werten, der sich aus den vielfältigen Belastungen ergibt, denen sich schon junge Menschen in modernen

Industriegesellschaften ausgesetzt sehen. Verhaltensauffälligkeiten und Gesundheitsbeeinträchtigungen verschiedenster Art drücken die Probleme aus, die junge Menschen bei der Aneignung des eigenen Körpers und der sozialen und natürlichen Umwelt haben. Sie sind ein Signal für die nicht befriedigend gelingende Auseinandersetzung mit den Anforderungen und Herausforderungen, die sich ihnen stellen. Sie sind letztlich auch ein Signal dafür, daß Kinder nicht das Ausmaß von Achtung, Würde und Subjektivität erfahren und erlangen, das sie für ihre gesunde Entwicklung benötigen.

Die Lebenssituation von Kindern und Jugendlichen ist heute ebenso wie die von Erwachsenen in der sozialen Lebenswelt durch eine eigentümliche Spannung gekennzeichnet: Einerseits sind auch schon für Kinder und Jugendliche die Freiheitsgrade für die Gestaltung der eigenen individuellen Lebensweise sehr hoch. Andererseits werden aber diese „Individualisierungschancen" erkauft durch die Lockerung von sozialen und kulturellen Bindungen. Der Weg in die moderne Gesellschaft ist so gesehen auch ein Weg in eine zunehmende soziale und kulturelle Ungewißheit, in moralische und wertemäßige Widersprüchlichkeit und in eine erhebliche Zukunftsunsicherheit. Deswegen bringen die heutigen Lebensbedingungen auch so viele neue Formen von Belastung mit sich, Risiken des Leidens, des Unbehagens und der Unruhe, die teilweise die Bewältigungskapazität von Kindern und Jugendlichen überfordern.

Vermutlich liegt hier einer der Gründe dafür, daß bei Kindern und Jugendlichen trotz hohem Lebensstandard der Anteil derer mit sozialen Problemen, psychischen Störungen und körperlichen Krankheiten wächst. Verstehen wir Gesundheit als den Zustand des objektiven und subjektiven Befindens einer Person, der gegeben ist, wenn sie sich in physischen, psychischen und sozialen Bereichen ihrer Entwicklung in Einklang mit den eigenen Möglichkeiten und Zielvorstellungen und den jeweils gegebenen äußeren Lebensbedingungen befindet, dann können wir auch sagen: *Trotz aller Fortschritte ist unter heutigen Verhältnissen die Sicherung der Gesundheit von jungen Menschen in vielen Bereichen stark gefährdet, ja vielleicht auf eine neuartige Weise stärker gefährdet als in früheren historischen Epochen.*

Die Lebensbedingungen der Menschen aller Bevölkerungsgruppen haben sich in den letzten Jahrzehnten deutlich in Richtung einer „Individualisierung" verschoben (Beck 1986). Traditionelle Bindungen an Herkunft und Rollenvorgaben bauen sich ab. Schon für Kinder und Jugendliche sind dadurch die Freiheitsgrade für die Gestaltung der eigenen individuellen Lebensweise und der subjektiven Lebenswelt mit einem eigenständigen Lebensstil sehr hoch. Diese Individualisierungschancen, die zu hohen Freiheitsgraden bei der Gestaltung des eigenen biographischen Kontextes führen, werden aber „erkauft" durch die Lockerung von sozialen und kulturellen Bindungen. Das ist vor allem im *familialen Bereich* zu erkennen, für den die verschiedenen Veränderungen und teilweise drastischen Umwälzungen noch detailliert beschrieben werden. Als zweiter Bereich fallen die *Erziehungs- und Bildungsinstitutionen* auf, die Kindern und Jugendlichen heute zwar ganz enorme Entfaltungs- und Entwicklungschancen bieten, andererseits von ihnen aber einen hohen Einsatz von Leistung und Disziplin verlangen. Weitere Risikofelder liegen in einer konturenlosen und kommerzialisierten *Freizeitwelt* mit beliebigen, pluralistischen Wertorientierungen und Sinngebungsangeboten und in einer in die ökologische Krise geratenen Umwelt.

Ich gehe im folgenden von der Hypothese aus, daß Zusammenhänge zwischen sozialen Lebens- und ökologischen Umweltfaktoren einerseits und körperlichen, psychischen und sozialen Beeinträchtigungen der Gesundheit andererseits zu identifizieren sind. Ich setze mich damit von der klassischen medizinischen Sichtweise ab, die physiologische und auch psychische Störungen maßgeblich durch innerorganismische Faktoren oder genetische Veranlagung allein zu erklären versuchte. Diese verengte Sichtweise wird der Erklärung von Entstehung und Verbreitung der heute vorherrschenden Formen der Gesundheitsbeeinträchtigung und Verhaltensauffälligkeit bei Kindern und Jugendlichen nicht mehr gerecht: *Es ist nur zu offensichtlich, daß auch Risikofaktoren und Belastungskonstellationen aus dem sozialen und zunehmend auch aus dem ökologischen Umfeld direkt und indirekt das körperliche Immunsystem von Kindern und Jugendlichen schädigen und beeinträchtigen können.*

Wie anfällig ein junger Mensch für bestimmte Beeinträchtigungen der Gesundheit ist, das richtet sich nach dem Verhältnis zwischen den Risiko- und Belastungsfaktoren und den zur Verfügung stehenden sozialen und individuellen Ressourcen, die den Bewältigungsprozeß tragen und steuern. Sind diese Ressourcen unzureichend, dann werden ganz offensichtlich hierdurch die Bewältigungskapazitäten beeinträchtigt; sie reichen nicht aus, um mit sozialen, psychischen und physiologischen Anpassungsprozessen zurecht zu kommen. Ein Übermaß an Belastungsfaktoren aus der sozialen und ökologischen

Umwelt kann – so lautet eine Kernannahme der folgenden Ausführungen – zu einer so starken Strapazierung der Bewältigungskapazitäten eines Kinder oder Jugendlichen führen, daß die Anpassungsleistungen nicht nur im sozialen und psychischen, sondern auch im physiologischen Bereich unzureichend werden.

Symptome der Gesundheitsbeeinträchtigung hängen in vielen Fällen mit akuten und überdauernden Belastungssituationen im Lebensalltag zusammen. Die Belastungen können ihre Wirkung über viele Jahre unerkannt und verborgen ausüben, so daß die Folgen erst viel später im Lebenslauf auftreten. Dieser Sachverhalt macht es manchmal so schwer, die wirklichen Belastungspotentiale der Lebenslage von Kindern und Jugendlichen einzuschätzen. In welcher Weise z. B. Beziehungsprobleme und Konflikte mit den Eltern, Anerkennungsprobleme in der Gleichaltrigengruppe, moralische und ethische Orientierungskrisen, schulische Leistungsschwierigkeiten, unzureichende motorische Entfaltungsmöglichkeiten, falsche Ernährung und Schadstoffbelastungen von Luft, Wasser und Boden die soziale, psychische und physiologische Gesundheit beeinträchtigen, kann oft erst erkannt werden, wenn ein Kind oder ein Jugendlicher diese jeweilige Lebensphase wieder verlassen hat. Im Kindes- und Jugendalter manifestieren sich nicht nur die Symptome für unmittelbare Beeinträchtigungen der Gesundheit, sondern zusätzlich sind in dieser Lebensphase auch schon zahlreiche Vorboten für potentielle spätere Beeinträchtigungen angelegt.

In jedem Fall müssen wir alle Symptome der Beeinträchtigung der normalen Entwicklung im sozialen, psychischen und körperlichen Bereich als Signale für die erschwerte Verarbeitung von Lebensbedingungen aus dem institutionellen und biographischen Kontext bewerten und interpretieren. Wir müssen deshalb von einem umfassenden Konzept der Gesundheit ausgehen, das sich von der heute vorherrschenden medizinischen Sichtweise abhebt.

Den Anstoß für eine Loslösung des Konzeptes Gesundheit von körperbezogenen Vorstellungen hatte bereits 1946 die Weltgesundheitsorganisation in einer viel beachteten Konstitution gegeben. Die WHO definierte Gesundheit (1946) als den „Zustand des völligen körperlichen, seelischen und sozialen Wohlbefindens und nicht nur als das Freisein von Krankheit und Gebrechen". Obwohl der Gesundheitsbegriff der WHO wegen seines normativen und utopischen Charakters vielfach kritisiert worden ist, gibt er doch für die aktuelle Diskussion weiterhin einen Definitionsmaßstab, mit dem eine Auseinandersetzung lohnt.

Angeregt durch die Diskussion in der aktuellen interdisziplinären Forschung möchte ich den Begriff *Gesundheit* definieren als *Zustand des objektiven und subjektiven Befindens einer Person, der gegeben ist, wenn diese Person sich in den physischen, psychischen und sozialen Bereichen ihrer Entwicklung in Einklang mit den eigenen Möglichkeiten und Zielvorstellungen und den jeweils gegebenen äußeren Lebensbedingungen befindet.* Gesundheit ist beeinträchtigt, wenn sich in einem oder mehreren dieser Bereiche Anforderungen ergeben, die von der Person in der jeweiligen sozialen Situation und der jeweiligen Phase im Lebenslauf nicht erfüllt und bewältigt werden können. Die Beeinträchtigung kann sich in Symptomen der sozialen, psychischen und physisch-physiologischen Auffälligkeit manifestieren (Hurrelmann 1988).

Gesundheit ist demnach kein passiv erlebter Zustand des Wohlbefindens, sondern ein *aktuelles Ergebnis der jeweils aktiv betriebenen Herstellung und Erhaltung der sozialen, psychischen und körperlichen Aktionsfähigkeit eines Menschen im gesamten Lebenslauf.* Soziale, ökonomische, ökologische und kulturelle Lebensbedingungen bilden den Rahmen für die Entwicklungsmöglichkeiten von Gesundheit für jede einzelne Person. Der Zustand „Gesundheit" spiegelt in diesem Sinne immer auch die subjektive Verarbeitung und Bewältigung gesellschaftlicher und sozialer Verhältnisse wider. Gesundheit ist dann gegeben, wenn eine Person konstruktiv Sozialbeziehungen aufbauen kann, sozial integriert ist, die eigene Lebensgestaltung an die wechselhaften Belastungen des Lebensumfeldes anpassen kann, dabei individuelle Selbstbestimmung sichern und den Einklang mit den biogenetischen, physiologischen und körperlichen Möglichkeiten herstellen kann. Gesundheit kann deshalb auch als das jeweils aktuelle Resultat einer „gelingenden" Sozialisation verstanden werden.

In *Abbildung 3* ist dieses breite Konzept von Gesundheit symbolisch veranschaulicht: Gesundheit wird als Gelingen der Abstimmung von Anforderungen und Bedürfnissen
a) des Körpers und des Selbst,
b) der sozialen Mitwelt und
c) der Umweltbedingungen dargestellt.

Aus allen drei der in der Abbildung aufgeführten Feldern können positive oder negative Ausgangsimpulse für die Aufrechterhaltung von Gesundheit kommen, die von einem Menschen in Balance gehalten werden müssen, um das Stadium der relativen Gesundheit zu wahren. Langandauernde, in ihrer Wirkung sehr starke negative

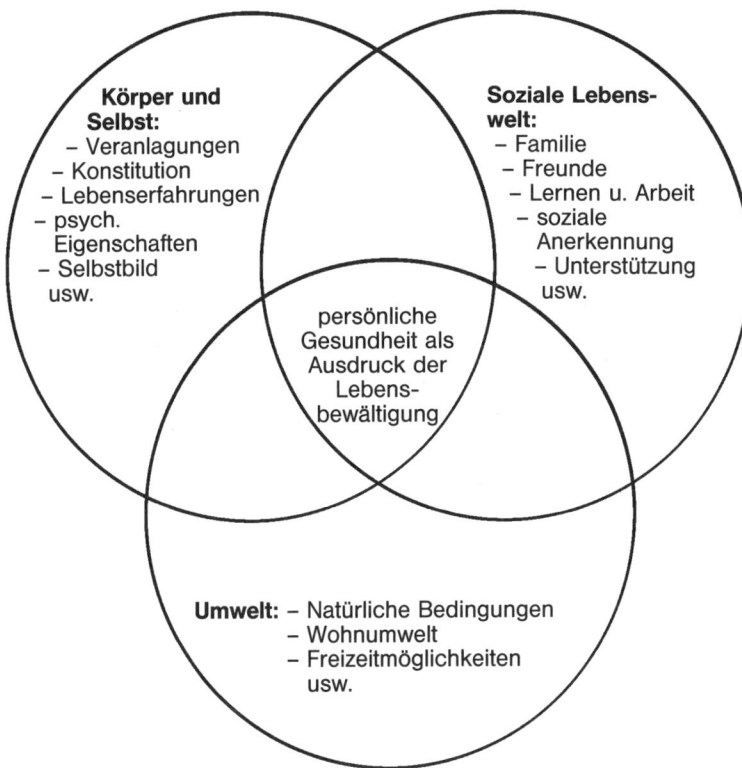

Abb. 3. Abhängigkeits- und Bestimmungsfelder von Gesundheit

Impulse können als Risiken für eine gesunde Entwicklung identifiziert werden: Eine schwache körperliche Konstitution, ein sehr negatives Selbstbild, eine disharmonische Familie, eine überfordernde Schule und eine den Entwicklungsbedürfnissen nicht gerecht werdende Wohnumwelt sind Beispiele dafür.

Körperliche, psychische und soziale Belastungen, die von solchen „Risiken" ausgehen, schlagen sich natürlich nicht mechanisch in Symptomen der Gesundheitsbeeinträchtigung nieder. Die Ressourcen, die ein Kind oder ein Jugendlicher aus eigener Kraft und in Gestalt von Unterstützung aus der sozialen Umwelt zur Verfügung hat, entscheiden über die „Wirksamkeit" der Risikofaktoren. Um die Auseinandersetzung mit Körper, Selbst und Umwelt vornehmen zu

können, sind grundlegende Fertigkeiten und Fähigkeiten notwendig, die sich zu Handlungskompetenzen und Bewältigungsstilen einer Person verbinden:
1. Jeder Mensch verfügt über spezifische *physiologisch und psychisch vorgezeichnete, in der bisherigen Lebensgeschichte eingespielte Muster und Stile für Verarbeitungs- und Handlungsmöglichkeiten* in (belastenden) Lebenssituationen. Die Fähigkeiten für die kompetente Auseinandersetzung mit Belastungen sind von Persönlichkeitsmerkmalen und psychischen Charakteristiken wie der Aufmerksamkeitsorientierung, der Selbstwertschätzung, der Kontrollüberzeugung und der Ursachenzuschreibung abhängig. Vertrauen in die eigene Belastbarkeit, die Fähigkeit zu problemlösendem Verhalten, ein stabiles Selbstwertgefühl und eine abgesicherte Identität können z. B. als gute Voraussetzungen für eine erfolgreiche Auseinandersetzung mit Belastungsfaktoren angesehen werden (Ulich 1987).
Die Grenzen der Wirksamkeit solcher personaler „Ressourcen" liegen dort, wo soziale und ökologische Strukturbedingungen für das Entstehen von Belastungen verantwortlich sind, die von der betreffenden Person nicht beeinflußt werden können. Z. B. kann ein „guter" persönlicher Bewältigungsstil nur kaum oder gar nicht die krankmachenden Folgen von Armut, schlechten Wohnbedingungen und von Umweltverschmutzung verhindern. Hier sind vielmehr kollektive Strategien und Beeinflussungen des gesamten sozialen Netzwerkes und der ökologischen Umwelt allein erfolgversprechend.
2. Damit sind die *sozialen Bedingungen für die Bewältigung von Belastungssituationen* und die *ökologischen Bedingungen* angesprochen: Je besser ein Kind in ein soziales Beziehungsgefüge mit wichtigen Bezugspersonen eingebunden ist, desto besser kann es auch mit ungünstigen sozialen Lebensbedingungen, kritischen Lebensereignissen und andauernden Lebensbelastungen umgehen und desto weniger treten Symptome der Belastung wie soziale, psychische und somatische Auffälligkeiten auf. Für Kinder und Jugendliche spielen die Beziehungen zu Mutter und Vater eine ganz entscheidende Rolle: Gute Kontakte mit effektiver Hilfe und Unterstützung können *einmal* die Wahrscheinlichkeit für das Auftreten belastender Situationen senken, weil z. B. gute soziale Beziehungen zu den Eltern einen geringeren Grad von Kompetenzdefiziten beim Kind mit sich bringen. Die Unterstützung kann zum *zweiten* helfen, mit belastenden Situationen umzugehen, weil mehr soziale und instrumentelle Hilfen zur Verfügung

stehen, die die Verarbeitung einer belastenden Situation fördern. Die Unterstützung kann auch dazu führen, daß ein Kind belastende Situationen in einem höheren Maß verkraftet, bevor es mit Symptomen der Überlastung hierauf reagiert. Schließlich kann *drittens* soziale Unterstützung auch direkt auf die Fähigkeit des Umgehens mit bereits eingetretenen Symptomen der Belastung wirken. Hilfe- und Unterstützungsleistungen können z.B. das Ertragen von psychischen und körperlichen Krankheiten erleichtern (Keupp & Röhrle 1987).

Die ökologischen (Umwelt-)Bedingungen definieren die elementaren Voraussetzungen für gesunde soziale, psychische und körperliche Entwicklungsprozesse. Überwiegen hier negative Konstellationen und Einflüsse, dann sind auch unter günstigen persönlichen und sozialen Voraussetzungen Verhaltensauffälligkeiten und Gesundheitsbeeinträchtigungen unvermeidbar.

Im nächsten Abschnitt soll (in Anlehnung an Hurrelmann 1988, S. 124 ff.) die Frage aufgeworfen werden, inwieweit die theoretischen Erklärungsansätze in Medizin, Psychologie und Soziologie den soeben angesprochenen Zusammenhängen gerecht werden. Die traditionellen Ansätze weisen, wie schnell deutlich wird, erhebliche Defizite auf. Es gibt allerdings interessante neuere Erklärungsansätze in allen genannten Disziplinen.

Theoretische Erklärungsansätze in Medizin, Psychologie und Soziologie

In ihren traditionellen Grundformen setzen die Erklärungen für körperliche Auffälligkeit bei den organischen Faktoren, die für psychische Auffälligkeit bei intrapersonalen Faktoren und für soziale Auffälligkeit bei gesellschaftlichen Faktoren an.

1. So gründet sich z.B. das klassische *medizinische* Erklärungsmodell für Krankheiten auf die Annahme, jede Gesundheitsbeeinträchtigung habe eine spezifische Ursache und lasse sich durch eine bestimmte Grundschädigung im Organismus identifizieren. Weiterhin wird angenommen, jede Gesundheitsbeeinträchtigung habe typische äußere Zeichen (Symptome), und könne deshalb durch dafür wissenschaftlich geschultes Personal erkannt werden. In der Regel wird ein beschreibbarer und auf der Basis biologischer Kenntnisse vorhersagbarer Verlauf einer jeden Gesundheitsbeeinträchtigung unterstellt. Ein Symptom ist in diesem

Sinne ein Indikator für eine „nicht-normale" Funktionsweise des Organismus oder von Teilen des Organismus. Als „nicht-normal" gelten solche Funktionsweisen, die von den üblichen Normen und Erfahrungswerten abweichen. Normalität und Abnormalität sind in diesem Modell eindeutig trennbare Zustände.
2. Das klassische *psychologische* Erklärungsmodell für psychische Auffälligkeiten und Krankheiten geht von angeborenen oder im frühkindlichen Entwicklungsprozeß erworbenen Störungen in der Abstimmung und Koordination von Bedürfnissen, Motiven und Emotionen und daraus resultierenden Fehlfunktionen der Verhaltenssteuerung aus. Der Ausgangspunkt der Auffälligkeit wird in innerpsychischen Spannungen und Konflikten gesehen, die sich nachteilig auf die Entwicklung der Persönlichkeit auswirken. In seiner lerntheoretischen Variante geht dieser Ansatz von einer gestörten und verzerrten Aufnahme von Impulsen aus der Umwelt und dem Aufbau ungeeigneter Ordnungsschemata der Informationsverarbeitung aus.
3. Im klassischen *soziologischen* Erklärungsansatz werden politische, ökonomische und kulturelle Strukturen als Ausgangsbedingungen für soziale Auffälligkeit und Krankheit angesehen. In seiner einfachsten Form geht dieser Ansatz von der Annahme einer Funktionsstörung des sozialen Systems der Gesellschaft und einer Fehlsteuerung von elementaren gesellschaftlichen Prozessen aus. Krankheit wird als Ausdruck gesellschaftlicher Verhältnisse, insbesondere von Produktionsbedingungen, Klassenunterschieden und Machtstrukturen interpretiert. Erkrankungen sind in diesem Verständnis die Folge z. B. der Entfremdung des Individuums von der Gesellschaft, die zum großen Teil durch den Mangel an Kontrolle der Menschen über die Arbeitsbedingungen und gesellschaftlichen Einrichtungen verursacht ist.

Die drei Erklärungsmodelle sind in sich stimmig und möglicherweise auch für bereichsspezifische Analysen tauglich und zutreffend. Aber sie können jeweils nur begrenzte Ausschnitte der Realität erfassen. Sie sprechen jeweils in isolierter Form organismus-, person- oder umweltspezifische Aspekte an, die in ein Gesamtmodell integriert werden müssen, wenn wir einen Rahmen für eine umfassende Konzeption der „gesunden" Persönlichkeitsentwicklung gewinnen wollen. Dazu muß die isolierte Fixierung auf körperliche, psychische und soziale Merkmale überwunden werden.

Neuere theoretische Ansätze in Medizin, Psychologie und Soziologie überwinden diese Begrenzungen.

Neuere medizinische Erklärungsansätze

Die neueren Ansätze im medizinischen Bereich gehen insbesondere vom Streßkonzept und vom Modell der Risikofaktoren aus. Gesundheit und Krankheit werden als multifaktoriell bedingt angesehen: Krankheit wird als ein Versagen der Anpassung von Regulationsmechanismen auf physiologischer, psychischer und sozialer Ebene und Gesundheit entsprechend als gelingende Anpassung eines Menschen an körperliche, seelische und soziale Bedingungen und Belastungen aufgefaßt. Stellvertretend sollen drei theoretische Modelle erwähnt werden:

1. In der Konzeption von Levi (1981) wird der Rolle belastender psychosozialer Stimuli als Risikofaktoren und als Auslöser für psychobiologische Anpassungs- und Fehlanpassungsprogramme und damit als Initiatoren für krankheitserregende Mechanismen voll Rechnung getragen. Belastende psychosoziale Stimuli, die auf eine spezifische psychobiologische Disposition des Individuums treffen, können demnach Streßreaktionen als Mechanismen der Spannungsbewältigung auslösen. Erreichen diese Mechanismen ein bestimmtes Ausmaß an Intensität, Häufigkeit und Dauer und treten bestimmte interagierende Variablen hinzu, kann dieser Prozeß zur Gesundheitsbeeinträchtigung oder zur Krankheit führen.

2. In der Konzeption der psychosomatischen Medizin durch von Uexküll (1981) werden Umweltfaktoren in das Erklärungsmodell mit einbezogen. Unter „allgemeinem Gesundsein" wird der reibungslose Aufbau und Umbau von Umwelt, unter „allgemeinem Kranksein" die gestörte Umweltbildung verstanden, die entweder über Alarmreaktionen zur Anpassung und damit zur Überwindung des Krankseins oder zur Erschöpfung der Anpassungsreserven führen kann. Das Ineinandergreifen körperlicher, psychischer und sozialer Faktoren wird hier als ein komplexer Prozeß zur Herstellung von Beziehungen zwischen Individuum und Umgebung aufgefaßt. Der eigentliche Ausgangspunkt für die Entstehung und Entwicklung einer Krankheit ist die Überbeanspruchung sozialer, psychischer *und* somatischer Anpassungsfähigkeiten. Dieser Denkansatz legt die Überlegung nahe, daß die Förderung der Gesundheit durch eine Erhöhung der Belastungsfähigkeit und der Widerstandsfähigkeit des menschlichen Organismus und der menschlichen Psyche möglich ist. Je größer die Fähigkeit ist, gegenüber Belastungen einen Gleichgewichtszustand zu erhalten, desto gesünder ist ein Mensch. Gesundheit ist in

diesem Verständnis die Kraft, mit Störungen des Gleichgewichtszustandes zu leben oder sie so einzudämmen, daß sie einen bestimmten Grad nicht überschreiten.
3. Antonovsky (1979) hat in diesem Sinn ein von ihm sogenanntes „salutogenetisches" Modell konzipiert. Die zentrale Fragestellung seines Ansatzes ist nicht nur, wie Krankheiten und Fehlentwicklungen zustande kommen, sondern auch, wie es Individuen schaffen, gesund zu bleiben und keine Auffälligkeiten oder Krankheiten zu zeigen. Gesundheit wird als eine dynamische Interaktion zwischen belastenden und entlastenden bzw. schützenden Faktoren konzipiert. Das Gesundheitsniveau ist Resultat der je gegebenen, veränderlichen und beeinflußbaren Balance des Verhältnisses zwischen Risiko- und Schutzfaktoren, die sowohl innerhalb wie außerhalb der Person liegen und jeweils ihre eigene Geschichte und damit auch unterschiedliche Stabilität haben können. Gesundheit oder Krankheit sind das Ergebnis der Auseinandersetzung mit Belastungen, wobei in diese Auseinandersetzung sowohl der soziale Lebenskontext wie auch die Biographie der Person mit eingehen. Die Position einer Person auf dem Gesundheits-Krankheits-Kontinuum resultiert einerseits aus diesen Auseinandersetzungen, andererseits bestimmt sie diese Auseinandersetzungen selbst mit. Es sind die Ressourcen des „Widerstandes" gegenüber Belastungen, die darüber entscheiden, ob sich Belastungen in mehr oder weniger starken Symptomen von Beeinträchtigung des Wohlbefindens niederschlagen. Die Widerstandsressourcen sind die Fähigkeit eines Individuums, zum eigenen Nutzen und zur Förderung der weiteren Entwicklung mit den gegebenen sozialen und biologischen Spannungen und Belastungen zurechtzukommen.

Die medizinischen Erklärungsmodelle haben sich, wie dieser kurze Einblick zeigt, erheblich verändert. Die klassische medizinische Forschung hatte in den letzten 100 Jahren sehr erfolgreich alle Krankheiten analysieren können, die durch mikrobiologische Krankheitserreger wie Viren oder Bakterien ausgelöst werden und zu den verschiedensten Arten von Infektionskrankheiten führen. Sie ist jedoch an ihre Grenzen gelangt, wo neuartige Erkrankungen aufgetreten sind, die durch langandauernde Überlastung der körperlichen, psychischen und sozialen Anpassungskräfte entstehen, also zu den sogenannten „chronischen" Krankheiten führen. Denn für die chronischen Krankheiten kann in der Regel nicht ein einzelner Ursachenfaktor gefunden werden, sondern es sind deren mehrere, die in einer komplexen Beziehung zueinander und nicht in einem mechanischen und kausalen Wirkungsverhältnis stehen.

Der Ausgangspunkt für die chronischen Krankheiten liegt in der Überbeanspruchung der Anpassungsfähigkeiten des Menschen als eines bio-psycho-sozialen Systems. Diese Überlastung kann dazu führen, daß das körperliche Immunsystem beeinträchtigt wird. Auch können sich Überforderungen, die zunächst auf der physiologischen Ebene auftreten, im psychischen und sozialen Verhalten des erkrankten Menschen niederschlagen. Eine eindeutige Erklärung für das Zustandekommen einer Krankheit durch einen einzelnen, genau angebbaren Faktor ist bei den heute vorherrschenden chronischen Krankheitsformen nicht möglich. Typischerweise kann keine isolierte Quelle für die Verursachung einer Krankheit ausfindig gemacht werden, die allein mit einer medikamentösen oder operativen Handlung beseitigt werden könnte. Allerdings können Faktoren benannt werden, die statistisch signifikant mit bestimmten Krankheiten zusammenhängen. Liegen diese „Risiko"-Faktoren vor, so kommt es mit einer angebbar höheren Wahrscheinlichkeit als beim Nichtvorliegen dieser Faktoren zur Entstehung einer Krankheit. Meist erweist sich eine spezifische Kombination, also das kumulierte Zusammenwirken verschiedener Risikofaktoren, als Ausgangspunkt für pathologische Wirkungen, so daß man auch von „Risikofaktorenkonstellationen" sprechen kann (Waller 1985).

Der für die Erklärung des Zustandekommens „chronischer" Krankheiten zur Verfügung stehende erkenntnislogische Typ ist nicht mehr das kausale Denken, wie es im Falle der bakteriologisch bedingten Krankheiten gegeben ist, sondern er ist probabilistisch (wahrscheinlichkeitstheoretisch). Damit hat auch die medizinische Forschung methodische Arbeitsweisen aufgenommen, wie sie seit langem schon für die Sozialwissenschaften und die Psychologie üblich sind (Mechanic 1984).

Neuere psychologische Erklärungsansätze

Auch die neuere psychologische Forschung hat sich stark an die Streßtheorie und das Belastungs-Bewältigungs-Paradigma angelehnt. Zwei Ansätze sollen beispielhaft erwähnt werden:
1. In persönlichkeits- und entwicklungspsychologischen Ansätzen wird von einer hohen Wahrscheinlichkeit für das Auftreten von psychischen Auffälligkeiten und Erkrankungen dann gesprochen, wenn belastungsverstärkende Faktoren die eher belastungsabschirmenden Schutzfaktoren überwiegen. Eine Verminderung

der protektiven Faktoren, z. B. durch Veränderung oder Verlust sozialer und materieller Unterstützung, Nachlassen der individuellen Widerstandskraft, negative Veränderungen der Lebenssituation, Verlust von Fertigkeiten und Kompetenzen kann demnach die Wahrscheinlichkeit für eine psychische Erkrankung erhöhen, wenn eine starke Bewältigungsanforderung auftritt. Zur Erklärung aktueller Gefährdungen und Chancen der Persönlichkeitsentwicklung wird eine möglichst genaue Kenntnis potentieller „Schutzfaktoren" für nötig gehalten (Garmezy & Rutter 1983; Ulich 1987, S. 167).

Die einschlägige entwicklungspsychologische Forschung konzentriert sich stark auf die Identifizierung von persönlichen Verarbeitungs- und Bewältigungsstilen, wobei vor allem die Merkmale herausgearbeitet werden, die eine Überempfindlichkeit gegenüber physischen, psychischen und sozialen Anforderungen und Belastungen mit sich bringen. Eine solche Überempfindlichkeit („Verletzlichkeit") bezeichnet eine persönliche Disposition, die gegenüber jeder Art von Beeinträchtigung des Empfindens mit gesteigerter Sensibilität reagiert, weil nur ein instabiles und selbstunsicheres Gefüge von Persönlichkeitsmerkmalen zur Verfügung steht. Den Gegenpol bildet die psychische „Unverletzlichkeit" (Invulnerabilität). Eine vielbeachtete durch empirische Untersuchungen abgesicherte Konzeption der „Invulnerabilität" haben Werner und Smith (1982) vorgelegt (s. auch Lösel 1987).

2. Dieser entwicklungsdynamische Ansatz hat Berührungspunkte mit verhaltens- und handlungstheoretisch ausgerichteten Bewältigungstheorien, wonach erhebliche Defizite in der „Passung" zwischen den eigenen Fähigkeiten und Kompetenzen und den psychophysischen und den Umweltanforderungen zu auffälligem Verhalten in den Bereichen des sozialen Handelns, des Denkens und der Vorstellungen, der Gefühle und der Organfunktion führen können. Bei unangemessener Bewältigung kommt es zur Überbeanspruchung mit einer wesentlichen Beeinträchtigung des physischen, psychischen und sozialen „Wohlbefindens" als Folge einer solchen Form der Auseinandersetzung mit den inneren und äußeren Anforderungen, die die weitere Persönlichkeitsentwicklung behindert (Lazarus & Folkman 1984). Überbeanspruchung bei Kindern kann sich z. B. in Leistungsstörungen wie Konzentrationsschwäche und Lernverweigerung, in Verhaltensstörungen wie Kontaktschwierigkeiten und Aggressivität, in emotionalen Störungen wie Ängsten und Minderwertigkeitsgefühlen, in Störungen psychosomatischer Art wie Kopfschmerzen

und Kreislaufstörungen manifestieren (Lauth 1983, Kazdin 1987).
Nach diesem Erklärungsansatz setzt sich ein Mensch zwar mit seiner Umwelt auseinander, kann dabei aber inneren und äußeren Erfordernissen nicht gerecht werden. Durch langandauernde Fehlanpassungen kommt es zu inneren und äußeren Konflikten. Wenn diese sich häufen und andauern, führen sie zu erheblichen Defiziten in der Passung zwischen den eigenen Fähigkeiten und den Umweltanforderungen. Gesundheitsbeeinträchtigungen werden hier in erster Linie als ein „Lösungsversuch" gesehen, mit dem eine Person ihre Probleme mit Körper und Umwelt zu bewältigen versucht, ein Lösungsversuch, der für die Bezugsgruppen inakzeptabel ist. Verhaltensauffälligkeiten und Gesundheitsbeeinträchtigungen sind demnach nicht eine dem Individuum innewohnende objektive Gegebenheit, sondern sie sind Reaktionsweisen, die teilweise erst durch die sozialen Normen und Bewertungen zu abweichenden Verhaltensweisen werden (Oerter & Montada 1987).

Neuere soziologische Erklärungsansätze

Auch die Konzepte der neueren soziologischen Forschung gehen von Streß- bzw. Risikofaktoren aus. Als psychosoziale Risikofaktoren werden – wie in den bereits diskutierten Modellen – solche Bedingungen verstanden, die zu einer schwerwiegenden und mitunter länger andauernden Überforderung führen und in der Folge erhebliche Fehlanpassungen der körperlichen, psychischen und sozialen Kapazitäten, vor allem im Bereich der Lebensführung und des Sozialverhaltens, mit sich bringen. Zwei Ansätze sollen beispielhaft herausgehoben werden:
1. In sozialökologischen Theorien wird der habituellen „Lebensweise" eine Schlüsselrolle zugesprochen. Die Lebensweise (der Lebensstil) drückt Muster und Strukturen von Verhaltensweisen aus, die sich in Reaktion auf (belastende) Lebensereignisse und -bedingungen einstellen. Lebensstil bezeichnet die sich als Reaktion bildenden mehr oder weniger kulturell akzeptierten Verhaltensstrategien zur Kontrolle und Bewältigung von Anpassungsproblemen. Sobald sie sich in einer unproduktiven Weise stabilisieren, d.h. nicht mehr nur kurzfristig andauernde Reaktionen darstellen, sondern zu dauerhaften (Zwangs-)Gewohnheiten werden, haben wir es oft mit „riskanten Lebensweisen" zu tun. Beispiele sind übermäßiger Drogenkonsum, Rauchen, ungesunder

Ernährungsstil, geringe körperliche Bewegung, bindungsloses Sexualverhalten – objektiv gesundheitsgefährdendes Verhalten als subjektive Reaktion auf komplizierte Lebensbedingungen (Badura 1981; Wenzel 1986). Das Modell der Risikofaktoren erhält hierdurch eine breite theoretische Untermauerung.
2. Ein streßtheoretisch-soziologisch ausgearbeitetes Modell wurde von Pearlin (1987) vorgelegt. Er hat den Versuch unternommen, die verschiedenen medizinischen und psychologischen Ansätze des Streßkonzeptes in ein sozialwissenschaftliches Modell zu integrieren. Der Begriff Streß erweist sich hier trotz seiner unscharfen Definition soziologisch als tauglich, weil er die Aufmerksamkeit auf die Auseinandersetzung des Individuums mit der sozialen Umgebung lenkt. Das Streßkonzept nach Pearlin ist sowohl für eine innerpsychische Analyse von persönlichen Reaktionen geeignet, wie es auch diese Reaktion mit den sozialen Rahmenbedingungen zu verbinden gestattet. Es ermöglicht eine theoretische Verknüpfung zwischen dem sozialen Leben der Menschen und ihrem inneren emotionalen Erleben.

Den andauernden körperlichen, nervlichen und Rollenbelastungen im Alltag wird in der Konzeption von Pearlin eine große Bedeutung zugesprochen. Dauerhafter Konflikt, mit nachfolgenden Spannungen und Frustrationen der Erwartungen z.B. in Freundschafts- oder Eltern-Kind-Beziehungen können manchmal durch das plötzliche Auftreten eines an und für sich belanglosen Einzelereignisses, manchmal auch ohne einen erkennbaren Anlaß, der Auslöser für psychische und gesundheitliche Streßsymptome sein. In diesem Fall ist es nicht das plötzliche Auftreten eines unerwarteten Ereignisses, sondern vielmehr die langandauernde und immer wiederkehrende Strapazierung des Selbstwertgefühls, die den Hintergrund für „Streß" bedeutet.

Nach Pearlin stehen die dauerhaften konfliktartigen Beziehungen und die situativ-aktuellen Anpassungsereignisse in einer Beziehung zueinander. Zum Beispiel können kritische Lebensereignisse deshalb belastend sein, weil sie ohnehin bestehende Rollenbelastungen zur endgültigen Stapaze werden lassen oder auch eine Rollenbelastung von überdauernder Bedeutung auslösen – etwa indem die Trennung der Eltern eine Überforderung im schulischen Leistungsbereich und vorher verdeckte Spannungen in der Beziehung zum verbleibenden Elternteil auslösen.

Diese theoretischen Ansätze helfen, psychische Störungen und körperliche Krankheiten als Symptome und Manifestationen von konflikthaften sozialen Ereignissen und Prozessen zu verstehen. Die Manifestationen von Belastungen werden demnach auf verschiedenen Ebenen der Gesamtpersönlichkeit beobachtbar, sowohl auf den Ebenen des Organismus (des körperlichen und physischen Funktionierens der verschiedenen Organe sowie des endokrinen und immunologischen Systems) als auch im psychischen, emotionalen, kognitiven und sozialen Verhaltensbereich. Störungen auf der einen Ebene führen dabei in der Regel auch zu Störungen auf einer anderen Ebene. Damit sind ökologische, systemische und kontextuelle Grundmodelle für eine interdisziplinäre Orientierung angesprochen.

Interdisziplinäre Theorieansätze: Ein ökologisch-sozialisationstheoretisches Modell

Durch die sozialwissenschaftliche Akzentuierung hat sich das Streßkonzept aus seiner ursprünglich engen Verwendung in der Physiologie gelöst und die Zusammenhänge zwischen sozialen, psychischen und körperlichen Vorgängen in seine Konstruktion aufgenommen. Es ist damit zu einem interdisziplinär verwendbaren Konzept geworden.

„Nach einem heute weiterhin akzeptierten Verständnis wird Streß durch ein Mißverhältnis oder Ungleichgewicht zwischen dem Menschen und seiner Umwelt ausgelöst. Streß findet immer dann statt, wenn eine Diskrepanz oder ein Konflikt besteht zwischen Lebensbedingungen, Zwängen und Erwartungen auf der einen Seite und individuell gegebenen Bedürfnissen, Fähigkeiten und Ressourcen auf der anderen – und dieses Mißverhältnis vom einzelnen als sein Wohlbefinden bedrohend oder beeinträchtigend erfahren wird. Die moderne Streßforschung bemüht sich um die objektive (physische, soziale Risiken) und die subjektive (Bedrohungs-, Verlusterlebnisse) Seite dieser Diskrepanz, untersucht ihre strukturellen Randbedingungen und situativen Auslöser, ihre unmittelbaren sozialen, psychischen und somatischen Wirkungen und ihre längerfristigen Konsequenzen für Lebensqualität, Gesundheit und Verhalten" (Badura & Pfaff 1989, S. 644).

Während die physiologische Forschung noch sehr stark auf die biochemischen Reaktionen des menschlichen Körpers auf Umwelteinflüsse und Bedrohungssituationen einging und die körpereigenen Reaktionssysteme, insbesondere das Hormon-, Immun- und Herz-Kreislauf-System, in die Untersuchung einbezog, ist durch die Erweiterung des Streßkonzeptes um sozialpsychologische Elemente die kognitive und die emotionale Vermittlung zwischen Umweltreizen und persönlichen Reaktionen in den Vordergrund gerückt. Angeregt durch das Modell von Pearlin wurden in jüngster Zeit verstärkt auch die sozialen Rahmenbedingungen als Auslöser für psychische und physiologische Prozesse mit in die Forschung einbezogen.

Dabei sind in den letzten Jahren eine Reihe von strukturellen Faktoren als Rahmenbedingungen für streßfördernde Lebensweisen dingfest gemacht worden (Badura & Pfaff 1989): soziale Ungleichheit bei der Verteilung von Ausbildung, Einkommen und Status; Strukturwandel der Arbeitswelt mit einer Verschiebung der Belastungen von primär physischen zu primär psychosozialen Belastungen; Migration; soziokulturelle Umbrüche; Wertewandel. Diese und andere Merkmale führen zu Ungewißheit, Verhaltensunsicherheit und widersprüchlichen Erwartungen im sozialen Umgang und der Zukunftsorientierung im Laufe des Lebenszyklus und können Entfremdung und Wertirritationen auslösen.

Das erweiterte Konzept von Streß

Streß wird damit nicht mehr – wie in der ursprünglichen physiologischen Fassung – als ein Reaktionskonzept verstanden, wobei der Mensch als Objekt von Umweltbelastungen erscheint, die nicht beeinflußbar sind. *Im Vordergrund steht jetzt vielmehr ein Streßkonzept, das den Menschen als ein Subjekt betrachtet, das sich mit den Lebenswelt- und Umweltbelastungen aktiv auseinandersetzt* (siehe auch Katsching 1981; Nitsch 1981; Kaplan 1983; Lazarus & Folkman 1984).

Streß wird als ein Ergebnis der Interaktion zwischen Umwelt und Person gesehen. Dabei werden den subjektiven Einschätzungs- und Bewertungsprozessen und den Ressourcen der Bewältigung entscheidende vermittelnde Funktionen zugesprochen. Streß ist dann gegeben, wenn eine Person eine Belastung durch ein Mißverhältnis zwischen den Anforderungen der Umwelt und den eigenen Kapazitäten und zugleich unzureichende Möglichkeiten der Bewältigung dieser Ausgangssituation wahrnimmt. Dabei wird zwischen internen und externen Ressourcen – also zwischen individuellen Kompetenzen und der Verfügbarkeit sozialer Unterstützung – unterschieden.

Bemerkenswert ist die starke Übereinstimmung in der neueren psychologischen, soziologischen und physiologischen Forschung, mit diesem erweiterten Konzept von Streß zu arbeiten:

„Bei der theoretischen Rekonstruktion des gesamten Streßgeschehens beginnt sich ein analytisches Modell durchzusetzen, zu dessen Entwicklung sowohl Psychologen als auch Soziologen beigetragen haben und das aus folgenden Grundelementen besteht: Aus (externen) Herausforderungen, Zwängen und Restriktionen, aus (internen) Deutungen, Bindungen und Werten, aus (ebenfalls internen) Optionen, Ressourcen und Unterstützungsleistungen. In diesem Zusammenhang von besonderer Bedeutung war die Wiederentdeckung sozialer Integration und sozialer Interaktion für die Streßbewältigung in Form streßdämpfender, streßverhindernder oder streßerleichternder Unterstützungsleistungen aus der sozialen Umwelt" (Badura & Pfaff 1989, S. 648).

Ein erweitertes Streßkonzept läßt sich auch gut in die moderne *Sozialisationstheorie* einbeziehen. Die Sozialisationstheorie ist ein interdisziplinäres Arbeitsgebiet mit maßgeblicher Beteiligung der Soziologie, der Psychologie und der Pädagogik. Ihre zentrale Aufgabe ist die Untersuchung der Frage, in welcher Weise und in welchem Ausmaß soziale, kulturelle, ökonomische und ökologische Strukturen und Prozesse als Bedingungen der menschlichen Persönlichkeitsentwicklung wirken. Für die *soziologische* Forschung steht dabei traditionell die Frage im Vordergrund, durch welche sozialen Mechanismen eine Gesellschaft die Übernahme der vorherrschenden Werte, Normen und Verhaltenserwartungen durch ihre Mitglieder sichert. Das Kerngebiet der *psychologischen* Forschung wird durch Untersuchungen gebildet, auf welchem Wege und über welche Verlaufsschritte die individuelle Entwicklung zu einer handlungsfähigen Persönlichkeit abläuft. Die *pädagogische* Forschung geht schwerpunktmäßig der Frage nach, wie das menschliche Individuum und seine soziale und dingliche Welt so stimuliert und beeinflußt werden können, daß eine nach persönlichen und zugleich nach gesellschaftlichen Kriterien wünschenswerte Persönlichkeitsentwicklung zustande kommt. In den letzten Jahren gelingt es, zunehmend auch *biologische* und *medizinische* Forschungsarbeiten und Grundlagenüberlegungen in die Analyse von Entwicklung und Sozialisation mit einzubeziehen, wobei dem Streßkonzept eine wichtige vermittelnde Rolle zukommt (Hurrelmann & Ulich 1990).

Mit der Sozialisationstheorie wird eine mehrdimensionale, auf Berücksichtigung subjektiver und objektiver Faktoren der Persönlichkeitsentwicklung orientierte Theoriekonstruktion vorgestellt, die gesellschaftliche Institutionalisierungsprozesse *und* intrapsychische Prozesse der Persönlichkeitsentwicklung aufeinander bezieht und miteinander verbindet. Persönlichkeitsentwicklung wird als ein selbstgesteuerter Prozeß verstanden, der in einer komplexen Beziehung zu den organismusinternen und organismusexternen Lebensbedingungen steht. Die Persönlichkeitsentwicklung wird entsprechend im Schnittpunkt zwischen einem subjektiven und einem objektiven Faktor, zwischen innerer und äußerer Realität verortet.

Sozialisation bezeichnet also den Prozeß der Konstituierung der Persönlichkeit in wechselseitiger Abhängigkeit von und in kontinu-

ierlicher Auseinandersetzung mit der gesellschaftlich vermittelten sozialen und dinglich-materiellen Umwelt einerseits und der biophysischen Struktur des Organismus andererseits. Ich habe diesen Prozeß als einen aktiven und produktiven Vorgang der Persönlichkeitsbeschreibung konzipiert und ihn im theoretischen Modell der „produktiven Realitätsverarbeitung" auszudrücken versucht (Hurrelman 1986, S. 154). Dieses Modell spricht bildlich die Vorstellung vom Individuum an, das sich einerseits suchend und sondierend, andererseits konstruktiv eingreifend und gestaltend mit der Umwelt beschäftigt, Umweltgegebenheiten aufnimmt und mit den vorhandenen Vorstellungen und Kräften in Einklang bringt und zugleich um eine ständige Abstimmung zwischen den Umweltanforderungen und den eigenen Bedürfnissen, Interessen und Fähigkeiten, auch motorischen und körperlichen, bemüht ist.

Die bisherige Sozialisationsforschung hat die Verbindung von Individuation und gesellschaftlicher Integration besonders stark herausgearbeitet. Dagegen hat sie sich sehr schwer getan, körperlich-organische Entwicklungsprozesse als integralen Bestandteil der Sozialisation zu sehen. Die mißverständliche Vernachlässigung genetischer und biologischer Entwicklungsdimensionen beruhte auf einem teilweise falschen Rezipieren der einschlägigen Theorien und Konzepte in Biologie, Medizin und Psychologie.

Das hier vorgestellte Konzept versucht, dieses Defizit abzubauen und auch in der Sozialisationsforschung die Kooperation von sozial- und naturwissenschaftlichen Denkmustern zu unterstützen, indem die falsche Gegenüberstellung von Anlage- und Umweltmustern überwunden wird. Ganz offensichtlich bestimmen die biogenetischen Potentiale der Zellular-, Muskel- und Organsysteme mit über die Fertigkeiten und Fähigkeiten des Menschen und legen seinen konkreten Verhaltensspielraum fest – genauso, wie jede Veränderung der ökologischen und sozialen Umgebung die Anpassungsaktivitäten auf psychischer, physiologischer, sensorischer, kognitiver, emotionaler und sozialer Ebene stimuliert. Wir müssen von einer Wechselbeziehung ausgehen: biophysische und biochemische Prozesse beeinflussen psychische Dispositionen und soziale Handlungsspielräume, zugleich verändern sich durch gesellschaftliche und ökologische Faktoren zeitliche Abläufe und Mikrostrukturen dieser Prozesse. Ein anschauliches Beispiel für diese Wechselwirkung ist die noch immer anhaltende Vorverschiebung des Zeitpunktes der Pubertät von etwa 16 auf etwa 12 Lebensjahre bei Mädchen innerhalb der letzten fünf Jahrzehnte.

Eine umfassende interdisziplinäre Konzeption von Persönlichkeitsentwicklung muß jedenfalls die körperliche und motorische Dimension und die biogenetische Disposition mit aufnehmen. Anregungen hierzu kommen auch aus der Theorie der Körper- und Bewegungsanthropologie. Danach ist das Individuum einerseits identisch mit seinem Körper und mit seiner Bewegung: es „ist" Körper und Bewegung insofern, als seine Existenz darin „fundiert" ist (Grupe 1982, S. 45). Andererseits „hat" das Individuum Körper und Bewegung deshalb, weil es sich von ihnen bis zu einem gewissen Grad distanzieren und über sie verfügen kann:

„Wie ich meinen Körper erlebe und ihm begegne, wie ich mit ihm umgehe und ihn pflege, was ich aus ihm mache und aus ihm ‚heraushole', das steht eben nicht für ein für allemal und von vornherein fest, sondern ist jeweils neu zu entscheiden; und dies wiederum geschieht nicht nur nach individueller Beliebigkeit, sondern in der Regel anhand kultureller Werte und Normen; gleichwohl ist es angesichts solcher Werte und Normen vom Individuum selbst zu vollziehen" (Grupe 1982, S. 51).

Baur (1989) hat betont, daß sich das Verhältnis der Person zu ihrem Körper und zu ihrer Bewegung nach zwei Seiten genauer bestimmen läßt. Auf der einen Seite ist es biogenetisch definiert: Körper und Bewegung können nicht willkürlich und beliebig „beherrscht" werden. Dem Menschen als Gattungswesen sind biologische Grenzen gesetzt; jedes Individuum verfügt über ein bestimmtes biogenetisches Potential, und im Verlauf der Ontogenese ist mit dem Wirksamwerden biogenetischer Entwicklungsprogramme zu rechnen. Auf der anderen Seite ist dieses Verhältnis sozial definiert, aber nicht determiniert: Körper und Bewegung sind soziale Gebilde, weil sich soziale Regelungen, Normierungen und Definitionen darauf beziehen, die dem Individuum nahelegen oder vorschreiben, wie es mit seinem Körper umgehen und wie es sich bewegen soll (Baur 1989).

Wir können von der Annahme ausgehen, daß bei jedem Menschen *genetisch geprägte Anlagen und Merkmale* zu einer Art Verhaltensdisposition – einem bestimmten Stil und einer spezifischen Neigung im Wahrnehmen, Denken und Handeln – führen, die in jeder Lebenssituation und Lebensphase auf eine bestimmte soziale und physische Umwelt trifft, die ihrerseits auf die weitere Entfaltung der genetischen Disposition Auswirkung hat. Die genetische Disposition entscheidet z.B. über unterschiedliche Temperamentsmerkmale eines Kindes, darüber, wie die soziale und die physische Umwelt aufgenommen, verarbeitet und aktiv beeinflußt werden. Die Art und

Weise, wie Umwelten erfahren werden, hängt von dem individuellen Entwicklungsstand und der Verarbeitungsfähigkeit eines Kindes ab, und diese sind zweifellos sehr stark genetisch determiniert. Zu den Merkmalen des Temperaments zählen das Aktivitätsniveau, der Körperrhythmus, die Anpassungsbereitschaft, die Reaktionsbereitschaft, die Intensität von Reaktionen, die emotionale Gestimmtheit, die Ablenkbarkeit, die Ausdauer und ähnliche Charakteristika. Sie prägen sich schon in jungen Jahren deutlich aus und entscheiden über den Grad von Impulsivität und Ausdrucksfähigkeit, den ein Kind zur Verfügung hat. Je nach der Ausprägung des Temperaments kann sich ein Kind die soziale und die natürliche Umwelt mehr oder weniger leicht und schnell erschließen.

Andererseits gilt: *Ohne Umwelt werden die Anlagen eines Menschen nicht entfaltet;* die Umwelt wirkt schon in frühen Stadien der Entwicklung auf die weitere Ausformung des genetischen Potentials. Anlage und Umwelt stehen in einem wechselseitigen Verhältnis. Die soziale und physische Umwelt ist für das Anregungspotential verantwortlich, das die jeweilige Entfaltung und weitere Richtungsbestimmung der genetischen Disposition beeinflußt. Untersuchungen über verarmte Anregungsmilieus, z.B. bei Kindern in sozial isolierten Familien oder in pädagogisch schlecht geführten Heimen, haben deutliche Belege dafür erbracht, daß z.B. das intellektuelle Potential eines Kindes zurückgeht, und zwar unter das von der genetischen Disposition her erwartbare Niveau, wenn unzureichende Anregungen aus der sozialen Umwelt erfolgen. Auf der anderen Seite zeigen Studien über adoptierte Kinder, daß diese sich durch die in der Regel reichhaltigen Anregungen ihrer aufnehmenden Familie so positiv entwickeln, daß sie ihre genetischen Potentiale in expansiver Weise ausschöpfen. Insbesondere bei schulischen Leistungen erreichen sie ein Niveau, das über dem erwartbaren Level liegt, der aus ihren Intelligenztestwerten abgeleitet werden kann.

Ein integrierendes Verlaufsmodell von Belastung und Bewältigung

Wichtig für die weitere Entwicklung der interdisziplinären Theorie der (gesunden) Persönlichkeitsentwicklung wird es sein, die verschiedenen genannten Impulse aufzunehmen und in ein „Belastungs-Bewältigungs-Modell" einzubeziehen, das von der Kernannahme der aktiven und produktiven Auseinandersetzung mit der „inneren" und der „äußeren Realität" getragen wird. Die Sozialisationstheorie eignet sich als Theorierahmen hierfür sehr gut. Sie betont durch ihren Ansatz, wie sehr alles menschliche Verhalten, auch das gesundheitsrelevante Verhalten, im sozialen und ökologischen Kontext erlerntes und lebensgeschichtlich erworbenes soziales Verhalten ist. Auch die Bewältigungsfähigkeiten werden im Verlaufe der lebenslangen Aneignung von und Auseinandersetzung mit dem eigenen Körper in seiner ökologischen und sozialen Umwelt gebildet und sind Resultate dieser Auseinandersetzung. Das individuelle Bewältigungsverhalten ist deshalb auch mit den Interaktions- und Sozialstrukturen der Lebenswelt und den Macht- und Ungleichheitsstrukturen der Gesellschaft auf das Engste verwoben. Der je individuelle Verarbeitungs- und Bewältigungsstil spiegelt die konkreten Möglichkeiten und Restriktionen zum jeweiligen sozialen und historischen Zeitpunkt.

Die Sozialisationstheorie macht auch deutlich, wie sehr jeder Mensch beim Aufbau seiner Identität und der eigenen Lebensweise auf die kulturgeschichtlich entstandenen kollektiven Formen der Auseinandersetzung mit Gesellschaft und Natur angewiesen ist, die er sich in der eigenen Entwicklungs- und Lebensgeschichte auf eine individuell einmalige Weise, aber doch in sozial vorgezeichneten Bahnen, aneignet. Politische Machtstrukturen, ökonomische Produktionsverhältnisse, soziale Ungleichheitsmuster, kulturelle Wert- und Normhierarchien, Muster der Bearbeitung und Manipulation der physischen Umwelt sowie normierte Vorstellungen des Umgangs mit dem Körper kanalisieren als kollektive Vorgaben die Spielräume und Möglichkeiten der persönlichen Ausdrucksformen des Verhaltens (Hurrelmann 1986).

Im folgenden soll ein vereinfachtes Gesamtmodell vorgestellt werden, das eine in sich schlüssige Vorstellung vom Zusammenhang zwischen gesellschaftlichen und persönlichen Ausgangsfaktoren und dem Belastungs- und Bewältigungsprozeß darstellt (siehe Abbildung 4).

Das Modell berücksichtigt soziale, kulturelle und ökonomische Grundstrukturen der Gesellschaft ebenso wie die psychophysiologischen Grundstrukturen der Persönlichkeit und die gesellschaftlichen Dispositionen des Individuums. Sie werden als allgemeine Rahmenkonstellationen sowohl für die ökologischen und sozialen Lebensbedingungen (oben auch als soziale Mitwelt und ökologische Umwelt bezeichnet) als auch für die subjektive Lebenswelt verstanden. Die objektiven Lebensbedingungen und die subjektive Lebenswelt entscheiden über die konkrete *Lebenslage* eines Individuums. Je nach dem Wirken von institutionellen Kontexten, also der Einbindung in formelle und informelle soziale Netzwerke auf der einen Seite und dem biologischen Kontext auf der anderen Seite, ergeben sich aus dieser Lebenslage kritische Lebensereignisse, dauerhafte Überfor-

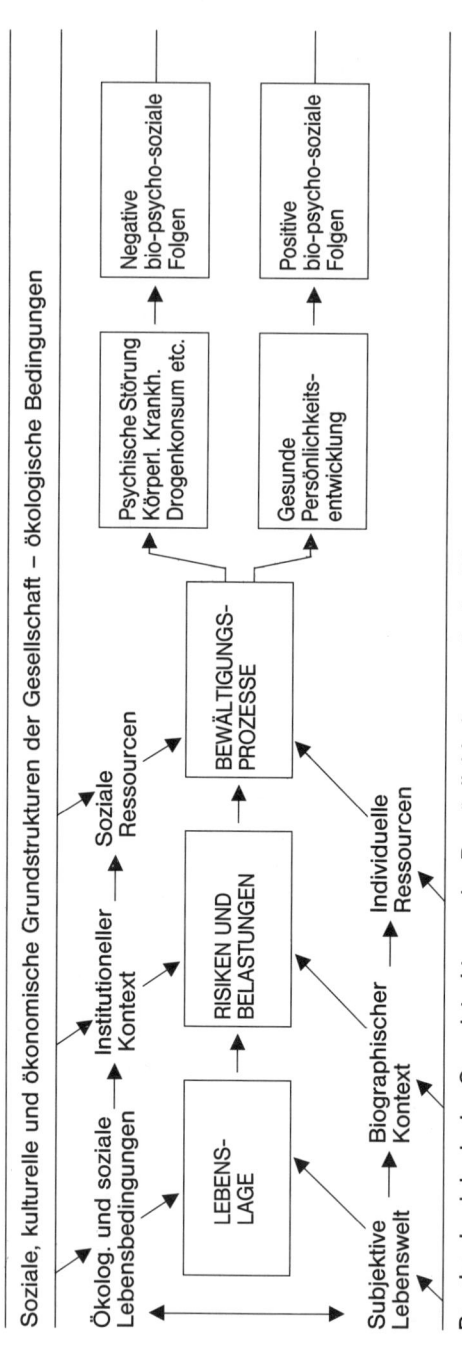

Abb. 4. Verlaufsmodell von Belastungs-Bewältigungsprozessen und der Entstehung von bio-psycho-sozialen Belastungserscheinungen

derungen, Lebensübergänge usw., die Einschnitte in den alltäglichen Lebensablauf darstellen, punktuelle Herausforderung für die Anpassungskapazität bedeuten und/oder über einen längeren Zeitraum zu erheblichen *Risiken und Belastungen* der Lebensführung und der weiteren Persönlichkeitsentwicklung werden.

Nun entscheidet in einem dritten Schritt – wie in der Abbildung dargestellt – die Beschaffenheit der sozialen und der individuellen Ressourcen darüber, ob das Individuum mit den punktuellen oder dauerhaften Risiken und Belastungen in einen produktiven *Bewältigungsprozeß* treten kann, ob es sie bearbeiten, verarbeiten und bewältigen kann.

Im Modell sind jeweils im Hintergrund die sozialen, kulturellen und ökonomischen *Grundstrukturen der Gesellschaft* und die ökologischen Bedingungen sowie – am anderen Pol – die psychophysiologischen *Grundstrukturen der Persönlichkeit* und die individuellen genetischen Dispositionen als wichtige Rahmenbedingungen eingezeichnet.

Ist der Bewältigungsprozeß erfolgreich, dann kann das Individuum seine gesunde Persönlichkeitsentwicklung im sozialen, psychischen und physiologischen Bereich fortsetzen. Ist der Bewältigungsprozeß nicht erfolgreich, dann kommt es über kurz oder lang zu Symptomen der Nicht-Bewältigung, also zu Ausdrucksformen der Beanspruchung und Überbeanspruchung wie z. B. psychischen Störungen, körperlichen Krankheiten und Drogenkonsum, die spürbar negative Folgen haben und die sich in sozialer Desintegration, in psychischen Leiden, in gesundheitlichen Beeinträchtigungen oder anderen Erscheinungsformen niederschlagen können.

Der gesamte Verlaufsprozeß ist damit nicht zu Ende. Sowohl der erfolgreiche als auch der nicht-erfolgreiche Ausgang des Bewältigungsprozesses haben Auswirkungen auf die objektiven Lebensbedingungen und die subjektive Lebenswelt, sie lösen also Folgesfolgen für die Lebenslage aus; so kann es im Falle einer nicht gelingenden Bewältigung dazu kommen, daß der ganze Prozeß noch einmal neu aufgerollt wird und erneute Versuche einer gelingenden Bewältigung eingeleitet werden.

In der graphischen Abbildung läßt sich der dynamische Charakter der Zusammenhänge nur schwer zum Ausdruck bringen. Hilfsweise ist der Verlaufsprozeß durch die Pfeile zum Ausdruck gebracht worden. Die Pfeile dürfen aber nicht als Hinweise für kausale Beziehungen im engen Wortsinn verstanden werden, sondern als Ausdruck von – teilweise gegenseitigen – Zusammenhängen. Das Modell läßt sich auf jede Phase in der menschlichen Entwicklung anwenden. In unterschiedlichen Lebensabschnitten erreicht der Prozeß von Belastung, Bewältigung, Ereignissen und Folgeerscheinungen jeweils einen anderen Rhythmus und eine andere Detailausprägung. Die Kernstrukturen des Prozesses sind aber die gleichen. In welchem Zeitablauf es zur Ausprägung welcher Ereignisse und Folgen kommt, dürfte vor allem ein sehr stark alters- und lebensphasenabhängiger Faktor sein. Die spezifischen Risiken und Belastungen sind jedenfalls eindeutig entwicklungsspezifisch.

In den folgenden Kapiteln wird ausführlich über Risiken und Belastungen bei Kindern und Jugendlichen gesprochen. Die Art der Risiken und Belastungen, die Gestalt der Bewältigungsprozesse, Persönlichkeitsstörungen und Gesundheitsbeeinträchtigungen sowie ihre bio-psycho-sozialen Folgen unterscheiden sich je nach Alters- und Entwicklungsstufe im menschlichen Lebensablauf. Ob Kinder oder Jugendliche eine gesunde Persönlichkeitsentwicklung einschlagen oder nicht, das hängt vom gesamten Ensemble der Rahmenbedingungen ab, die in der Graphik aufgeführt sind. Damit soll zum Ausdruck gebracht werden, daß der Gesundheitszustand ein Gleichgewichtsstadium ist zwischen körperlich-physiologischen und sozial-ökologischen Prozessen, die sich im Individuum spiegeln und niederschlagen. Zugleich wird sehr großer Wert darauf gelegt, sowohl die gesellschaftlichen als auch die körperlich-physiologischen Ausgangsbedingungen in ihrer Eigengesetzlichkeit und Eigendynamik zu berücksichtigen. Gesundheitliche Entwicklungsprozesse sind von beiden Feldern nicht zu trennen. Sie dürfen zugleich auf keines der beiden Felder allein fixiert werden.

In den folgenden Kapiteln gehe ich auf die wichtigsten Bereiche in der sozialen Lebenswelt und der Umwelt von Kindern und Jugendlichen ein, um sie nach den Chancen und Risiken für eine gesunde Persönlichkeitsentwicklung im Kindes- und Jugendalter abzufragen. Zu Beginn steht eine ausführliche Analyse der Situation in Familie und Kinderbetreuungseinrichtungen, gefolgt von einer Diskussion der Situation in Schulen und Bildungseinrichtungen und danach im Freizeit-, Wohn- und Umweltbereich.

Kapitel 3
Familienstreß – Auswirkungen des Strukturwandels der Eltern-Kind-Beziehungen

„Was ist das? Eine unverheiratete Frau lebt allein mit ihren Kindern. Eine geschiedene Frau lebt allein mit ihren Kindern. Ein geschiedener Mann lebt allein mit seinen Kindern. Ein unverheirateter Mann und eine unverheiratete Frau leben zusammen mit ihren eigenen Kindern. Ein unverheirateter Mann und eine unverheiratete Frau leben zusammen mit eigenen und aus früherer Partnerschaft stammenden Kindern. Eine Frau und ein Mann sind verheiratet und leben mit ihren eigenen Kindern. Eine Frau und ein Mann sind verheiratet und leben zusammen mit adoptierten Kindern. Eine geschiedene Frau und ein Mann sind verheiratet und leben zusammen mit eigenen und mitgebrachten Kindern. Eine geschiedene Frau und ein geschiedener Mann leben zusammen mit ihren mitgebrachten Kindern. Ein verwitweter Mann und eine geschiedene Frau leben mit eigenen und mitgebrachten Kindern zusammen. Zwei Frauen leben zusammen mit mitgebrachten Kindern ... Es ist familiäre Wirklichkeit, zeitgenössische Vielfalt des Verhältnisses zwischen den Geschlechtspartnern, Eltern und Kindern. – Als praktischer Fachpsychologe mit den neuen familiären Realitäten täglich konfrontiert, habe ich zur Zeit noch mehr Fragen als Antworten: Sägen wir an dem Ast, auf dem wir und unsere Kinder mit emotionalen Bedürfnissen und Bedürftigkeit nach stabiler psychischer Identität sitzen? Erbringt das rigorose Abfordern von Ansprüchen in der Partnerschaft und in der Familie unter dem Strich einen Lebensgewinn für die Persönlichkeitsentwicklung? Wer sind heute die Gewinner, wer die Verlierer? Wie hängen mangelnde Geduld und Kompromißfähigkeit, unzureichendes Verständnis und fehlender Realitätssinn, wie sie in Partnerschaft und Familie sichtbar werden, mit der gesellschaftlichen Entwicklung zusammen, in der diese Erlebnis- und Verhaltensbereitschaften sozialisiert worden sind?" (Peter Köhle, Die neuen Familien. DDR-Zeitschrift „Weltbühne" 5/1989, S. 995–996).

Kinder sind über viele Lebensjahre hinweg auf eine zeitlich und emotional intensive, zuverlässige und kontinuierliche Zuwendung durch erwachsene Personen angewiesen. Diese Zuwendung wird in unserem Kulturraum in der Regel durch die Eltern, faktisch ganz überwiegend durch die leibliche Mutter, geleistet. Für die soziale, psychische und körperliche Entwicklung von Kindern und damit für die Sicherung ihrer Gesundheit ist eine stabile Eltern-Kind-Beziehung absolute Voraussetzung.

Strukturwandel der Familie und der Eltern-Kind-Beziehungen

Durch die tiefgreifenden Veränderungen im ökonomischen und soziokulturellen System der modernen Industriegesellschaften haben sich in den letzten Jahrzehnten die sozialen Rahmenbedingungen für die Gestaltung der Eltern-Kind-Beziehung verändert. Betroffen ist vor allem die Institution Familie, die in allen westlichen Industrieländern, zunehmend aber auch in allen anderen hochentwickelten Industrienationen der Erde, spürbare Strukturwandlungen durchmacht. Zugespitzt wird oft sogar von einem „Zerfall" der Familie gesprochen, wohl im Blick auf die zur Mitte unseres Jahrhunderts charakteristische, relativ stabile Kleinfamilie aus Vater, Mutter und in der Regel zwei bis drei Kindern, oder auch im Blick auf die in der vorindustriellen Zeit verbreitete Großfamilie, in der in einem Haus mehr als nur zwei Generationen kontinuierlich zusammenlebten.

Der Begriff „Zerfall" ist vielleicht in soweit angemessen, daß sich vormals traditionelle Muster des Zusammenlebens von erwachsenen Partnern heute auflösen: Die Eltern-Kind-Beziehung ist heute nicht mehr selbstverständlich in ein festes soziales Muster eingebettet. Wir haben es mit einer großen *Vielfalt unterschiedlicher Familienformen* zu tun, die den Rahmen für die Eltern-Kind-Beziehungen abgeben. Im Blick auf den Gesamtprozeß ist es aber angemessener, statt von einem Zerfall von einem *Strukturwandel der Institution Familie und damit der Eltern-Kind-Beziehungen* zu sprechen. Welche Auswirkungen dieser Strukturwandel auf die Persönlichkeitsentwicklung von Kindern und Jugendlichen hat, soll in diesem Kapitel näher untersucht werden.

Familienbeziehungen und Entwicklungsbedürfnisse von Kindern

Die Kleinfamilie mit der typischen Ausprägung Vater, Mutter und zwei Kinder erlebte ihren Höhepunkt in historischer Perspektive in den 60er Jahren unseres Jahrhunderts. Die Ehe als Lebensform für Erwachsene war so verbreitet wie nie (praktisch 90% aller Erwachsenen heirateten im Laufe ihres Lebens), die große Mehrheit der Bevölkerung (drei Viertel) lebte in Kleinfamilien. Die Erziehung der Kinder galt als die Hauptaufgabe dieser Familienkonstruktion, wobei der Nutzen der Kinder vor allem im Blick auf die Zukunft und die Fortsetzung von Familienvorhaben gesehen wurde, nicht so sehr wie in der bäuerlichen Familie in der Nützlichkeit für den aktuell aufrecht zu erhaltenden Familien- und Wirtschaftsbetrieb (Lüscher, Schultheis & Wehrspaun 1988).

Seit den 60er Jahren erleben wir in allen Industrieländern ein Abklingen dieser vorherrschenden familialen Organisationsform. Die Ehe als herrschende Lebensform wird relativiert: Es sind nicht mehr 90%, sondern nur noch etwa 50% der Erwachsenen, die sich für diese soziale Institution des Zusammenlebens entscheiden. Es kommen Formen des nichtfamilialen Zusammenlebens wieder auf, die vor der Blütezeit der Kleinfamilie bekannt waren – Haushaltsformen, die nicht durch Verwandtschaft gebildet sind, sondern verschiedene Mischformen des Zusammenlebens darstellen. Gleichzeitig wird die Berufstätigkeit auch der Frauen zu einem beherrschenden Merkmal (Beck-Gernsheim 1988).

Eine schwierige Frage ist nun, ob durch diese Veränderungen die Befriedigung (lebens-)wichtiger Bedürfnisse von Kindern, die sie zur gesunden Persönlichkeitsentwicklung benötigen, behindert wird oder nicht. Es gibt in der Fachliteratur vielfältige Versuche, im einzelnen herauszuarbeiten, welche „Leistungen" von seiten einer oder mehrerer Versorgungs- und Bezugspersonen ein Kind in den verschiedenen Abschnitten seiner Entwicklung benötigt. In jedem Abschnitt seiner Entwicklung steht das Kind vor ganz bestimmten Entwicklungsaufgaben, die es nur zu einem Teil aus eigener Kraft bewältigen kann. In den ersten Lebensmonaten und Lebensjahren sehr stark, später allmählich schwächer werdend, benötigt es für die Bewältigung seiner Entwicklungsaufgaben unmittelbare Hilfe von erwachsenen Bezugspersonen. Sind dafür ganz bestimmte Familienkonstellationen notwendig?

In der entwicklungspsychologischen Literatur ist vielfach der Versuch gemacht worden, *elementare Bedürfnisse von Kindern in den ersten Lebensjahren* zu identifizieren (Oerter & Montada 1987). In einer neueren Zusammenstellung hat der Kinderpsychotherapeut Schmidtchen (1989) anschaulich die folgende Spannbreite von Bedürfnissen von Kindern formuliert:

1. Die Befriedigung physiologischer Bedürfnisse. Hierunter ist die Gewährleistung einer angemessenen Ernährung des Kindes ebenso zu verstehen, wie eine sorgfältige Hygiene, ein Schlaf-Wach-Rhythmus und insgesamt eine sensible Beachtung der Körpersignale von Kindern.
2. Befriedigung von Schutzbedürfnissen. Hierunter wird der Schutz vor körperlichen und seelischen Krankheiten, Natureinwirkungen, Gefahren im Straßenverkehr und Risiken durch schädigende Umwelteinflüsse verstanden.
3. Befriedigung der Bedürfnisse nach einfühlendem Verständnis und sozialer Bindung. Sowohl aus der Kleinkindforschung wie auch aus der Kindertherapieforschung ist bekannt, wie wichtig das seelische Einfühlungsvermögen und die Empathie von Bezugspersonen sind. Sie sind geradezu eine Voraussetzung dafür, daß ein entwicklungsfördernder Dialog zwischen einem Kind und einer

anderen Person eintreten kann. Wird das kindliche Bedürfnis nach Einfühlung und sicherer Bindung nicht befriedigt, so sind Bindungsangst, Mißtrauen, mangelndes Selbstwertgefühl und Hemmungen die Folge.
4. Befriedigung der Bedürfnisse nach seelischer und körperlicher Wertschätzung. Jeder junge Mensch hat die Sehnsucht, um seiner selbst willen geliebt zu werden. Diese Liebe muß sowohl seelisch als auch körperlich erlebt werden. Da kleine Kinder zwischen seelischen und körperlichen Aspekten noch nicht trennen, ist die liebevolle Begegnung mit dem Körper des Kindes von zentraler Bedeutung für die frühe Entwicklung des Selbstwertgefühls.
5. Befriedigung der Bedürfnisse nach Anregung, Spiel und Leistung. Die Kleinkindforschung macht deutlich, wie wichtig für junge Menschen vielfältige Anregungen aus der Außenwelt sind. Diese Anregungen müssen sich an den Fähigkeiten und Fertigkeiten orientieren, die in der jeweiligen Altersstufe entwickelt sind. Von großer Bedeutung ist dabei die Fähigkeit zur motorischen Reaktion und zum Neugier- und Spielverhalten. Ein weiteres Ziel ist die Unterstützung des Leistungswillens und des Leistungsverhaltens.
6. Befriedigung der Bedürfnisse nach Selbstverwirklichung und nach Bewältigung existentieller Lebensängste. Jedes Kind muß in dem Bemühen unterstützt werden, ein eigenes Selbstkonzept aufzubauen, indem Bedürfnisse, Eigenschaften, Fertigkeiten, Bewertungen und Gefühle in eine Identität integriert werden. Die Konfrontation junger Menschen mit existentiellen menschlichen Erfahrungen wie dem Tod, dem Alleinsein, der Frage nach dem Sinn des Lebens, der Ohnmacht gegen Bedrohung des Lebens durch Krankheit, Krieg oder Gewalt, der Konfrontation mit der Möglichkeit von Ungerechtigkeit und Absurdität, hat in den letzten Jahren zugenommen. Ängste des Kindes müssen wahrgenommen und akzeptiert werden, Erwachsene müssen Trost und Bereitschaft zum Miterleiden von Gefühlen der Trauer und der Ohnmacht spenden (Schmidtchen 1989, S. 106 ff.).

Diese aus der sensiblen Beobachtung und der intensiven Arbeit mit psychisch labilen Kindern gewonnenen Erfahrungen beschreiben sehr anspruchsvoll, welche Maßstäbe für den Umgang mit allen Kindern zu gelten haben. Will unsere Gesellschaft eine angemessene körperliche und seelische Entwicklung von Kindern fördern und die eigenständige und angemessene Bewältigung von sozialen und psychischen Problemsituationen durch Kinder ermöglichen, dann muß sie sicherstellen, daß diese Grundbedürfnisse der kindlichen Persönlichkeitsentwicklung erfüllt werden (Schmidt-Denter 1988).

Kinder benötigen zuverlässige, stabile und „berechenbare" soziale Beziehungsstrukturen, die ihnen Unterstützung und Anregung für ihre persönlichen Entwicklungsprozesse gewähren. Wie diese Beziehungsstrukturen konkret aufgebaut und sozial gesichert werden, das ist in jeder historischen Entwicklungsphase neu zu definieren und festzusetzen. Es gibt kein bestimmtes Familienmodell, das einzig und allein eine gesunde Entwicklung von Kindern sicherstellen könnte. Aber es gibt wichtige Kriterien, die in jeder Eltern-Kind-Beziehung eingelöst sein müssen, wenn nicht erhebliche Risiken für die Gesundheit in Kauf genommen werden sollen.

Die interne Dynamik und die „Qualität" der Eltern-Kind-Beziehung (nach Anregungsreichtum, Berücksichtigung persönlicher Eigenschaften, gegenseitiger Akzeptanz, usw.) ebenso wie die Qualität der Partnerbeziehung der erwachsenen Bezugspersonen entscheidet darüber, welche Anregungen und Impulse ein Kind für die eigene Persönlichkeitsentwicklung erhält (Schneewind, Beckmann & Engfer 1983; Mattejat 1985). Eine warme und unterstützende Atmosphäre ist dabei eine außerordentlich günstige grundlegende Voraussetzung. Es lassen sich einige wichtige Leitziele und Prinzipien für angemessene Eltern-Kind-Beziehungen formulieren:

1. Eltern sollten sich so verhalten, daß die elementaren sozialen, emotionalen und körperlichen Bedürfnisse erfüllt werden. Es sind vor allem die Bedürfnisse nach Zuwendung, Anerkennung, Sicherheit und Eigenentfaltung.
2. Eltern sollten jedes Kind als ein einmaliges Individuum behandeln. Sie müssen versuchen, auf das jeweilige Temperament und die jeweilige Konstitution eines Kindes einzugehen und dürfen es nicht mit anderen Kindern gleichsetzen.
3. Eltern sollten mit Vertrauen, Ehrlichkeit und Offenheit in die soziale Beziehung mit ihrem Kind gehen. Nur Kinder, denen voll vertraut wird, können später Selbstvertrauen entwickeln.
4. Eltern sollten die Anerkennung, die sie dem Kind gegenüber äußern, von dem aktuellen Verhalten des Kindes trennen. Sie müssen deutlich machen, daß sie ihr Kind lieben und wertschätzen, obwohl das Verhalten zu bestimmten Zeiten und in bestimmten Situationen für sie nicht akzeptabel ist. Nur wenn das Kind merkt, daß es grundsätzlich wertgeschätzt wird, kann es nachvollziehen, daß einzelne Verhaltensweisen von den Eltern nicht akzeptiert werden.
5. Dem Kind sollten durch die Eltern viele Möglichkeiten eingeräumt werden, um eigenes Verhalten zu entwickeln, auch wenn dabei Fehler und Irrwege gegangen werden. Nur auf diese Weise ist es für Kinder möglich, die eigenen Kräfte auszuprobieren und Entdeckungen zu machen und die Bedeutung von sozialen Vereinbarungen und von Rechten anderer aus eigener Kraft einzusehen. Wird den Kindern dieser Entfaltungsspielraum nicht eingeräumt, so werden sie sich eines Tages nicht mehr trauen, Situationen selbst zu erkunden.
6. Eltern sollten – sofern es in ihrer Macht steht – die soziale Umwelt des Kindes so arrangieren, daß sie Schritt um Schritt zu einer aktiven und konstruktiven Teilnahme an sozialen Ereignissen und anderen Aktivitäten der Umweltgestaltung hingeführt werden und damit Verantwortung übernehmen können. Eltern sollten ihre Kindern immer nur dann unterstützen, wenn sie deutlich danach verlangen. Erfolgt die Unterstützung nur vorgreifend, dann wird damit eine Abhängigkeit des Kindes von den Eltern programmiert und es kommt schnell zu einer Überbehütung.

Wegen der äußeren Rahmenbedingungen des Familienlebens, mit denen wir heute in den Industriegesellschaften zu tun haben, ist die

Umsetzung dieser Prinzipien sehr unsicher geworden. Ich gehe im folgenden auf die Veränderungen von Strukturmerkmalen der Familie ein, die hierfür von Bedeutung sind.

Veränderung der Familienformen

Die Verfassung der Bundesrepublik Deutschland – hierin nicht untypisch für die Verfassungen anderer westlicher Industrieländer – setzt voll auf die Verantwortung der Elternhäuser bei der Sicherung der Lebensbedingungen von Kindern und Jugendlichen. In Artikel 6 des Grundgesetzes heißt es dazu:

„Pflege und Erziehung der Kinder sind das natürliche Recht der Eltern und die zuvörderst ihnen obliegende Pflicht. Über ihre Betätigung wacht die staatliche Gemeinschaft." Die offizielle Politik der letzten Jahrzehnte folgte strikt dieser Linie. Ihre Handlungsmaxime, zugespitzt formuliert, lautete: „Willst du etwas für die Kinder und Jugendlichen in dieser Gesellschaft tun, dann prüfe zuallererst, ob das über die Förderung der Familie gelingt. Erst in zweiter Linie, ersatzweise, sollen andere politische Aktivitäten greifen."

Dieser Grundsatz wird problematisch dann, wenn Eigenrechte der Kinder unbeachtet bleiben – dazu später mehr – und zum zweiten dann, wenn die Familien nicht in der „Verfassung" sind, die unsere Verfassung unterstellt. Und genau diese Gefahr ist gegeben. Denn *die traditionell strukturierte Familie mit Vater, Mutter und mindestens einem Kind,* die als Denkmodell eindeutig dem Grundgesetz zugrundelag, ist zwar immer noch eine sehr verbreitete, aber *nicht mehr die vorherrschende Form der privaten Lebensführung in Industriegesellschaften.* Das liegt an folgenden Faktoren (Angaben nach Unterlagen des Statistischen Bundesamtes):

1. Die Eheschließungsziffer hat sich im Vergleich zu 1950 fast halbiert. Die Scheidungsziffer ist im gleichen Zeitraum deutlich angewachsen. 1990 wurden in der Bundesrepublik über 35% aller Ehen durch Scheidung beendet, in den 50er Jahren waren es nicht sehr viel mehr als 10%.
2. Die Bundesrepublik Deutschland ist ein Spitzenreiter unter den geburtenschwachen Ländern der Welt. Etwa 25% aller Ehepaare haben während des gesamten Zeitraums des Zusammenlebens überhaupt keine Kinder. Nur jeder zweite bundesdeutsche Haushalt ist durch das Zusammenleben von Erwachsenen und Kindern gekennzeichnet.
3. Die Zahl alleinerziehender Eltern wächst ständig weiter an. Wir haben bereits die Schwelle von 20% aller Kinder erreicht, die nur

mit einem Elternteil aufwachsen. In der Bundesrepublik lebten 1990 rund 1,9 Millionen Mütter und Väter als Alleinerziehende. Die Zahl der alleinerziehenden Mütter ist innerhalb der vergangenen zehn Jahre von 1,3 auf 1,6 Millionen und die der alleinerziehenden Väter von 211 000 auf 301 000 gestiegen. Die Zahl der von nur einem Elternteil versorgten Kinder erhöhte sich von 2,27 Millionen im Jahr 1978 auf 2,55 Millionen in 1988. Über 70 Prozent der Alleinerziehenden leben nur mit einem Kind zusammen, knapp 10% von ihnen haben drei und mehr Kinder zu versorgen.
4. Die Zahl der Familien wächst, in denen Väter und Mütter einer außerhäuslichen Erwerbstätigkeit nachgehen. Frauen mit Kindern unter 15 Jahren sind in Westdeutschland im Durchschnitt zu etwa 40% erwerbstätig. Die Tendenz ist deutlich steigend.

Die Familien in den Industrieländern werden zunehmend kleiner. Dieser Trend läßt sich auch an den Daten des Mikrozensus des Statistischen Bundesamtes deutlich ablesen. 1987 lebte mit 54,8% in mehr als der Hälfte der Privathaushalte nur jeweils 1 Kind im Alter von unter 18 Jahren (siehe Tabelle 6).

Tabelle 6. Kinder unter 18 Jahren in Privathaushalten nach Geschwisterzahl (1987)

Kinderzahl	Privathaushalte in 1000	in %
mit 1 Kind	3843	54,8
mit 2 Kindern	2421	34,5
mit 3 Kindern	590	8,4
mit 4 Kindern und mehr	164	2,3
insgesamt:	7017	100,0

(Quelle: Mikrozensus 1987, S. 57)

Auch ein anderes Datum wirft ein Schlaglicht auf die deutliche Veränderung von Haushaltsgrößen im Laufe der Jahrzehnte: Im Jahr 1900 bestanden nur 7,1% der Haushalte aus einer Person. 1988 lag der entsprechende Wert bei 34% aller Haushalte. Deutlich zugenommen haben in diesen knapp 90 Jahren die kleinen Haushalte, die aus 2 Personen bestehen, während die größeren Haushalte, die aus 4 oder mehr Personen bestehen, spürbar abgenommen haben. Fünf und mehr Personen pro Haushalt gab es nach diesen statistischen Unterlagen im Jahr 1900 noch zu 44,4%, während dieser Wert 1988 auf

5,3 % aller Haushalte gesunken ist (Familienbericht der Landesregierung von Nordrhein-Westfalen 1990).

Veränderte Partnerbeziehungen der Eltern

Die angesprochenen Veränderungstrends des Familienlebens betreffen den Alltag und die Entwicklungsbedingungen von Kindern sehr stark. Für die Kinder ergeben sich aus dieser Vielfalt von Familienformen (ehelichen und nichtehelichen Lebensgemeinschaften, getrennt lebenden Eltern, alleinerziehenden Eltern, wiederverheirateten Eltern mit Kindern und Stiefkindern, usw.) veränderte und sich oft ständig weiterverändernde Beziehungsstrukturen. Das größte und vielleicht einschneidendste Problem für Kinder besteht darin, ein leibliches Elternteil durch Trennung oder Scheidung zu verlieren. Die Wahrscheinlichkeit, daß dieses Ereignis eintritt, ist weit größer als die Wahrscheinlichkeit, ein Elternteil durch Tod zu verlieren.

Charakteristisch für die Bundesrepublik Deutschland sind die folgenden Werte (Schwarz 1989): Von 100 Neugeborenen werden Ende der 80er Jahre etwa 80 ehelich und 10 nichtehelich geboren. Bis zum 18. Lebensjahr verlieren 16 ein Elternteil durch Trennung oder Scheidung und 7 ein Elternteil durch Tod. Insgesamt ergibt sich so ein Anteil von etwa 30 % der Kinder, die in den entscheidenden Jahren des Aufwachsens ganz oder vorübergehend nur mit einem leiblichen Elternteil zusammenleben:

„Von diesen Kindern wächst etwa die Hälfte in einer Stiefelternfamilie auf, weil verwitwete oder geschiedene Väter, verwitwete oder geschiedene Mütter oder Mütter nichtehelicher Kinder, bei denen die Kinder bisher gelebt haben, jemanden heiraten, der nicht Vater oder Mutter der Kinder ist. Die Ergebnisse der Untersuchung zeigen, daß die Zahl der Waisenkinder recht klein, die der Scheidungswaisen aber immer größer geworden ist und heute die der minderjährigen Waisenkinder um mehr als das Doppelte übersteigt. Vor allem hierdurch, aber auch durch die wachsende Zahl nichtehelicher Kinder, nimmt der Anteil der Kinder, die bei alleinstehenden Eltern oder bei Stiefeltern aufwachsen, schon seit geraumer Zeit und wohl auch in Zukunft zu" (Schwarz 1989, S. 27).

Die hohen Scheidungsraten sind für alle Industrieländer charakteristisch (siehe Tabelle 7). Unterschiede der Konfessionen und der traditionellen Lebensstile beginnen sich abzuschleifen.

Alle Industriegesellschaften müssen sich darauf einstellen, daß die Bindungen zwischen jungen Männern und jungen Frauen, die die Grundlage für eine tragfähige Familienbeziehung ergeben, nicht unbedingt lebenslange Dauer haben. Trennung und Scheidung von Partnern mit Kindern werden in Zukunft noch verstärkt zu den

Tabelle 7. Entwicklung der Scheidungsraten in ausgewählten Ländern zwischen 1965 und 1985 (Scheidungen je 100 Eheschließungen)

Land	1965	1970	1980	1985
Belgien	8,3	8,7	21,8	32,0
Dänemark	15,7	26,2	51,4	49,1
BR Deutschland	11,9	17,2	26,6	35,1
Griechenland	4,3	5,2	10,7	11,9
Frankreich	10,1	9,9	24,3	39,9
Italien	–	–	3,7	5,3
Niederlande	5,7	8,3	28,5	41,1
Portugal	0,9	0,6	8,1	13,1
Großbritannien	9,6	13,4	38,2	44,6

Quelle: Familienbericht der Landesregierung von NRW, 1990, S. 42

normalen Mustern sozialer Beziehungen im Familienbereich gehören.

Für die Kinder von *geschiedenen oder in Trennung lebenden Eltern* ergeben sich aus dieser Konstellation starke psychische und soziale Belastungen. Ursache und Ausgangspunkt der Beziehungsunzufriedenheit der Eltern sind für die Kinder meist schwer nachvollziehbar (Lüscher, Schultheis & Wehrspaun 1988). Die Konsequenzen des Auseinanderbrechens der Elterndyade sind von Kindern nicht in der vollen Tragweite abschätzbar. Meist werden die Kinder von ihren Eltern auch nicht angemessen und im Voraus über die sich anbahnende Entwicklung informiert und können keine vorbereitenden Verarbeitungsmechanismen aufbauen. In vielen Fällen werden Kinder sogar in den Beziehungskampf der Eltern hineingezogen und tragen auf ihre Weise unfreiwillig zu einer weiteren Komplizierung der Beziehungen zwischen den Eltern bei.

Kommt es zur Trennung der (Ehe-)Partner, beginnt für die Kinder eine schwierige Phase der Neuordnung ihrer sozialen Beziehungen und Bindungen zu den Eltern. Während die Beziehung zu dem getrennt-lebenden Partner oft ganz erlischt, intensiviert sich die zu dem weiterhin erziehenden Elternteil. Der weiterhin erziehende Elternteil ist in 80% der Fälle die Mutter. Sie kommt in der Regel nicht nur sozial und psychisch, sondern auch haushaltsorganisatorisch und finanziell in erhebliche Bedrängnis. Die Mutter kann gezwungen sein, eine Berufstätigkeit neu oder wieder aufzunehmen, wodurch die Gefahr besteht, daß nun die soziale Trennung des Kindes auch von der allein noch verbliebenen Hauptbezugsperson stärker wird. Mit der veränderten Lebenssituation ist auch oft ein Wechsel von Wohnung und sozialer Umgebung und damit von Freundes- und Nachbarschaftskontakten verbunden. „Scheidungswaisen" fühlen sich oft psychischen Stigmatisierungen und Abstempelungen ausgesetzt und reagieren irritiert und in ihrem Verhalten auffällig und teilweise gestört. Kommt es zu einer neuen Partnerbindung des alleinerziehenden Elternteils, so sind schwierige emotionale Beziehungskonflikte zu bewältigen, besonders dann, wenn auch Stiefgeschwister mit in den neuen Familienverband integriert werden (Nave-Herz & Markefka 1989).

Über die Schwierigkeiten, die Kleinfamilien, vor allem *Ein-Eltern-Familien*, für die Kinder mit sich bringen, liegen aktuelle Untersuchungen vor. Im Durchschnitt sind die sozialen und finanziellen Bedingungen für Alleinerziehende sehr viel ungünstiger als für andere (Napp-Peters 1985). Eine amerikanische Studie (Mueller & Cooper 1986) untersuchte 1200 junge Eltern im Alter zwischen 19 und 31 Jahren, von denen 1022 mit beiden Elternteilen aufgewachsen waren und – im Vergleich – 115 junge Eltern, die überwiegend bei ihren Müttern, 11 bei ihren Vätern, gelebt hatten. Von diesen 123 Kindern aus Familien mit nur einem Elternteil hatte ein Drittel Vater oder Mutter noch im Vorschulalter verloren, über die Hälfte zwischen dem 6. und dem 11. Lebensjahr. Bei zwei Dritteln war Scheidung oder Trennung der Grund, bei einem Viertel der Tod von Vater oder Mutter.

Wie die Studien zeigen, belastet der Verlust des Elternteils die Kinder ihr Leben lang. Ihre schulischen Leistungen sind im Durchschnitt geringer, ihre späteren beruflichen Erfolge ebenfalls. Sie verdienen im Durchschnitt weniger als die übrigen Kinder aus vollständigen Familien. Auch ihr Sozialverhalten unterscheidet sich: Sie heiraten seltener, lassen sich öfter scheiden und bekommen ihr erstes Kind sehr früh, auch zu einem größeren Anteil nichtehelich. Sie werden sehr viel häufiger als die Kinder aus der Vergleichsgruppe zu Alleinerziehern: 15 von 100 Kindern aus Ein-Eltern-Familien ziehen ihren eigenen Nachwuchs wiederum ohne Lebenspartner groß, das sind dreimal so viele wie Kinder aus den vollständigen Familien.

Vergleichsuntersuchungen, bei denen einzelne Familien zu „statistischen Paaren" zusammengefaßt wurden, die von ihrer Ausgangssituation voll vergleichbar waren, bestätigen das ungünstige Bild für die Kinder aus Ein-Eltern-Familien. Zwar schaffen es einige der Eltern, die Doppelbelastung als Alleinerzieher und Alleinverdiener so zu bewältigen, daß die Kinder nicht darunter leiden. Im Durchschnitt aber ist dieser soziale, organisatorische und finanzielle Balanceakt schwer zu bewältigen. Das soziale Beziehungsgefüge in den Kleinstfamilien ist anfälliger und das Kontaktfeld außerhalb der Familie ist kleiner als in anderen Familien, so daß insgesamt weniger Anregungen und weniger Abwechslungen für die Kinder entstehen. Das Fehlen des zweiten Elternteils macht sich nicht nur wirtschaftlich, sondern auch sozial bemerkbar, weil die Kinder auf einen einzigen erwachsenen Partner angewiesen sind, der für sie das Verhaltensmodell abgibt. Das Einüben von Alters- und Geschlechtsrollen, die Vorbereitung auf Partnerschaft und Familie – alle diese wichtigen sozialen Übungsfelder sind in der Ein-Eltern-Familie nur ansatzweise ausgeprägt. Hier liegen die eigentlichen Gründe dafür, daß die Langzeitfolgen für die Persönlichkeit der Kinder ungünstig sein können (Müller & Cooper 1986).

Die tieferen Hintergründe für den gravierenden Wandel von Familienformen liegen in den veränderten Lebens- und Berufsperspektiven für Männer und Frauen, denen letztlich das Bestreben zugrundeliegt, in allen Lebensfeldern ein hohes Maß von Selbstbestimmung zu erreichen und die eigene Persönlichkeit zu entfalten (Gutschmidt 1986; Kaufmann 1988). Wie auch immer wir diese Prozesse beurteilen – die Konsequenzen für die Kinder sind einschneidend. In einer großen Zahl von Familien ist heute eine zuverlässige physische, psychische und soziale Pflege der Kinder mit einem stabilen emotionalen Kontakt und einer umfassenden Berücksichtigung der oben genannten Bedürfnisse schon rein organisatorisch nicht sicher gewährleistet. Außerdem fehlt vielen Kindern das Erlebnis, Geschwister als Familienmitglieder und Spielkameraden zu haben. Vor allem in den innerstädtischen Ballungsgebieten fallen damit wichtige soziale Kontaktmöglichkeiten aus.

Erwerbstätigkeit von Müttern und Vätern

Zur Selbstentfaltung gehört in unserem Kulturkreis die berufliche Erwerbstätigkeit. Alle Entwicklungstrends deuten darauf hin, daß die Erwerbsarbeit von Frauen mit und ohne Kindern in den nächsten Jahren weiter ansteigen wird. Diese Quoten (also der Anteil der Frauen einer Altersgruppe, die erwerbstätig sind) sind schon in den letzten 20 Jahren kontinuierlich angestiegen. Bezogen auf die 15- bis 65jährigen Frauen ist die Erwerbsquote von 1968 bis 1978 von 45,9 auf 47% gestiegen. In den darauf folgenden 10 Jahren ist sie dann von 47% auf 55% deutlich stärker angewachsen. Dieser Anstieg setzt sich ganz offensichtlich in die 90er Jahre hinein fort. (Die Erwerbsquote der Männer lag 1990 bei etwa 82%.)

Einen wesentlichen Antriebsgrund für die steigende Erwerbsquote von Frauen müssen wir in der gestiegenen Bildungsbeteiligung von weiblichen Jugendlichen und auch in ihrem deutlich angestiegenen Bildungserfolg sehen. Auch die Einstellungen von Frauen zur Erwerbstätigkeit haben sich in diesem Zeitraum deutlich gewandelt. Die Berufstätigkeit wird nicht mehr bloß als eine Übergangsphase bis zur angestrebten Eheschließung bewertet, sondern als ein fester Bestandteil der eigenen Lebensplanung. Für die nächsten Jahre muß vermutet werden, daß auch nach dem erfolgreichen Abschluß von allgemeinbildenden Bildungsgängen nach 10 oder 13 Jahren der Anteil der Frauen an anspruchsvollen weiterführenden Ausbildungsgängen in der Praxis (duales System) und in den Fachhochschulen und Hochschulen deutlich weiter anwachsen wird (Klemm u. a. 1990).

Mädchen und junge Frauen neigen demnach immer stärker dem Selbstverständnis der Männer zu, die Selbstverantwortlichkeit auch auf die wirtschaftliche und soziale Eigenständigkeit auszudehnen. In unserem Kulturkreis läßt sich dies traditionell vor allem oder nur durch die Verbindung mit den wirtschaftlichen und sozialen Absicherungen der Erwerbsarbeit auf Dauer garantieren. Außerdem verbürgt diese Erwerbstätigkeit ein höheres Maß an gesellschaftlicher Anerkennung, als es durch irgendwelche alternativen Tätigkeiten erworben werden kann. Die reine Familienarbeit sichert diese persönlichen Lebensperspektiven nicht.

Ein wichtiger Faktor kommt hinzu: Die Familienarbeit ist im Unterschied zur Erwerbsarbeit keine ein für allemal gewählte Aufgabe, die lebenslang ausgeübt werden kann. Bei der abnehmenden Kinderzahl in der Familie hat sich die Phase, in der unmittelbare familiale Leistungen zu erbringen sind, in den letzten Jahren immer weiter verkürzt. Wie im Familienbericht der Landesregierung Nordrhein-Westfalen von 1990 dargestellt wird, läßt sich als die eigentliche Erziehungsphase im (Durchschnitt) die Altersspanne zwischen 29 und 47 Jahren im Leben einer Mutter ansetzen. Dieses ist der Zeitraum von der Geburt des ersten Kindes bis zur Ablösung des 2. Kindes mit etwa 18 Jahren aus der Herkunftsfamilie (s. Abb. 5). Es handelt sich hier in der Biographie von Frauen um einen begrenzten Zeitabschnitt, der für die Familienarbeit ganz oder teilweise reserviert werden muß. Immer mehr Frauen stellen die Überlegung an, daß eine völlige Aufgabe einer Absicherung im Erwerbsleben zugunsten der vollen Konzentration auf die Erziehungsphase sich lebensgeschichtlich und biographisch für sie nicht lohne und vor allem auch mit erheblichen Risiken für die gesamte Lebensgestaltung verbunden

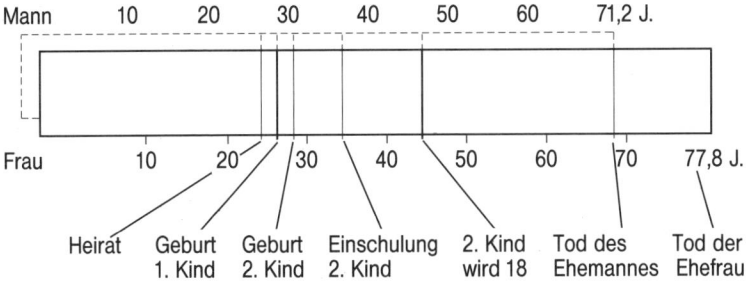

Abb. 5. Erziehungsphase in einer Familie mit zwei Kindern (nach statistischen Durchschnittsdaten)
Quelle: Familienbericht der Landesregierung NRW, 1990, S. 85

ist. Frauen stellen insofern gleiche Überlegungen an wie Männer, bei denen sogar die Prioritätssetzung zugunsten der Erwerbsarbeit zu Ungunsten der Erziehungsphase in der Familie in einer beängstigend klaren Weise ausfällt.

Die Lebensplanung junger Mädchen und Frauen geht heute immer stärker von einer eigenständigen Berufstätigkeit aus. Neben dem Anspruch auf Eigenständigkeit und Selbstverwirklichung tritt zusätzlich auch der Wunsch, das Haushaltseinkommen zu erhöhen und für die eigene Altersversorgung aktiv zu werden. In den letzten Jahren ist deutlich zu beobachten, daß nach Ablauf der Mutterschutzfrist immer mehr Mütter an ihren Arbeitsplatz zurückkehren. Die Vereinbarkeit von Familie und Beruf müssen diese Mütter allerdings unter den heutigen Bedingungen mit großem Organisationsaufwand und erheblicher Anspannung herstellen. Weder im Berufs- noch im Erziehungsbereich finden sie günstige Voraussetzungen vor. Zum Beispiel fehlt es an Teilzeitarbeitsplätzen. 1987 waren nur etwa ein Drittel der erwerbstätigen Frauen mit Kindern im Alter von unter 18 Jahren im Wochendurchschnitt weniger als 20 Wochenstunden erwerbstätig.

67% der Mütter von Kindern im Alter von unter 18 Jahren gehen in einer durchschnittlichen Woche mehr als 20 Stunden ihrer Erwerbstätigkeit nach (Klemm u. a. 1990).

„Für die Kinder bedeutet dies: 2971000 der in Familien lebenden Kinder und Jugendlichen, also etwa ein Viertel (27%) aller unter 18jährigen, leben in der alltäglichen Situation, daß ihre Mütter – und wohl auch ihre Väter – sie nicht regelmäßig aus dem Kindergarten abholen können und daß sie nach der Schule zuhause weder Mutter noch Vater antreffen. Wollen diese Eltern ihre Kinder nicht einfach sich selbst überlassen, dann sind sie auf die Organisation einer zusätzlichen Hilfe, auf Verwandte, auf Freunde, Nachbarn oder auf bezahlte Hilfe angewiesen" (Klemm u. a. 1990, S. 47).

Die Erwerbstätigkeit von Frauen mit Kindern ist in allen Industrieländern zunehmender und unumkehrbarer, langfristiger Trend. Die Erwerbstätigkeit wird nicht allein aus kurzfristigen ökonomischen Gründen zur Aufbesserung des Familieneinkommens ausgeübt, sondern sie ist mit einer eindeutigen Berufsorientierung verbunden, die mit der psychologischen Befriedigung und der sozialen Anerkennung durch die Erwerbstätigkeit zusammenhängt. Die Familienorientierung der erwerbstätigen Mütter wird nach vorliegenden Untersuchungen durch die Erwerbstätigkeit nicht gemindert; im Gegenteil fanden sich in vielen Untersuchungen sogar Steigerungen des Anspruchs an die Ausübung der Mutterrolle (Bertram & Bayer 1984; Nauck 1989). Damit sind erhebliche Anspannungen und Belastungen verbunden. Jede Form des Zugewinns durch die Berufstätigkeit hat immer auch Nebenkosten, vor allem in sozialer und psychologischer Hinsicht, die mitunter den erzielten Nutzen infragestellen. So können der Koordinierungsaufwand zeitlich groß, die finanziellen Kosten zur Beschäftigung einer Familienersatzkraft hoch und die psychischen Belastungen beim Einsatz von Verwandten und anderen Helfern im Haushalt bei der Kinderbetreuung erheblich sein. Jede Mutter und jeder Vater steht hier vor einer Abwägung der Vor- und Nachteile für die eigene Person und die persönliche Selbstentfaltung und zugleich für die Person des Kindes. Die Gefahr ist groß, daß bei unklaren und unausgewogenen Lösungen die Anspannungen für alle Beteiligten am schwersten zu bewältigen sind (Lehr 1975).

Die Berufstätigkeit von Vätern und Müttern hat – günstige Rahmenbedingungen vorausgesetzt – einige deutliche positive Effekte für das Familienleben. Durch die Berufstätigkeit wird eine bessere Gleichberechtigung zwischen Mann und Frau hergestellt und es entsteht ein größeres Maß an Gemeinsamkeiten im täglichen Umgang miteinander. Die Haushaltsanforderungen und die Berufsanforderungen sind von ihrem Typus her beiden Partnern aus direkter Erfahrung vertraut und deswegen ist auch die Einsicht bei den Männern gewachsen – wenn auch weiterhin unzureichend –, sich die häuslichen Arbeiten zu teilen. Die Partnerschaft zwischen Mann und Frau wird durch die Berufstätigkeit der Frau eher gefördert als umgekehrt. Voraussetzung ist allerdings eine positive Einstellung des Mannes zur Berufstätigkeit der Frau, die ein Abrücken von traditionellen Rollenmustern erfordert. Gleichberechtigte Partnerschaften führen zu einem besseren Einvernehmen zwischen den erwachsenen Partnern und sie haben die Folge, daß diese ausgeglichene Beziehung auch den Kindern zugute kommt. Ein ausgeglichenes „Machtgefüge" zwischen den Eltern und eine partnerschaftliche und arbeitsteilige Vorgehensweise halten die Kinder zu einem kooperativen Verhalten an und regen die Eigenverantwortlichkeit und Selbständigkeit, auch im Leistungsbereich, deutlich an (Nauck 1989).

Natürlich ist die Berufstätigkeit von Müttern keine Garantie für eine partnerschaftliche und gleichberechtigte Familienkonstellation; wichtig ist aber festzuhalten, daß sie keinesfalls ein prinzipielles Hindernis dafür ist. Im Gegenteil paßt sie nahtlos in die moderne Auffassung von Partnerschaft, die beiden erwachsenen Partnern gleiche Entwicklungsimpulse für die Persönlichkeitsentwicklung zugesteht und sie in wichtigen Bereichen zur Voraussetzung für die Partnerschaft erklärt.

Die Rolle „Hausfrau" wird damit nicht diskriminiert. Sie sollte auch weiterhin eine – gesellschaftlich möglichst höher als heute – bewertete Tätigkeit bleiben. Aber sie wird mit Sicherheit als lebenslange Rolle für Frauen immer weiter zurücktreten. Für die Gesamtlebensplanung von Frauen und Männern ist die Aufnahme und Aufrechterhaltung der Berufstätigkeit – auch in der Phase, in der die Kinder große Aufmerksamkeit benötigen – dringend zu befürworten. Die Berufstätigkeit darf nicht nur als Übergangslösung konzipiert sein, wenn sie in ihrer großen Bedeutung für die persönliche Lebensgestaltung von Männern und Frauen richtig eingestuft wird. Mit Blick auf das Wohl der Kinder kommt es darauf an, in der Lebensphase, in der Kinder und Beruf volle Aufmerksamkeit verlangen, flexible, vielfältig strukturierte und entlastende Übergangslösungen zu finden. Familie und Beruf sollten nicht als Gegensätze, sondern als sich sinnvoll ergänzende Lebensbereiche verstanden werden. Impulse und Anregungen aus dem einen Bereich sind hilfreich und wichtig für den anderen Bereich. In bestimmten Phasen kann der eine Bereich stärker in den Vordergrund treten als der andere, eine vollständige Ausblendung eines der beiden Bereiche für einen längeren Zeitabschnitt erweist sich aber als äußerst ungünstig für die weitere Lebensplanung von Müttern und Vätern.

Diese Überlegungen gelten für Mütter und Väter, die in partnerschaftlichen Formen zusammenleben. Sie gelten selbstverständlich auch für Mütter und Väter, die Alleinerziehende sind. In diesen Familienkonstellationen spitzen sich, wie bereits gesagt, die unterschiedlichen Anforderungen aus den Bereichen Beruf, Haushaltsführung und Kinderbetreuung erheblich zu, so daß die Unterstützung durch öffentliche Einrichtungen noch dringender und wichtiger ist als in Zwei-Eltern-Familien.

Der ökonomische „Unwert" der Kinder

Für viele Eltern ist heute die Entscheidung, eine Familie mit Kindern zu gründen, praktisch eine Entscheidung für gravierende und langfristige Einschränkungen von Lebensspielräumen. In einer Gesellschaft, die Kindererziehung offiziell als eine den Eltern „zuvörderst obliegende Pflicht" (Grundgesetz) versteht, müssen sich die Eltern aus vielen selbstverständlichen Lebensgewohnheiten abmelden und vielfältige soziale und ökonomische Nachteile auf sich nehmen.

Schauen wir zuerst auf die soziale Seite: Die Organisation des gesamten Alltags wird mit der Geburt des Kindes zu einem riesigen Problem; die Eltern vergleichen sich mit den Paaren ohne Kinder und fühlen sich auf dieser Ebene der Entfaltung eines eigenen Lebensstils, die von so großer Bedeutung für das Selbstverständnis und das Selbstbild des „modernen Individuums" geworden ist, in vielen Ebenen eingeschränkt. So sehr sie auch den Umgang mit Kindern genießen und Befriedigung und Lebenssinn hieraus entnehmen, so stark fühlen sie sich doch durch die praktischen Einschränkungen gehandicapt, wie alle Untersuchungen zeigen (Kaufmann 1980).

Kinder haben heute im wesentlichen einen hohen emotionalen Wert für ihre Eltern. Sie „belohnen" Eltern durch die Gewißheit, verantwortlich für sie zu sein, gefühlsmäßig notwendig und an der Entwicklung eines anderen Menschen und eines neuen Lebens unmittelbar beteiligt zu sein. Die Kehrseite dieser emotionalen Befriedigung ist die totale Bindung, die Eltern mit Kindern eingehen müssen, wenn sie die Grundbedürfnisse der kindlichen Entwicklung ernst nehmen. Und genau dieses paßt mit den wesentlichen Mustern des heutigen Erwachsenenlebens, mit dem charakteristischen hohen Grad von Individualisierung der Lebensstile, so schwer zusammen (Dittrich 1985). Deswegen stellt sich oft auch dort, wo Kinder emotional sehnlichst erwünscht werden, bald ein spannungsvolles Gefühl ein, wenn Erwachsene feststellen, welche Verpflichtungen und welche Einschränkungen in ihrem Lebensplan sie auf sich genommen haben. Deswegen verlieren viele Eltern vollends die Fassung, wenn ihr Kind schwer krank oder behindert ist (Hildenbrand 1983; Buchholz, Gmür, Höfer & Straus 1984).

Kinder haben heute äußerst zwiespältige Bedeutung im Alltagsleben. Ihre *öffentliche Wertigkeit* ist im allgemeinen gering, ihre emotionale Wichtigkeit wird meist überschwenglich betont. Bei allen wichtigen, Lebensstil und Prestige, Finanzressourcen und Machtstrukturen betreffenden Entscheidungen werden die Belange und Bedürfnisse von Kindern übergangen oder als eine zu vernachlässigende Größe gehandelt. Treten Kinder überhaupt ins öffentliche Bewußtsein, dann als Inbegriff von unverbrauchter Spontaneität und als Objekt von Emotionen und Liebkosungen („Kindchenschema"). In volkswirtschaftlichen Gesamtrechnungen tauchen sie bevorzugt als statistische Größe auf, die erreicht werden muß, um den Fortbestand der Gesellschaft und der sozialen Sicherungssysteme zu gewährleisten. Eltern, die sich für Kinder entschieden haben, müssen mit dieser Spannung leben und sie verarbeiten. Eine ungebrochene soziale Anerkennung für ihr Engagement für Kinder können sie jedenfalls öffentlich *nicht* erwarten (Zelizer 1985).

Die ökonomischen Nachteile, die durch Kinder entstehen, sind unübersehbar. Kinder sind, finanziell gesehen, kein Reichtum, sondern sie machen arm. Schon statistische Durchschnittswerte sprechen eine deutliche Sprache: Die Haushaltseinkommen in der Bundesrepublik sind in den letzten Jahren permanent angewachsen, am stärksten bei Ehepaaren ohne Kinder. Haushalte mit Kindern sind vergleichsweise schlechtergestellt. Die Verbrauchsausgaben für ein Kind bis zum 18. Lebensjahr liegen bei etwa 150 000 DM, hinzu kommen noch die Ausbildungskosten. Nach den Wirtschaftsberechnungen des Statistischen Bundesamtes bewegten sich 1988 die Lebenshaltungsaufwendungen je Kind bei durchschnittlichem Arbeitnehmereinkommen um 550 DM monatlich.

„Aus einer älteren, im Auftrag des Deutschen Familienverbandes durchgeführten hypothetischen Bedarfsrechnung ergibt sich, daß der Mindestbedarf von Kindern im ersten Lebensjahr monatlich rd. 250 DM ausmacht. Vom zweiten bis zum siebten Lebensjahr betragen die Lebenshaltungskosten mindestens 350 DM und nach Eintritt in die Schule, also etwa vom achten bis zum elften Lebensjahr, steigen sie auf ca. 400 DM. Vom zwölften bis zum fünfzehnten Jahr nehmen die Konsumbedürfnisse zu; die Kosten wachsen auf 534 DM an und vom fünfzehnten Lebensjahr an ist annähernd mit dem Bedarf eines Erwachsenen zu rechnen. Der durchschnittliche Mindestbedarf eines Kindes ist nach diesen Angaben etwa viermal so hoch wie das durchschnittliche Kindergeld, zumal wenn die Beträge auf das heutige Kostenniveau übertragen werden" (Familienbericht der Landesregierung NRW, 1990, S. 63).

In besonders schwieriger ökonomischer Lage sind *Familien mit mehreren Kindern* und *Ein-Eltern-Familien*. Trotz der mit wachsender Kinderzahl steigenden Transferleistungen und der tendenziell sinkenden steuerlichen Belastung ist das Haushaltsnettoeinkommen bei großen Familien nicht höher als bei kleinen. Berechnet man das

Pro-Kopf-Einkommen, so wird dieser Wert sehr deutlich: 1986 verfügten Familien mit 3 und mehr Kindern nur über 61% des Pro-Kopf-Einkommens von Familien mit einem Kind. Die wirtschaftliche Lage der Familien mit einem Kind ist spürbar besser als die der Familien mit mehreren Kindern. Das wird dadurch verstärkt, daß die Erwerbstätigkeit der Mütter in den kleinen Familien deutlich über dem Niveau derer in den Mehr-Kind-Familien liegt. Familien mit einem Kind mit erwerbstätigen Müttern verfügten z. B. 1986 über ein doppelt so hohes Pro-Kopf-Einkommen wie die kinderreichen Familien, deren Mütter Hausfrauen sind (Buhr, Strack & Strohmeier 1988).

Mehr als die Hälfte der erwerbstätigen Mütter arbeiten, weil sie es zur finanziellen Absicherung des Lebensstandards der Familie für unabdingbar halten. Die erwerbstätigen Mütter aus kinderreichen Familien erklärten in der zitierten Untersuchung der Universität Bielefeld, eine Aufgabe der Erwerbstätigkeit sei ihnen finanziell nicht möglich. Wie prekär die wirtschaftliche Lage von kinderreichen Familien ist, macht auch ein anderes Ergebnis dieser Studie deutlich: Das tatsächliche Familieneinkommen wurde verglichen mit dem Betrag an finanziellen Regelleistungen, der der entsprechenden Familie nach den Vorschriften des Sozialhilfegesetzes zusteht. Betrachtet man diesen Wert als die „Armutsgrenze", dann leben von den Familien mit drei und mehr Kindern 1986 27% unter der Armutsgrenze: Bei diesen Familien liegt das Haushaltsnettoeinkommen unter dem entsprechenden Niveau der Sozialhilfesätze. Der Anteil der Familien, der unter der jeweiligen Armutsgrenze liegt, hat sich seit 1981 deutlich vergrößert – ein Hinweis darauf, daß die wirtschaftliche Lebenssituation der kinderreichen Familien sich in den 80er Jahren weiter verschlechtert hat. Auch steuer- und versicherungsrechtlich werden Familien in der Bundesrepublik spürbar benachteiligt (Buhr, Strack & Strohmeier 1988).

Besondere finanzielle Probleme und Schwierigkeiten ergeben sich auch für Ein-Eltern-Familien. 68% der alleinstehenden Eltern waren 1985 berufstätig, 3% machten eine Ausbildung und 29% betreuten ihre Kinder als Hausmann oder Hausfrau, größtenteils unter Inanspruchnahme von Sozialhilfeleistungen (Napp-Peters 1985). 35% der erwerbstätigen Mütter und 9% der erwerbstätigen alleinerziehenden Väter waren teilzeitbeschäftigt. Die meisten hatten eine Zurückstufung in eine niedrigere Position oder Gehaltsgruppe oder eine Anstellung in weniger qualifizierten Berufen als ihre erlernten in Kauf genommen, um den Teilzeitarbeitsplatz zu erhalten. Die Analyse von Berufs-, Einkommens- und Wohnsituation ergab, daß mehr als ein Viertel aller Ein-Eltern-Familien an der Armutsgrenze lebten. Oft wurde die Sozialhilfebedürftigkeit durch fehlende Unterhaltsleistungen des früheren Lebenspartners ausgelöst. Nur 53% aller Ledigen und 42% aller Geschiedenen konnten mit regelmäßigen Unterhaltszahlungen für ihre Kinder rechnen. Bis zum Beginn der 90er Jahre dürften sich diese Werte noch weiter verschlechtert haben.

Insgesamt zeigt diese kurze Erörterung der sozialen und ökonomischen Rahmenbedingungen, wie unzureichend die Unterstützungen für Familien mit Kindern sind. Zugespitzt formuliert: *Der Staat setzt darauf, daß sich Eltern aus überwiegend emotionalen aber nicht aus rationalen Motiven für Kinder entscheiden.* Die Tragweite dieser „irrationalen" Entscheidung müssen die Eltern selbst ermessen, die Belastungen, die damit verbunden sind, müssen sie „privat" regeln.

Auswirkungen elterlicher Arbeitslosigkeit

Die Gefährdung der kindlichen Entwicklungsbedürfnisse durch ungünstige materielle Bedingungen der Familie hat in den reichen Industrieländern in den 80er Jahren deutlich zugenommen. Die Zahl von Familien, die Einschränkungen ausgesetzt sind, steigt an, insbesondere in der Folge von wachsender Dauerarbeitslosigkeit der Eltern. Wenn schon unter normalen Familienverhältnissen – wegen der oben angesprochenen Schwierigkeiten, Kindererziehung einerseits und Berufs-, Haushalts- und Freizeitaktivitäten als Erwachsene andererseits miteinander in Einklang zu bringen – die Anforderungen der Kinder kaum erfüllt werden können, so kommt es unter Extrembedingungen oft zum Zusammenbruch der elementaren Dienstleistungen für die Kinder und zu Vernachlässigungen oder Mißhandlungen der Kinder.

Etwa ein Drittel der registrierten Erwerbslosen in der Bundesrepublik haben Kinder in der Altersgruppe bis zu 18 Jahren. Wir müssen annehmen, daß mindestens 1 bis 1,5 Millionen Kinder und Jugendliche in dieser Altersgruppe in Familien leben, die zumindest vorübergehend von der Erwerbslosigkeit der Eltern betroffen sind. In Prozentanteilen ausgedrückt: In den 80er Jahren hat jeweils pro Jahr ein Anteil von etwa 7% aller Minderjährigen Erfahrungen mit der Arbeitslosigkeit im unmittelbaren eigenen Familienbereich gemacht. Rechnen wir diesen Wert hoch, dann können wir annehmen, daß – und sei es für einen kurzen Zeitraum – 20 oder sogar 25% aller unter 18jährigen irgendwann in ihrem Leben einmal mit Arbeitslosigkeit ihrer eigenen Eltern konfrontiert waren. Bedenkt man diese Proportionen, dann ist Arbeitslosigkeit also keinesfalls ein singuläres Ereignis, sondern als Erfahrung im Familienbereich auch für Kinder ein massenhaft auftretendes Ereignis.

Wie aktuelle Untersuchungen zeigen, sind die Auswirkungen von Arbeitslosigkeitserfahrungen in der Familie auf Kinder und Jugendliche schwerwiegend. Entscheidend ist, wie gut die Beziehungsqualität der Familie vor dem kritischen Ereignis „Arbeitslosigkeit" ist. Arbeitslosigkeit bedeutet einen tiefgehenden Bruch im Lebensrhythmus der Familie, der von Kindern und Jugendlichen sensibel empfunden wird: Sicherheit und Verläßlichkeit der Bezugspersonen Vater und Mutter werden mit einem Schlage in Frage gestellt. Die Kinder spüren die

Verunsicherung der Erwachsenen, die sich durch die Amputation der wichtigen gesellschaftlichen Teilrolle „Beruf" in die Familie hinein auswirkt. Die Verunsicherung der Familie als vertrauter Bezugswelt ist neben der sozialen Verunsicherung der Beziehungen zu Gleichaltrigen die spürbarste und schmerzlichste Konsequenz.

Eine Münchener Untersuchung (Hornstein & Lüders 1987) konnte zeigen, daß in vielen von Arbeitslosigkeit betroffenen Familien die Kinder früh zu größter Selbständigkeit gedrängt werden und auch faktisch einen früheren Ablöseprozeß von der Familie vornehmen, als das in vergleichbaren Familien ohne Arbeitslosigkeitserfahrung der Fall ist. Hieraus kann eine Überforderung der Kinder resultieren, da sie übereilt auf sich selbst gestellt sind.

Der eingeschränkte materielle Spielraum, den die Kinder und Jugendlichen deutlich zu spüren bekommen, erweist sich in dieser Studie als sehr bedeutsam. Er verstärkt die Gefahr der Isolation gegenüber den Altersgenossen. Viele Kontakte in der Gleichaltrigengruppe steuern sich dort über konsumintensive Aktivitäten, die ein Mindestmaß von materieller Ausstattung verlangen. Integration und Anerkennung sind nicht unabhängig von Lebensstil und Kleidung, die in einer hoch kommerzialisierten Freizeitkultur ihr Geld kosten. Hier zeigen sich sensible Folgen der Arbeitslosigkeit für Kinder und Jugendliche. Viele Jugendliche halten diesen Druck aus, andere sind dazu nicht in der Lage. Sie geraten in das Abseits der Gruppendynamik und versuchen, sich auf illegitimen Wegen Aufmerksamkeit und Anerkennung zu verschaffen. Hier liegen die Ausgangspunkte für aggressives Verhalten, Delinquenz, Drogenkonsum und Kriminalität, die meist als Handlungen entstehen, die an die Gleichaltrigengruppe adressiert sind. Jugendliche unternehmen auf diesem Wege den Versuch, der drohenden Isolation in der Gleichaltrigengruppe durch spektakuläre, Aufmerksamkeit erheischende Aktionen entgegenzuwirken (Hornstein & Lüders 1987).

Die Spannung zwischen den Rechten der Eltern und den Rechten der Kinder

In den vorangehenden Abschnitten sind einige wichtige Rahmenbedingungen angesprochen worden, die die veränderte Realität von Eltern-Kind-Beziehungen und die sich daraus ergebenden Folgen für die „Lebensqualität" von Kindern kennzeichnen. Ich habe vor allem auf die Risiken abgestellt, die sich aus sozialen, ökonomischen und psychischen Konstellationen im Familiengefüge ergeben, habe aber auch die Chancen dieser Entwicklung mit angesprochen. Kinder und Jugendliche sind auf das soziale „Funktionieren" einer Eltern-Kind-Beziehung elementar angewiesen, wenn sie keinen Schaden für ihre soziale, psychische und körperliche Entwicklung nehmen sollen.

In Abbildung 6 wird der Versuch gemacht, einen „Kranz" von familialen Rahmenbedingungen zu bezeichnen, die für die gesunde Persönlichkeitsentwicklung eines Kindes von Bedeutung sind. Außer den bereits genannten Faktoren finden sich hier weitere, die das Bild

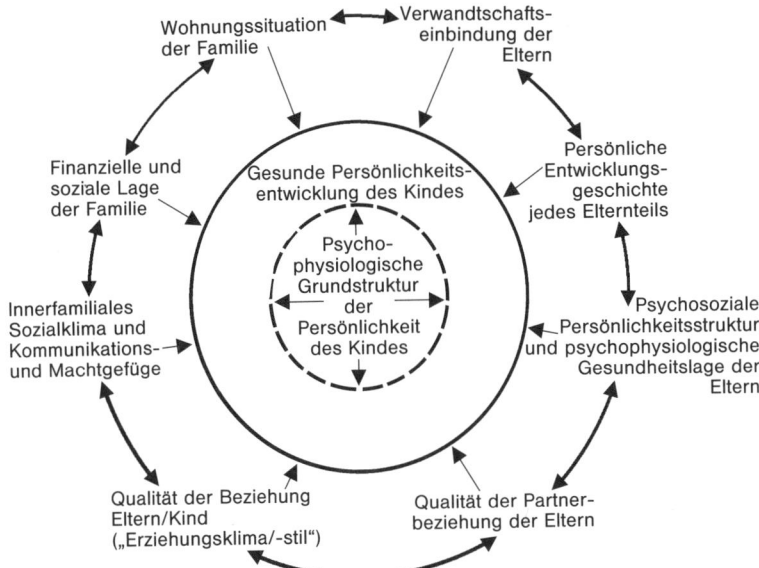

Abb. 6. Bedingungsfaktoren der Eltern-Kind-Beziehung für die Persönlichkeitsentwicklung des Kindes

komplettieren. (Einige von ihnen werden in den folgenden Ausführungen noch näher erläutert.)

In die Abbildung sind die folgenden Bedingungen und Kriterien aufgenommen, die für eine gesunde Persönlichkeitsentwicklung des Kindes im familialen Bereich von Bedeutung sind:
1. die finanzielle und soziale Lage der Eltern, die stark durch die Erwerbstätigkeit und ihre Anforderungen, Belohnungen und Stimulierungen geprägt wird, mit den erwähnten extremen Ausprägungen von Arbeitslosigkeit und Armut, die auf alle anderen Faktoren des Bedingungskranzes negativ ausstrahlen;
2. die familiale Wohnsituation, die eng mit der finanziellen Situation zusammenhängt und nach Wohnungsgröße und Wohnungslage, Entfaltungsmöglichkeiten im Umfeld und Einbindung in die Nachbarschaftsbezüge unterschieden werden muß;
3. die verwandtschaftliche Einbindung der elterlichen Familienmitglieder mit dem Potential an Hilfe und Unterstützung, aber auch Bindung und Verpflichtung zwischen den Generationen, das hierdurch gegeben ist;

4. die persönliche Entwicklungsgeschichte der Eltern, die maßgeblich durch ihre eigene Herkunftsfamilie mitbestimmt wird und z. B. eine ungünstige Prägung durch eine belastete und unglückliche Kindheit, Trennung der Eltern oder frühen Tod eines Elternteils erfahren kann;
5. die psychosoziale Persönlichkeitsstruktur der Eltern, die im ungünstigen Fall durch ein niedriges Selbstwertgefühl oder psychische Störungen gekennzeichnet sein kann, was mittelbare und unmittelbare Auswirkungen auf die Gesundheitssituation des Kindes haben kann; eng damit zusammenhängend auch die psychophysiologische Gesundheits-/Krankheitssituation der Eltern;
6. die Qualität der Partnerbeziehung der Eltern, die unter anderem durch das Ausmaß von Akzeptanz und Achtung, Toleranz und Sympathie bestimmt wird;
7. die Qualität der Eltern-Kind-Beziehung, die maßgeblich durch den Erziehungsstil der Eltern gekennzeichnet ist, der die Bedürfnisse des Kindes mehr oder weniger gut berücksichtigt und den Grad von Anregung und Zuwendung definiert, den das Kind erfährt;
8. das innerfamiliale Sozialklima, das durch die Struktur und Dichte der Kommunikation, durch die Mechanismen der Verständigung und Konfliktbewältigung sowie durch die Einfluß- und Machtstrukturen in der Familiengruppe maßgeblich beeinflußt wird.

Alle diese Faktoren stehen in einer wechselseitigen Beziehung miteinander und bilden zusammen das Gefüge von familialen Faktoren, das für die Persönlichkeitsentwicklung des Kindes ausschlaggebend ist. In der Abbildung ist dieser Zusammenhang in einer vereinfachten Weise ausgedrückt. Die psychophysiologische Grundstruktur der Persönlichkeit des Kindes, die zu einem großen Teil durch eine genetische Disposition angelegt ist, ist in das Zentrum der Abbildung mit aufgenommen worden. Damit soll zum Ausdruck gebracht werden, daß die Persönlichkeitsentwicklung und damit auch die Gesundheitsentwicklung des Kindes – wie in Kapitel 2 dargestellt – in wechselseitiger Beeinflussung durch die persönlichen Entwicklungsimpulse und die familialen Rahmenbedingungen erfolgt. Vervollständigt werden könnte die Abbildung durch einen äußeren Kranz, der sich um die familialen Bedingungsfaktoren herumlegt und die gesellschaftlichen (ökonomischen, sozialen, kulturellen) und ökologischen Makrobedingungen symbolisiert.

Aggression und Gewalt in der Familie

Am Beispiel von familialer Aggressionen gegen Kinder, die in der Regel erhebliche Beeinträchtigungen der körperlichen und seelischen Gesundheit mit sich bringen, kann die Logik dieses Einwirkungsmodells anschaulich erläutert werden. Wie alle Untersuchungen zeigen, können Kindesmißhandlungen nicht als individualisierte Fehlhandlungen von Eltern oder anderen erwachsenen Tätern gegenüber Kindern verstanden werden. Sie haben fast immer eine Verankerung im gesamten Familiengefüge und dieses hat wiederum eine soziale Korrespondenz im umfassenden Gesellschaftsgefüge (Honig 1989). Insbesondere die physische Gewalt gegen Kinder und die psychosoziale Vernachlässigung bzw. Überforderung von Kindern haben eindeutig gesellschaftliche Ursachen und sind nicht alleine auf psychische Faktoren zurückzuführen.

Als *Ausgangsbedingungen* sind vor allem zu nennen (Engfer 1986):
1. eine psychische Krise der Familie, die sich in langanhaltenden Spannungen und Konflikten zwischen den Eltern ausdrückt, besonders im Vorfeld von Trennung und Scheidung und bei instabilen und wechselnden Partnerbeziehungen eines oder beider Elternteile;
2. wirtschaftliche Krisensituationen und Notlagen mit hoher Beeinträchtigung des Selbstwertgefühls der Eltern, insbesondere bei (Dauer-)Arbeitslosigkeit;
3. soziale Isolation der Familie in Verwandtschaft und Nachbarschaft;
4. ungünstige und beengte Wohnbedingungen;
5. ein gesellschaftliches Umfeld mit vielen aggressiven Handlungen und Gewaltverbrechen;
6. Mißhandlungserfahrungen der Eltern in ihrer eigenen Kindheit oder andere starke Belastungen aus der Lebensgeschichte, die Persönlichkeitsstörungen hinterlassen haben.

„Risikofamilien" sind in erster Linie solche, bei denen *mehrere* dieser Faktoren zusammentreffen. In diesen Familien ist die Belastung besonders hoch. Die Folge sind: gespannte und zerrüttete Familienbeziehungen; Unfähigkeit, den Haushalt zu organisieren; aggressive Auseinandersetzungen zwischen den (Ehe-)Partnern, unkontrollierte und unberechenbare Erziehungsstile; das Gefühl der Eltern (meist der Mutter), die „Kontrolle" über das eigene Kind verloren zu haben – dies sind alles Bedingungen, die schnell zu Gewalthandlungen gegen Kinder führen können.

Die Ursachen der Gewalt gegen Kinder liegen in der Familienstruktur und der durch sie ausgelösten psychischen und sozialen Dynamik der Familienbeziehungen. Zum Beispiel ist eine schematische Rollenstruktur mit einer starren patriarchalischen Position für den Vater, die in mechanisch-autoritärer Weise von ihm ausgenutzt wird, in vielen Fällen die Ausgangskonstellation. Sie kommt rigiden männlichen Persönlichkeitsstrukturen entgegen, die sich als „Familienoberhaupt" betrachtet sehen möchten und auf ihren Machtvorsprung vor allen anderen Familienmitgliedern, auch gegenüber der Frau, pochen. Diese Männer und Väter machen allzuoft auch einen Machtanspruch und ein „Eigentumsrecht" nicht nur auf die Frau und ihren Körper, sondern auch auf die Kinder geltend, betrachten sie als persönlichen Besitz, der in ihrer eigenen Verfügungsgewalt stehe. Sie gehen mit Frauen und Kindern um, als wenn es sich um das „soziale Mobiliar" des Haushaltes handele.

Es sind solche unsicheren, autoritätsheischenden, sehr selbstbezogenen Persönlichkeitstypen mit einer äußerst schwierigen eigenen Entwicklungsgeschichte, die häufig in Gewalthandlungen gegen Kinder verstrickt sind. Diese Männer kommen mit einer gleichberechtigten Konstruktion von Beziehungen, die unter heutigen Lebensbedingungen in modernen Industriegesellschaften die einzige Garantie für einen wirklich partnerschaftlichen Umgang im Intimraum Familie ist, nicht zurecht und verweigern sich ihr. Sie übertragen das in unserer Gesellschaft immer noch vorherrschende männliche Machtstreben auf das intime und sensible Gebilde der Familie und zerstören es damit in seinen Wurzeln. Sie sind unfähig, eine angemessene Qualität der Partnerbeziehung herzustellen.

Gewalt gegen Kinder entsteht – so gesehen – nicht aus einer absoluten Ausnahmesituation heraus, sondern aus der Normalität von Familienkonstellationen, die in eine Belastungsphase hineingeraten sind. Diese „Perversion der Normalität" wird bei der sehr stark verbreiteten Akzeptanz von körperlicher Züchtigung der Kinder besonders deutlich: Die Grenzen zwischen dem „kleinen Klaps", der bei uns zum selbstverständlichen Repertoire von „Erziehungs"-Handlungen von fast zwei Dritteln der Eltern gehört, und dem „starken physischen Übergriff" sind schwer identifizierbar. Gerät die Familiensituation durch Arbeitslosigkeit, schlechte Wohnverhältnisse, Schwierigkeiten in der Ehebeziehung und Schwierigkeiten in der Persönlichkeitsentwicklung des Kindes in Anspannung, dann kann das den Eltern gewohnte und als normal eingestufte Züchtigungsverhalten die Schwelle der „Nichtnormalität" schnell überschreiten. Eltern verlieren die Maßstäbe für angemessenes Verhalten ihrem Kind gegenüber. Das Auftreten von Gewalt gegen Kinder ist insofern ein Indikator für eine *stark beeinträchtigte Lebensqualität aller Familienmitglieder.*

In einer 1989 durchgeführten Umfrage, die von der Zeitschrift „Eltern" publiziert wurde, bekannten sich rund 30% der befragten Eltern dazu, sie hätten ihr Kind in den vergangenen vier Wochen geschlagen. Insgesamt gaben 60% der Männer und 70% der Frauen an, ihre Kinder schon einmal geschlagen zu haben. Dieser Untersuchung ist zu entnehmen, daß Väter fast genausoviel zuschlagen wie Mütter, obwohl sie weniger Zeit mit den Kindern verbringen. Wie aus der Untersuchung weiter hervorgeht, werden Schläge von vielen Eltern als ein ganz normales Erziehungsmittel angesehen. Während 12% der Meinung „Eine ordentliche Tracht Prügel ist manchmal angebracht" zustimmten, erklärten 48%, ihr Kind könne „schon mal einen Klaps vertragen". Die Eltern gaben zu, mit der körperlichen Bestrafung oft auf ihre eigene Gereiztheit zu reagieren: „Ich war gereizt, abgespannt, das Kind hat mich genervt" war die häufigste Nennung. Viele Eltern werden sich erst durch Reaktionen von Außenstehenden darüber klar, wann sie diese feine Grenze der „Akzeptanz von Gewalt" überschritten haben.

Arbeits- und Beziehungsprobleme von Vätern oder Müttern und die daraus resultierende Verunsicherung ihrer Lebenspläne finden sich heute auch in einer wachsenden Zahl von Familien, die eindeutig *nicht* in sozialer Randposition stehen. Auch in diesen Familien ist eine zuverlässige psychische und soziale Betreuung der Kinder mit einem stabilen emotionalen Kontakt und einer umfassenden Berücksichtigung ihrer Bedürfnisse schon rein organisatorisch nicht mehr sicher gewährleistet. Trennungen, Scheidungen und Wandel der Lebensgewohnheiten führen zu organisatorischen Belastungen und erheblichen nervlichen Beanspruchungen. Hier liegen die eigentlichen Gründe für elterliches „Fehlverhalten". *Eltern werden zu „Tätern", weil sie mit ihrem eigenen Leben wegen massiver Berufs-, Partner- und Selbstwertprobleme nicht zurechtkommen.* Sie richten ihre aus der Ohnmacht und der eigenen völligen Überforderung geborenen Aggressionen gegen die schwächsten Familienmitglieder, die Kinder. Diese bekommen zu spüren, daß sie nicht als eine Bereicherung empfunden werden, sondern oft als lästiges Übel, als „Klotz am Bein" der Selbstentfaltung und Selbstverwirklichung ihrer Eltern.

Im Fall der *sexuellen Gewalt* gegen Kinder und Jugendliche in Familien kommen noch andere Akzente ins Spiel. Es ist unzweifelhaft, daß die in unserem Kulturkreis übliche Erziehung zur Männlichkeit erhebliche Probleme für das erotische und sexuelle Verhalten mit sich bringt. Die männliche Erziehung besteht heute meist darin, auch die Ausübung von Herrschaft und Kontrolle zu erlernen und im Zweifelsfall ein dominierendes Verhalten an den Tag zu legen. Jungen werden immer noch dazu erzogen, keine Schwäche zu zeigen; in den meisten Familien wird es zumindest toleriert, wenn sie aggressive Ausbrüche zur Stabilisierung ihres sozialen Status und ihres Selbstwertgefühls vornehmen. Hier dürfte ein Teil der tieferen Ursachen für den hohen Anteil von Männern liegen, die als Väter, Stiefväter oder sonstige Vertrauenspersonen sexuelle Ausbeutungsbeziehungen zu Kindern aufbauen. Zumindest trägt eine von einem solchen Bild von „Männlichkeit" geprägte Umwelt bei einigen Männern dazu bei, sich unkontrolliert zu verhalten und hierin eine Bestätigung der Vorherrschaft gegenüber dem anderen Geschlecht zu suchen.

„Sexuelle Ausbeutung hat zu tun mit der geschlechtsspezifischen Sozialisation von Jungen, die aktiv, stark und mächtig zu sein haben in einer Ohnmacht vermittelnden Umwelt. Sie hat zu tun mit der geschlechtsspezifischen Sozialisation von Mädchen, die nach wie vor eher auf Passivität, Unterwerfung und Dienen ausgerichtet ist. Sie hat auch zu tun mit den Anforderungen, die von außen an die Familie herangetragen werden, als Hort der Sicherheit und des Glücks, in dem wohlfunktionierende Staatsbürger ‚produziert' werden sollen, und auch mit den hohen Glückserwartungen, die die Menschen in die Familie als den Ort ihrer Reproduktion setzen. Die enge Verquickung von Macht, Intimität und Sexualität in Familien macht sexuelle Ausbeutung in jeder Familie möglich" (Saller 1989, S. 147).

Jede Erklärung für sexuelle Ausbeutungs- und Gewalthandlungen an Kindern in Familien muß deshalb die eigene familiäre Geschichte des ausbeutenden Erwachsenen (eigene Gewalt- und Ausbeutungserfahrungen) und persönliche Faktoren (Einsamkeit, Isolation und niedriges Selbstwertgefühl, besondere sexuelle Erregbarkeit durch Kinder) ebenso einbeziehen wie situative Faktoren (Alkoholkonsum) und familiendynamische Aspekte (emotionale Sprachlosigkeit in der Familie, Abwesenheit schützender Erwachsener, physische und psychische Nichterreichbarkeit anderer wichtiger Bezugspersonen, die besondere emotional Beziehung zwischen ausbeutendem Erwachsenen und Kind) und die Tatsache, daß Kinder existentiell auf emotionale Zuwendung angewiesen sind.

„Bei der sexuellen Ausbeutung von Kindern geht es neben einem Verständnis der gesellschaftlichen Situation, in der die sexuelle Ausbeutung von Kindern möglich gemacht, unterstützt und gegebenenfalls gefördert wird, um ein Verstehen der Not, in der die gesamte Familie als Familie sich befindet, insbesondere aber der Not, in der das ausgebeutete Kind steckt, und die das Kind sexuelle Ausbeutung ‚akzeptieren' läßt als ein ‚Heilmittel' gegen tiefe Verlassenheit. Das Kind wählt nicht Sexualität bzw. eine sexuelle Beziehung mit einem Erwachsenen. Das Kind sucht Zuwendung, Zärtlichkeit, Aufmerksamkeit; der Erwachsene ist derjenige, der Sexualität mit ins Spiel bringt" (Saller 1989, S. 148).

Die Abgeschlossenheit der Familien von der sozialen Umwelt, auf die wir in unserem Kulturkreis traditionell so großen Wert legen, um die Familie als einen Ort des vollen gegenseitigen Vertrauens und der Verläßlichkeit zu sichern – ausgerechnet diese Abgeschlossenheit wird also potentiell zu dem entscheidenden sozialen Nährboden für elterliche Gewalthandlungen verschiedener Art.

Der soziale Status von Kindern

Die beispielhafte Erörterung von Gewaltphänomenen in der Familie weist auf neuralgische Punkte in der Eltern-Kind-Beziehung in der Gegenwart hin. Im Vergleich zur vor- und frühindustriellen Gesellschaft sind die emotionalen Beziehungen zwischen Eltern und Kindern heute sehr gefühlvoll und intensiv (Aries 1975). Es wird aber für beide Seiten, für Eltern und für Kinder, zugleich immer schwieriger, richtig mit diesem kostbaren Gut umzugehen. Die Gefährdungen von Kindern sind tief in gesellschaftlichen und sozialen Strukturen verankert, die die Familie einschließen. Sie lassen ganz grundsätzlich die Grenzen deutlich werden, die das soziale System Familie heute hat, um Kinder bestmöglich zu fördern.

„Kinder haben, Kinder pflegen, Kinder verstehen überhaupt ist nicht mehr selbstverständlich; Wertmuster wie Mütterlichkeit und Ernährer sind diffus geworden; die konventionelle Familienstruktur hat sich pluralisiert. Im Mesosystem von Familie ist die Privatheit zur Quelle von Isolation geworden, zumal ein rascher sozialer Wandel Bindungen erschwert. Die Vorstellung von übersichtlichen Übergängen zwischen den Phasen der Familienentwicklung läßt sich kaum mehr aufrecht erhalten: Die ordentliche Karriere, die vom Schulabschluß über Berufsausbildung und eigenes Einkommen zur Eheschließung und Familiengründung etc. führt, ist zum Sonderfall geworden. Der Lebenslauf wird unübersichtlich, Orientierungsmuster verlieren an Verbindlichkeit" (Honig 1989, S. 130).

Die Individualisierung und Optionalisierung des Lebenslaufs und des Familienzyklus hat Auswirkungen auf die Familienkonstellation, die den Hintergrund für Einstellungen und Verhaltensweisen von Eltern gegenüber ihren Kindern abgeben. Kindheit spielt sich heute nicht mehr selbstverständlich in einer kindzentrierten Zweigenerationenfamilie ab. Das Zentrum der Familienbeziehung ist heute die Partnerbeziehung der Erwachsenen, während Kinder in einer prekären emotionalen Balance in diese Beziehung einbezogen sind. Da Kinder zudem eine hohe ökonomische Belastung darstellen, ist die Familie auf soziale Unterstützung und soziale Ressourcen von außen angewiesen. Die Hintergründe liegen in den Veränderungen im Verhältnis von Familie und Erwerbsarbeit und im Geschlechter- und

Generationsverhältnis sowie auch in dem gewandelten Verhältnis zwischen Familie und Staat. Diese Veränderung erzeugt Spannungen, die immer wieder erneut im Familiensystem ausbalanciert werden müssen (Zenz 1979; Honig 1989).

Die Gefährdung der sozialen, seelischen und körperlichen Gesundheit von Kindern und Jugendlichen ist mit den sozialen Risiken der „Modernisierung" unserer Gesellschaft eng verbunden. Diese Modernisierung betrifft auch den sozialen Status der Kinder in der Familie und in der Gesellschaft. Die öffentliche Debatte über den sozialen Status von Kindern hat in voller Tragweite erst begonnen. Welche Auswirkungen sie für das Familiengefüge und für die Eltern-Kind-Beziehung hat, ist noch nicht abzusehen. Die sich abzeichnende Freisetzung des Status „Kind" aus überkommenen Familiengefügen und Familientraditionen erfordert einen erheblichen Bewußtseinswandel und eine Veränderung von Erziehungsidealen und tatsächlichen Erziehungsverhaltensweisen.

Der soziale Status von Kindern ist von Prozessen der Individualisierung und Pluralisierung von Lebenswelten genauso betroffen wie der Status der Erwachsenen. *Emanzipation und Freisetzung aus traditionalen (familialen) Bindungen betreffen auch Kinder.* Ihre Rechte auf Eigenständigkeit sind dadurch bereits faktisch gestärkt worden: Wissen und Verständnis für die Pflege und Förderung von Kindern und für die Organisation ihrer Lernprozesse und auch die Bereitschaft, ihre spezifische soziale Lebenswelt nachvollziehend zu verstehen, sind gewachsen. Kinder werden heute eher als selbständige Individuen anerkannt als vor einer Generation. Aber überwiegend – hier ist Honig (1989) zuzustimmen – geschieht diese Anerkennung noch aus der Hilflosigkeit heraus, als Reflex auf die Auflösung des herkömmlichen patriarchalen Familienmodells, und noch nicht auf der Basis einer eigenständigen rechtlichen und lebenspraktischen Philosophie für Rechte und Lebensstile von Kindern.

Gleichwohl können wir annehmen, daß die Prozesse der Individualisierung, der Freisetzung von traditionellen Rollen- und Autoritätsmustern, die Verselbständigung und Liberalisierung, die das Erwachsenenleben und in Ansätzen die Jugendphase schon heute charakterisieren, in Zukunft auch in die Dynamik der Kindheit übergreifen werden. Seit den 50er Jahren ist z. B. der *Umgangsstil* von Eltern (und auch der von Kindergärtnerinnen, Lehrerinnen und Lehrern) mit Kindern und Jugendlichen liberaler und partnerschaftlicher geworden. Im Rückblick erscheinen den heutigen Eltern die Erziehungsstile ihrer eigenen Väter und Mütter als zu autoritär, zu streng und zu reglementiert. Übereinstimmend wird auch ein deutlicher *Rückgang von Körperstrafen* berichtet (Jugendwerk der Deutschen Shell 1985). An die Stelle der strengen Erziehungsvorstellungen mit der Erwartung von Unterordnung und Gehorsam ist eine Vorliebe für solche Erziehungswerte getreten, die Selbstverantwortung und Rücksichtnahme und die Stärkung der Entscheidungsfähigkeit der Kinder zum Ziel haben (Büchner 1983).

Interessante Ergebnisse kommen auch zutage, wenn wir auf das *Konfliktpotential zwischen Eltern und Kindern* schauen, das in Familienuntersuchungen erfaßt wird. In der Studie „Eltern und Kinder" des Jugendwerkes (1985) wurden Untersuchungen zur Übereinstimmung der Erziehungsstile von Eltern und ihren Kindern im Zeitvergleich ausgewertet. Die entscheidende Frage, die gestellt wurde, war jeweils: „Würden Sie ihre Kinder so erziehen, wie Ihre Eltern Sie erzogen haben, oder würden Sie es anders machen?" Die Ergebnisse sind deutlich: Während bis in die 60er Jahre hinein bis zu 80% der Jugendlichen später eigene Kinder genauso oder ungefähr so erziehen wollen, wie sie selbst erzogen worden sind, sinkt der Anteil bei den Jugendlichen in den 80er Jahren spürbar ab auf bis zu 53%.

Diese *Distanzierung von der elterlichen Erziehungspraxis* hat sich vor allem in den Jahren zwischen 1965 und 1975 vollzogen. Das Auffällige dabei ist: Die Jugendlichen, die sich in so starkem Maße von den Erziehungsvorstellungen ihrer Eltern absetzen, haben selbst Eltern, die in der gleichen Befragung zu Protokoll geben, sie hätten sich ebenfalls bereits von den Erziehungsvorstellungen ihrer Eltern deutlich unterschieden. Die Elterngeneration also, die ihre Kinder nach eigenen Angaben bereits anders erzogen hat, als es ihnen selbst ergangen ist, steht demnach heute einer Jugendgeneration gegenüber, die ebenfalls in starkem Maße die Vorstellung äußert, die späteren eigenen Kinder völlig anders zu erziehen. Die Distanzierung von den elterlichen Erziehungsweisen hat sich damit im Generationsvergleich spiralartig erhöht.

Die Richtung der Änderungswünsche ist dabei jeweils die gleiche: Es ist nicht etwa ein Zurück in die 50er Jahre und eine Orientierung an mehr Strenge und Gehorsam, sondern ganz im Gegenteil, es ist ein Mehr an Freiheit und Selbständigkeit, das die Jugendlichen in ihrer späteren Kindererziehung umsetzen möchten. Neben mehr Selbständigkeit betonen sie intensiv auch mehr Gleichberechtigung, mehr Verständnis und mehr Zeit für die Kinder als wichtige Erziehungsmaximen. Ihre Idealvorstellungen für die eigene spätere Kindererziehung kreisen demnach noch deutlicher als die der heute Erwachsenen um die Werte *Selbständigkeit, Autonomie und Gleichberechtigung zwischen Eltern und Kindern*. Ideale Eltern sind durch großes Einfühlungsvermögen, viel Zeit und viel Verständnis für die eigenen Kinder gekennzeichnet.

Hier werden Vorstellungen artikuliert, die deutlich auf das Muster des *Kindes als Partner des Erwachsenen* hinsteuern und das traditionelle Umgangsmuster der Unterordnung von Kindern unter die Anforderungen und Bedürfnisse von Erwachsenen zurücklassen (Fend 1988). Das Motto für den Umgang von Kindern und Jugendlichen lautet: „Von der Erziehung zur Beziehung", mit deutlichen Anforderungen an die kommunikativen Fähigkeiten der Eltern, an argumentativ bestimmte Umgangsformen und gleichberechtigte Diskussionsstile und an Hilfestellungen bei der Selbstaktualisierung der Persönlichkeit des heranwachsenden Kindes.

Die Erziehungswertvorstellungen, die Jugendliche heute artikulieren, bringen damit sehr deutlich auf den Punkt, wohin sich Anforderungen und Ansprüche der Kindererziehung in den nächsten Jahren bewegen. Diese Vorstellungen passen voll zu den Anforderungen, die auch im rechtlichen Raum artikuliert werden und auf eine *Stärkung der Selbständigkeit und der Persönlichkeitsrechte* schon kleinster Kinder hinarbeiten. Der Übergang zu einem partnerschaftlichen, diskussionsoffenen und gleichberechtigten (reziproken) Eltern-Kind-Verhältnis zeichnet sich auf breiter Front ab, wird aber erst im Verlaufe der nächsten Jahrzehnte Zug um Zug Wirklichkeit werden.

Auf dem Wege dorthin sind *erhebliche Konflikte zwischen Eltern und ihren Kindern* unvermeidlich. Denn auf seiten der Eltern verlangt dieser anspruchsvolle Erziehungsstil so viele soziale, psychische und kommunikative Kompetenzen, wie sie nur wenige ohne Unterstützung von außen werden aufbringen können. Woher soll diese Fähigkeit kommen, die von Eltern so viel Uneigennützigkeit und gleichzeitig so viel pädagogische Fachkenntnis erfordert, wenn sich gleichzeitig die Anforderungen im Beruf erhöhen und die Erwartung steigt, Familie, Erziehung und Beruf miteinander vereinbaren zu können? Auch Kinder und Jugendliche können überfordert werden, wenn sie zu früh Verantwortung für sich selbst und ihre sozialen Beziehungen übernehmen müssen, ohne den nötigen Halt und die entsprechende Unterstützung durch Erwachsene zu erfahren. Mit der Entlassung der Kinder aus der sozialen „Leibeigenschaft" in der Familie wird mit Sicherheit auch ein Zuwachs an außerfamilialer Eigenständigkeit und breiteren außerfamilialen Lebensrechten einhergehen, z. B. in der Einräumung politischer Rechte und kultureller Selbstorganisation. Voraussetzung hierfür ist ein höheres Maß an ökonomischer Autonomie von Kindern und Jugendlichen gegenüber der Familie und die Verfügbarkeit sozialer und geographischer Räume außerhalb der Familie, in denen sich Kinder selbstorganisiert aufhalten können.

Als einen Schritt in diese Richtung können wir bereits die *Zunahme von außerhäuslichen Erziehungsformen* werten, die im nächsten Abschnitt besprochen wird. Sie wird vermutlich ein Mehr an Selbstorganisationsmöglichkeiten und selbstbewußteren Aushandlungen von alltäglichen Lebensbedingungen durch Kinder und Jugendliche mit sich bringen. Die Unabhängigkeit von einem erwachsenen Partner wird hierdurch geringer und es bilden sich verschiedene Formen des Zusammenlebens innerhalb und außerhalb des Familienkontextes heraus. Es wird für Kinder und Jugendliche zunehmend nötig und möglich, aus eigener Kraft ein eigenes Beziehungsnetz zu anderen Kindern und Erwachsenen aufzubauen.

Unterstützung von Familien durch Kindertagesstätten und Nachbarschaftshilfen

Alle in den vergangenen Abschnitten vorgetragenen Überlegungen sprechen dafür, die sich ohnehin aus gesellschaftsstrukturellen Gründen abzeichnende Entwicklung aufzunehmen und zu unterstützen, die in Richtung von Erziehungs- und Betreuungsstätten für Kinder *neben* der Familie geht. Wir sollten die außerfamiliale Kleinkinderziehung als einen selbstverständlichen Bestandteil der Kinderbetreuung in einer modernen Industriegesellschaft werten. Das pädagogische Wissen darüber, wie solche „Kinderstätten" aufgebaut werden müssen, ist vorhanden. Gute Einrichtungen mit gut ausgebildetem Personal konnten immer wieder unter Beweis stellen, daß die dort untergebrachten Kinder in ihrer Entwicklung nicht weniger gefördert wurden als gleichaltrige Kinder, die ausschließlich in „intakten" Familien aufgewachsen sind. Als besonders günstig haben sich alle Formen erwiesen, bei denen Eltern so weit wie möglich in die Betreuung der Kinder mit einbezogen wurden (Deutsches Jugendinstitut 1986).

In der Bundesrepublik Deutschland haben wir in diesem Bereich einen gewaltigen „Modernitätsrückstand" gegenüber vergleichbaren Ländern. Aufgabe des Staates kann es nicht – wie bis in die 80er Jahre hinein geschehen – sein, bestimmte Familienformen moralisch und wertmäßig anderen gegenüber auszuzeichnen. Aufgabe des Staates kann es auch nicht sein, Frauen von der Berufstätigkeit fernzuhalten, weil dadurch organisatorische Probleme für die Kinderbetreuung gefürchtet werden. Werden Plätze in Kinderkrippen und Kindergärten, Horten und Tagesbetreuungseinrichtungen nicht bereitgestellt, um Frauen zu zwingen, eine Berufstätigkeit *nicht* aufzunehmen, dann betreibt der Staat eine Politik der Einschränkung von Grundrechten und zwingt Frauen und Männer dazu, unbefriedigende Ersatzlösungen zu wählen, die letztlich – wie dargestellt wurde – auf Kosten der Kinder gehen.

Auch unter heutigen Bedingungen ist zweifellos die Familie die geeignete gesellschaftliche Institution, die in erster Linie die Betreuung von Kindern tragen sollte. Aber die klein gewordene und krisenanfällige Familie muß sehr viel flexibler, als wir es heute tun, in ein *Netz von informellen nachbarschaftlichen, von Selbsthilfekontakten, von Haushaltshilfen sowie eben auch von öffentlich institutionalisierten Einrichtungen für Kinder* einbezogen werden, wie es die meisten Ländern bereits tun.

Das unzureichende Angebot von Kinderbetreuung

Im Bereich der Betreuung der 3- bis 6jährigen hat sich die Situation in der Bundesrepublik in den letzten Jahren verbessert. So wurde seit den 60er Jahren das *Angebot an Kindergärten* erheblich ausgebreitet. Die Versorgung wurde von 1960 34% auf 1987 79% der Kinder im entsprechenden Alter gesteigert. Diese Steigerung ist zum einen auf den Ausbau des Platzangebotes auf 1987 1 415 000 Plätze zurückzuführen, zum anderen wird dieser Wert aber auch durch den Geburtenrückgang seit Mitte der 60er Jahre erklärt (s. Tabelle 8).

Der 1987 erreichte Versorgungswert von 79% gibt nur einen groben statistischen Durchschnittswert an. Denn einmal sind die Chan-

Tabelle 8. Versorgung mit Kindergartenplätzen

Jahr	Kindergartenplätze	Anzahl der Kinder im Alter von 3- bis unter 6 Jahren	Plätze in % der 3- bis unter 6jährigen
1960	817 000	2 408 000	33,9
1970	1 160 700	3 028 000	38,3
1980	1 392 500	1 769 000	78,7
1985	1 465 000	1 832 000	80,0
1986	1 438 400	1 821 000	79,0
1987	1 415 000	1 790 000	79,1

Quelle: Klemm u. a. 1990

cen, einen Kindergartenplatz zu erhalten, regional äußerst unterschiedlich verteilt. In Schleswig-Holstein stehen z. B. nur für 54% der 3- bis unter 6jährigen Kinder Kindergartenplätze zur Verfügung, in Baden-Württemberg dagegen für 100%. Zum zweiten ist der allgemein benutzte Indikator „Kindergartenplätze in Prozent der 3- bis unter 6jährigen Kinder" ungenau. Denn faktisch nehmen auch 33% der Kinder, die noch nicht 3 Jahre alt sind und über 60% derer, die schon 6 Jahre alt sind, aber noch auf die Einschulung warten, Kindergartenplätze in Anspruch. Die tatsächliche Versorgung der drei- bis unter sechsjährigen Kinder liegt deshalb nur bei 63% (Colberg-Schrader & von Derschau 1990; Klemm u. a. 1990). Schließlich unterscheidet sich die Nutzung des Kindergartens auch sehr deutlich nach sozialer Herkunft der Kinder. In der Altersgruppe der 5- bis unter 6-jährigen haben 88% der Beamtenkinder und 87% der Angestelltenkinder, aber nur 80% der Arbeiterkinder und 69% der Kinder ausländischer Herkunft einen Kindergartenplatz. Ein wesentlicher Faktor zur Erklärung dieser schichtspezifischen Unterschiede ist wahrscheinlich in den Elternbeiträgen zu sehen, die für einen Kindergartenplatz gezahlt werden müssen.

Obwohl sich also die quantitative Durchschnittsversorgung verbessert hat, findet in manchen Regionen (z. B. Großstädten) und Stadtvierteln faktisch nur jedes zweite Kind der genannten Altersgruppen einen Kindergartenplatz. Und im Bundesdurchschnitt hat ein Drittel der Kinder im Alter von drei Jahren bis zum Schuleintritt nicht die Chance, in der Gruppe mit Gleichaltrigen Erfahrungen zu sammeln und beim Spiel soziales Lernen einzuüben. Vielerorts kommt es zu einem Wettlauf um die vorhandenen Plätze, und die Träger von Kindergärten stehen vor der schwierigen Entscheidung, die raren Plätze auf „Problemkinder" zu verteilen.

Noch komplizierter sieht es mit der *zeitlichen Angebotsstruktur* aus. Die meisten Kindergärten sind ohne eine Mittagsversorgung vormittags und nachmittags geöffnet und bieten nur Halbtagsplätze an. Der Anteil von Ganztagsplätzen mit Mittagsversorgung beträgt nach amtlichen Erhebungen maximal 13%. Die Ganztagsplätze konzentrieren sich auf wenige Regionen, vorwiegend in städtischen Ballungsräumen.

Für die 0- bis 3jährigen Kinder sieht die Lage ganz düster aus. Für die 1990 etwa 1,6 Millionen Kinder in dieser Altersgruppe in der Bundesrepublik standen 28 300 Plätze in Kindertagesstätten zur Verfügung. Zählt man die bei den Jugendämtern registrierten Tagespflegestellen hinzu, das sind offiziell etwa 10 000, *dann stehen insgesamt für nur 3% aller Kinder unter 3 Jahren Tagesbetreuungsplätze bereit.*

Der Bedarf an solchen Plätzen dürfte – wie oben erwähnt – bei etwa einem Drittel der Kinder liegen, denn 33% der Mütter von Kindern in dieser Altersgruppe sind heute erwerbstätig. Die meisten anderen westeuropäischen Länder bieten auch in dieser Größenordnung Tagesbetreuungsmöglichkeiten an. In der Bundesrepublik wird die Tagesbetreuung der unter 3jährigen aber immer oft noch als eine spezifische Form von „Sozialhilfe für schwache Familien" klassifiziert und der Ausbau dieser Plätze nur bei massivem Elterndruck betrieben.

Auch das Angebot an *Hortplätzen für 6- bis 15jährige* ist mehr als knapp. Nach amtlichen Statistiken des Bundesministeriums für Familie werden etwa 103 000 Hortplätze angeboten. Diese Zahl reicht statistisch gerade aus, um z. B. jedem zehnten Kind einer alleinerziehenden Mutter in der Bundesrepublik einen Hortplatz für ihr Kind anzubieten. Auch die Versorgung mit *Ganztagsschulen* für Kinder dieser Altersgruppe ist dürftig. Wir verfügen über 230 000 Plätze an Ganztagsschulen, also Plätze für 3,6% aller Schülerinnen und Schüler im Sekundarbereich bis Klasse 10 (Klemm u. a. 1990, S. 123). Seriöse Schätzungen gehen davon aus, daß der Bedarf mindestens fünfmal so hoch ist. In vielen Städten fahren heute schon Kindergarten- und Grundschulkinder quer durch die Stadtteile, weil in ihrem Einzugsbereich keine Nachmittagsbetreuung existiert. Viele Eltern sind zu abenteuerlichen Tagesplanungs-Verrenkungen gezwungen, um ihre Kinder außerhäuslich zu versorgen.

In diesen Zahlen sind *Heimplätze* und Plätze in Pflegefamilien nicht enthalten. Fast 100 000 Kinder leben nicht im Elternhaus, sondern sind wegen schwerer häuslicher und persönlicher Probleme im Rahmen erzieherischer Hilfen, zu denen die Freiwillige Erziehungshilfe und die Fürsorgeerziehung gehören, außerhalb untergebracht. 1989 befanden sich 40 000 Kinder und Jugendliche in Pflegefamilien, 50 000 in Heimen und 2200 in sozialpädagogisch betreuten Wohngemeinschaften und ähnlichen Einrichtungen. Von den außerfamiliär untergebrachten Kindern sind 18% jünger als sechs Jahre, 28% zwischen sechs und zwölf Jahre und 54% zwischen zwölf und 18 Jahre alt. Von den unter sechsjährigen Kindern lebt die große Mehrheit in Pflegefamilien.

Kinderbetreuungsstätten als Nachbarschaftseinrichtungen

Das völlig unzureichende Angebot an Tageseinrichtungen für Kleinstkinder, Kinder im Vorschulalter und Schulkinder außerhalb der Schule hat zur Folge, daß eine große Zahl von Eltern gezwungen ist, auf eigene Faust Lösungen für die Kinderbetreuung zu finden. Je nach den sozialen und finanziellen Möglichkeiten fallen diese Lösungen sehr unterschiedlich aus. Materiell schlechter gestellte Eltern sind auf kostenneutrale, vielfach für alle Beteiligten sehr anstrengende und aufopferungsvolle Versorgung ihrer Kinder durch Verwandte angewiesen. Eltern aus höheren Bildungs- und Einkommensschichten können sich private Betreuungsarrangements leisten; Kinderläden, Eltern-Kind-Gruppen, nicht-tariflich bezahlte Kinderfrauen oder sogar tariflich bezahlte Haushälterinnen. Ihre Wahlmöglichkeiten sind größer und in der Regel sind dadurch auch die Chancen der Kinder, vielfältige und anregende Betreuungsbedingungen vorzufinden, erheblich besser. Die sozialen Entfaltungs- und Entwicklungschancen von Kindern werden hierdurch sehr ungleich verteilt.

Deshalb ist ein breites und vielfältiges öffentliches Angebot an Kinderbetreuungsstätten ein wichtiges Ziel der Familien- und Kinderpolitik. *Das öffentliche Angebot von Tagesbetreuungseinrichtungen kommt vor allem den sozial weniger privilegierten Eltern zugute.* Es hilft nicht nur aus den meist ungünstigen räumlichen und organisatorischen Bedingungen heraus, sondern es ermöglicht den Kindern auch eine Erweiterung ihres sozialen Kontaktbereiches. Heute sind in den Kindergärten die Kinder aus den mittleren und oberen Sozialschichten eindeutig überrepräsentiert, während Eltern aus sozial benachteiligten Familien, die eigentlich den Besuch des Kindergartens besonders dringend gebräuchten, Zugangsbarrieren haben. Durch geeignete Aufklärungs- und Informationsmaßnahmen muß dafür gesorgt werden, diese Barrieren abzubauen. Denn die Kinder aus diesen Familien haben eine Erweiterung ihres Umgangsfeldes und der sozialen Anregungen in einem öffentlichen Raum dringend nötig. Die Kooperation mit den anderen Eltern und dem fachlichen Personal des Kindergartens führt zu Rückmeldungen in den Familienbereich, die erfahrungsgemäß für eine Verbesserung der innerfamilialen Erziehung sorgen (Beller 1987; Colberg-Schrader & von Derschau 1990).

Kindertagesstätten und Kindergärten können als wichtige *Orte des Nachbarschaftslebens* verstanden werden, in denen sich Angehörige verschiedener Bevölkerungs- und Altersgruppen zwanglos treffen. Die Grenzen zwischen Kindergarten- und Nachbarschaftsbezügen müssen nicht so eng und steif sein, wie es heute oft der Fall ist. Kindergärten sollten sich zur Nachbarschaft hin öffnen und Erwachsene an ihren Aktivitäten beteiligen. Sie können sich als ein nachbarschaftliches „Kinderhaus" verstehen, in dem viele interessante Aktivitäten stattfinden, die eine Bereicherung des gesamten Lebens im Stadtteil oder in der Gemeinde darstellen. Das Gleiche gilt für wohnortnahe kleinere Kinderläden.

Die Vorteile solcher nachbarschaftlich angelegten Konstruktionen liegen auf der Hand: Einmal sind hierdurch die Zugangsbarrieren, auch zeitlich und räumlich, reduziert, zum anderen ergeben sich im öffentlichen Raum Treffpunkte für Kinder und Jugendliche, die uns durch die heutige Verkehrs- und Wohnungspolitik verloren gegangen sind. Heute wird von Eltern sehr viel Geld und Zeit investiert, um die eigenen Kinder mit anderen Kindern zusammenzubringen. Sportunterricht, Musikunterricht, Ballettunterricht, Nachhilfeunterricht u. a. werden von den meisten Eltern privat und isoliert voneinander organisiert. Dadurch entsteht eine „Verinselung" der kindlichen Lebensverhältnisse und dadurch werden die Energien von Eltern stark absorbiert, ohne daß es unbedingt zu wirklich reichhaltigen und anregenden Sozialkontakten kommt.

Es ist eine dringende Aufgabe der Familien- und Kinderpolitik der nächsten Jahre, diese Fehlentwicklung abzufangen und im Wohnbereich unterschiedliche Treffpunkte für Eltern und Kinder anzubieten. Dazu sind pädagogische Reformen von Kindertagesstätten und Kindergärten notwendig. Traditionelle Strukturmerkmale wie z. B. die Trennung von Einrichtungen nach Altersphasen der Kinder (Krippe, Kindergarten), die Trennung zwischen Bildungsangebot und Nothilfemaßnahmen und die Zentralisierung von Angeboten unterlaufen ein an den Lebensbedingungen von Kindern und ihren Familien orientiertes Angebot (Colberg-Schrader & Derschau 1990, S. 46).

Diese Maßnahmen sind auch als ein Beitrag zu sehen, um die Kindererziehung aus ihrer heute rein *privaten Verankerung und Verantwortung* der Eltern in eine *öffentliche Wahrnehmung* zu heben. Kindertagesstätten und Kindergärten müssen als ein Forum für Eltern mit Kindern verstanden werden, von dem aus auch Impulse für andere Politikbereiche in Gemeinde und Stadtteil ausgehen, um zukunftsweisende Formen der Kooperation von Familie und öffentlichen Einrichtungen zum Wohl der Kinder einzuleiten. Wichtig ist in diesem Zusammenhang auch, alle Möglichkeiten der Zusammenarbeit und der Zusammenschlüsse von Familien zur gemeinsamen Betreuung von Kindern zu fördern und hierbei die spezifische Rolle der Erziehungs- und Bildungsinstitutionen neu zu definieren. Mit einer Orientierung an der Lebenssituation der Kinder wird die Sozialisation im Kindergarten nicht in erster Linie als Vorbereitung auf zukünftige Lebensphasen in Schule und Arbeitsleben verstanden, sondern als Unterstützung bei der Bewältigung der gegenwärtigen Entwicklungs- und Lebensaufgaben. „Die Einrichtung versteht sich dabei nicht als Ort, wo Defizite des Familienlebens ausgeglichen werden, vielmehr werden die Eltern als wichtigste Bezugspersonen der Kinder begriffen, mit denen sich die professionellen Pädagogen verständigen, die sie entlasten und die sie motivieren, über den Kindergarten Kontakte zu anderen Familien aufzunehmen" (Colberg-Schrader & Derschau 1990, S. 12).

Zur pädagogischen Qualität der Vorschuleinrichtungen

Die pädagogische Qualität der Einrichtungen entscheidet darüber, ob sie eine sinnvolle Ergänzung oder – was für zunehmend mehr Kinder zutrifft – einen Ersatz angemessener Art für die Familie als Haupterziehungsinstitution darstellen können. Das pädagogische Wissen darüber, wie eine Tagesbetreuung optimal aufgebaut werden kann, ist vorhanden. Gute Einrichtungen mit gut ausgebildetem Personal konnten unter Beweis stellen, daß die dort untergebrachten Kinder in ihrer Entwicklung nicht weniger gefördert wurden als gleichaltrige Kinder, die ausschließlich in Familien aufgewachsen sind (Beller 1987).

Der Größe und der Personalausstattung kommt eine wichtige Rolle zu: Je kleiner die Organisationseinheiten sind, desto besser. Deswegen bietet es sich z. B. an, die vorhandenen Standorte von Kindergärten dazu zu nutzen, an ihnen *kleine Einheiten der Kindertagesbetreuung* anzusiedeln und auf keinen Fall Konzentrierung und Massierung von Ganztagsplätzen in großen Zentren zu betreiben. In den kleinen Gruppen (maximal 15 Kinder) können die unter 3jährigen Kinder in bestimmten Phasen des Tagesablaufes mit den älteren Kindern in Kontakt gebracht werden. Auch wird mit dem Ausbau kleiner Kindertageseinrichtigungen an Standorten von Kindergärten den Stigmatisierungen vorgebeugt, die – zu Recht oder zu Unrecht – den „Kinderkrippen" anhaften. Es wäre zu überlegen, ob nicht der Sammelname „Kindergarten" für die integrierten Institutionen mit einem Kindertagesstättenbetrieb beibehalten werden soll.

Wie die internationale Forschung zur Gruppenbetreuung der unter 3jährigen zeigt, sind – entgegen mancher Annahmen – die in Gruppen betreuten Kinder nicht häufiger krank als die vergleichbaren zu Hause betreuten Kinder (Colberg-Schrader & von Derschau 1990). Entscheidend ist die Gesamtqualität der Beziehungen, vor allem spielt eine Rolle, wie das Problem des Wechsels von Bezugspersonen in den Einrichtungen gelöst wird. Werden hier gute, zeitlich überdauernde und sozial stabile Konstruktionen gefunden, dann unterscheiden sich die gruppenbetreuten Kinder in ihrer Entwicklung oft nicht von familienbetreuten mit einem vergleichbaren Hintergrund (Lazar & Darlington 1982). Kinder aus einem anregungsarmen familialen Milieu profitieren sogar eindeutig von den Kindertagesstätten, sofern sie ein anregendes pädagogisches Milieu haben. Das ist auch der Grund dafür, daß viele Eltern aus pädagogischer Überzeugung Kindertagesstätten anwählen, weil hier ihre Kinder in Gruppensituationen soziale Fertigkeiten erwerben können, die ihnen in den klein gewordenen Familien nicht mehr angeboten werden können.

Beim Vergleich zwischen dem Einfluß von Familienerziehung und Gruppenerziehung darf nicht vergessen werden, daß unsichere, gespannte und krisenauffällige familiäre Beziehungen heute vielfach Tatsache sind und Kinder entsprechend psychisch und sozial belasten können, und zwar über einen sehr langen Zeitraum hinweg. Die kritische Diskussion über Mangel- und Deprivationserfahrungen von Kindern in Kindertagesstätten ist meist auf eine Idealkonstruktion der (vor allem mütterlichen) Elternrolle fixiert. Diese Idealkonstruktion ist aber – wie die Darstellung in diesem Kapitel gezeigt hat – in vielen Familien nicht gegeben. Außerdem wirken auch Mütter nicht als isolierte Erzieherinnen auf ihre Kinder ein, sondern sie handeln gemäß den sozialen Anregungen und Unterstützungen, die sie aus ihrer Umwelt erfahren. *Vor allem die soziale Isolierung von Müttern erweist sich als ein ungünstiger Impuls für die Entwicklung der Beziehung zu ihrem Kind.*

Wir haben keine Grund zu der Annahme, daß eine konstante, freundliche und berechenbare Pflege eines Kindes durch mehr als eine Bezugsperson (z. B. die Mutter) von Schaden ist. Es kommt nicht so sehr darauf an, ob ein Kind von einer oder mehreren Bezugspersonen betreut wird, sondern auf die Qualität der Beziehungen zwischen Bezugsperson(en) und Kind.

Kein Zweifel kann auch daran bestehen, daß die Qualität der vorschulischen Erziehung in dem Maße steigerungsfähig ist, wie zwischen der vorschulischen Bildungseinrichtung und dem Elternhaus gute Kontakte bestehen. Familienerziehung und institutionelle Kindererziehung müssen in Wechselwirkung zueinander stehen. Eine gute Qualität der Eltern-Kind-Beziehung strahlt auf die Kindertageseinrichtung aus und umgekehrt. Als günstig für den Übergang erweist sich eine allmähliche und schrittweise Verlagerung von Zeitanteilen aus der Familie in die Kindertagesstätte (Dollase 1979).

Gute frühkindliche Beziehungen zwischen Eltern und Kindern sind wichtige gute Voraussetzungen und Ausgangsbasis für die Gruppenerziehung. Eine sichere Bindung zu den Eltern trägt zu einer positiven Gesamtentwicklung bei. Die erheblichen sozialen und psychischen Anpassungsprobleme, die kleine Kinder beim Übergang in die Tagesstätte haben, dürfen nicht übersehen werden. Der Übergang stellt für Kinder eine starke Belastung mit großem Anpassungsbedarf dar. Das bestätigen Untersuchungen aus der DDR, wo bisher bis zu 80% der Kinder im Alter von 2 Jahren in Kinderkrippen untergebracht waren (Schmidt-Kollmer 1984). Eltern sind für die sprachliche, emotionale, intellektuelle und psychische Entwicklung von Kleinkindern unentbehrliche Bezugspersonen. Einige der Funktionen, die Eltern ausüben, können in der institutionalisierten Tagesbetreuung nur schwerlich übernommen werden. Deshalb sollten wir von der Formel ausgehen: Im Kleinkindalter so viel Familienerziehung wie irgend möglich und so viel Gruppenerziehung wie nötig.

Wir müssen aber realistisch einschätzen, daß Kindertagesstätten und Kindergärten heute nicht mehr nur familienergänzend geführt werden können, sondern zunehmend ersetzende Funktionen übernehmen. Durch die oben dargestellten veränderten Familienanforderungen, vor allem durch gestiegene Scheidungsraten und die schnelle Zunahme der Zahl alleinerziehender Eltern, sind erhebliche Unsicherheiten im familialen Bereich aufgetreten. In einer solchen Situation muß trotz eventueller Bedenken der weitere Ausbau von Kindergärten mit Kindertagesstätteneinrichtungen vorangetrieben werden.

Ziel der Familien- und Kinderpolitik muß es sein, Eltern aus allen sozialen Bevölkerungsgruppen die *freie Wahl zwischen öffentlicher und privater Kinderbetreuung* zu ermöglichen. Das kann durch folgende Maßnahmen geschehen:
1. Zahlenmäßiger Ausbau der Plätze in allen Formen von Tagesbetreuungsstätten;
2. Bessere personelle Ausstattung dieser Einrichtungen und gleichzeitige Verbesserung der Qualifikation des Personals;
3. Bessere räumliche Ausstattung aller Kindertagesstätten;
4. Finanzielle und organisatorische Unterstützung von Elterninitiativen, die Eltern-Kind-Gruppen, Krabbelgruppen und ähnliche Einrichtungen betreiben wollen;
5. Bereitstellen finanzieller Zuschüsse für die Inanspruchnahme einer Kinderfrau oder einer Tagesmutter, berechnet nach den Kosten für einen Platz in einer Kindertagesstätte;
6. Weitere Verbesserung der fachlichen Qualifikation von Tagesmüttern und Kinderfrauen durch Angebote von Fortbildungsmaßnahmen;

7. Unterstützung von Müttern und Vätern durch Erziehungsgeld und Erziehungsurlaub und das Angebot familienfreundlicher Arbeitszeiten.

Der letzte Punkt wird in den nächsten Jahren sehr wichtig sein. Wegen des Mangels an Plätzen in der Ganztagsbetreuung von Kindern gehen immer mehr Unternehmen dazu über, Teilzeitarbeitsplätze einzurichten. Die Firmen erwarten durch diese Regelung den Vorteil, daß sie qualifiziertes weibliches Personal halten können. Die Mütter haben den Vorteil, daß sich ihr Zeithaushalt noch bewältigen läßt, wenn sie neben einer Erwerbstätigkeit der familialen Verpflichtung der Kinderbetreuung nachgehen möchten. Andere Unternehmen bieten ein- oder mehrjährige Pausen (Familienpause, Familienurlaub) mit der Garantie der Wiedereinstellung an, so daß sich Eltern zunächst aus der Berufstätigkeit zurückziehen können, um sich voll den Kindern zu widmen. Während dieser Zeit werden oft Fortbildungsangebote gemacht, so daß der Kontakt zur Firma und zur Weiterentwicklung der Arbeitsanforderungen erhalten bleibt. Im öffentlichen Dienst sind die Möglichkeiten für Familienurlaub und Teilzeitarbeit schon seit längerer Zeit recht günstig.

Direkte Familienberatung und Familienhilfe

Die Erziehung von Kindern ist heute ein sehr anspruchsvolles Geschäft. Die Verantwortung für einen jungen Menschen zu haben, setzt viele Kompetenzen, Kenntnisse und Kapazitäten voraus, die Umsicht und Sorgfalt benötigen. Viele Mütter und viele Väter sind hierbei überfordert. Neben einer Verbesserung der außerfamilialen Infrastruktur für Kinder muß deswegen mehr für Familienbildung, Familienberatung und Familienhilfe und Förderung von Eltern-Selbsthilfe-Gruppen getan werden. Neben Elternbriefen und -seminaren erweist sich der Weg über die Einrichtung von Beratungsstellen für Eltern als besonders aussichtsreich. Die Erfahrungen mit Familien in Notlagen zeigen, daß diese Beratungsstellen von Eltern angesprochen werden, wenn sie glaubwürdig Anonymität und Vertraulichkeit zusichern können. Wie oben dargestellt wurde, ist die Vernachlässigung und die Mißhandlung von Kindern durch ihre Eltern eindeutig ein Anzeichen für die Krise einer Familie als eines Zusammenlebenssystems. In den meisten Fällen ist, wie erörtert, Kindesmißhandlung ein Symptom für das Zusammenwirken verschiedener Belastungen, für deren konstruktive Bewältigung den Mitgliedern des Systems Familie keine ausreichenden Ressourcen zur Verfügung stehen (aktuelle soziale Notlagen, Störungen der Familiendynamik, lebensgeschichtlich erworbene problematische Persönlichkeitsanteile usw.) (Buchholz, Gmür, Höfer & Straus 1984; Keupp & Röhrle 1987).

Ein wirksamer Schutz des Kindes und eine angemessene Berücksichtigung seiner Entwicklungsinteressen erfordert konsequenterweise ein *Hilfsangebot an die ganze Familie*. Die Familienberatung ist eine wirksame Hilfe, sofern sie nicht sanktionsorientiert ist und mit dem Einverständnis aller Familienmitglieder arbeitet. Hinzukommen müssen in vielen Fällen soziale Hilfen und eine aktive Koordination verschiedener mit der Familie verbundenen Institutionen (Kinderschutzzentrum Köln 1987).

In organisatorischer und institutioneller Hinsicht ist das Erproben *neuer Konzepte oder Kinderschutz- und Jugendschutzarbeit* notwendig. Wichtig ist eine Vielfalt von Einrichtungen, die sich besonders mit dem Problem der Gewalt gegen Kinder und Jugendliche und ihrer Vernachlässigung beschäftigen, indem sie Beratungsangebote sowohl für Eltern und Pädagogen als auch für die betroffenen Kinder und Jugendlichen zur Verfügung stellen. Zu überlegen ist dabei, ob das Jugendamt für eine flächendeckende administrative Koordination der verschiedenen Aktivitäten die Verantwortung übernehmen könnte. Es sollte nicht selbst als Träger von Beratungsstellen auftreten, da es in der Öffentlichkeit zu stark als eine staatliche Sanktions- und Kontrollbehörde wahrgenommen wird (was dem wirklichen Arbeitszugang dieser Behörde nicht immer gerecht wird!), aber das Jugendamt sollte in seinem Einzugsbereich doch die organisatorische Verantwortung dafür tragen, daß ausreichende Angebote für die Beratung und die Hilfe bei familialen Gewalthandlungen zur Verfügung stehen.

Folgende Prinzipien sind dabei denkbar:
1. Beratungsstellen sollten so wohnortnah wie möglich eingerichtet werden, also ihren Einzugsbereich in Stadtteilen oder in sich geschlossenen Gemeinden haben. Es ist günstiger, eine von der Teamgröße her kleine Beratungsstelle in Wohnortnähe einzurichten als eine sehr breit ausgestattete Beratungsstelle nur im Zentrum oder in einem entfernt liegenden Überzentrum.
2. Die Barrieren sozialer und psychischer Art zum Aufsuchen der Beratungsstelle sollen sowohl für die Eltern als auch für die betroffenen Kinder und Jugendlichen niedrig sein („niedrigschwelliges Angebot"). Das kann vor allem durch einen neutralen Namen der Institution (Beratungsstelle, Kinderschutzhaus, Ver-

trauensstelle usw.) und durch ein freundliches und einladendes Äußeres gesichert werden.
3. Die Beratungsstelle muß sich für zuständig und verantwortlich für die Probleme erklären, die ihr von den Besuchern vorgetragen werden. Wichtig ist, für eine breite Palette von Schwierigkeiten ansprechbar zu sein und nicht von vornherein nur bestimmte Thematiken zuzulassen und andere abzuweisen. Wichtig ist auch, daß der Erstberater/die Erstberaterin für ein Beratungsgesuch zuständig bleibt – und auch dann, wenn es sich als sinnvoll erweist, weitere Beratungspersonen und Experten für spezifische Problemfälle (körperliche Behinderung, sexuelle Gewalt, psychosoziale Störung usw.) hinzuzieht. Auch wenn eine solche „Verweisung" an andere Personen notwendig und sinnvoll ist, sollte die Koordination des Beratungsgesuches in den Händen der Person bleiben, die sich ursprünglich des Falles angenommen hatte.
4. Die Beratungsstelle sollte glaubwürdig demonstrieren, daß sie polizeiliche und strafrechtliche Eingriffe nicht herbeiführt und in der Regel sogar abschirmt. Die Beratungsstelle darf nicht als eine staatliche Sanktionsanstalt erscheinen und muß absoluten Datenschutz garantieren. Werden diese Prinzipien nicht beachtet, dann sinkt die Bereitschaft von Eltern, Kindern und Jugendlichen in beratungsbedürftiger Lage, sich an die Beratungsstelle zu wenden. Mit der Wahrnehmung dieses Prinzips ist nicht ausgeschlossen, daß in extremen Fällen, z.B. bei einer sexuellen Mißhandlung, auch strafrechtliche Maßnahmen gegen den Täter eingeleitet werden. Sie sollten aber erst nach genauer Kenntnis der Ausgangslage erwogen und mit den betroffenen Kindern und Jugendlichen und ihren Vertrauenspersonen besprochen werden.
5. Die Beratungsstellen sollten in unterschiedlicher Trägerschaft sein können und auch den Organisationszuschnitt und die interdisziplinäre Zusammensetzung ihres Teams nach den jeweiligen lokalen und inhaltlichen Schwerpunkten selbst bestimmen dürfen. Das Experimentieren mit unterschiedlichen Trägerschaften und Organisationsformen muß ausdrücklich ermuntert werden. Wichtig ist, daß in der Region eine Kooperation mit anderen Beratungsinstitutionen, insbesondere Erziehungsberatung und schulpsychologischer Beratung sowie auch mit Kindergärten, Horten, Schulen und Einrichtungen der Jugendarbeit eingeleitet wird.

Einige Arbeitsfelder erweisen sich – wie oben erläutert – als besonders dringend für die Tätigkeit von Familienberatungsstellen:

1. *Trennung und Scheidung der Eltern:* Alle Beteiligten benötigen zur Neuorganisation ihrer Lebensverhältnisse Beratungsangebote. Zum Beispiel wäre es im Interesse der Kinder sehr wichtig, in die Scheidungsverfahren eine Beratung der Eltern mit einzubeziehen, die die Eltern über die Auswirkung der Scheidung auf die weitere Entwicklung des Kindes aufklärt. Durch Beratung könnte auch verhindert werden, daß Eltern ihr Kind instrumentalisieren, um den Konflikt mit dem ehemaligen Partner weiter aufrecht zu erhalten. Durch die Beratung kann die Aufmerksamkeit auf die wirklich dringlichen Probleme gelenkt werden, nämlich darauf, wie der Alltag des Kindes nach der Scheidung gestaltet werden kann – mit dem Ziel, die Interessen und das Wohl des Kindes zu berücksichtigen. Unterstützt werden könnte dieser Prozeß durch den Rat, ein gemeinsames Sorgerecht für Kinder zu beantragen. Hierdurch wird die weiterbestehende soziale Elternschaft beider Elternteile zum Ausdruck gebracht. Die Eltern werden damit zugleich in die Pflicht genommen, einen angemessenen Rahmen für den weiteren Umgang mit dem Kind auszuhandeln. Durch die Beratung kann Eltern deutlich gemacht werden, wie stark ihre Kinder durch die Scheidung strapaziert werden und wie stark sie entlastet würden, wenn beide Erwachsenen auch nach der Scheidung eine lebendige Beziehung zum Kind aufrechterhalten (Jopt 1987).
2. *Ein-Eltern-Familien:* Hier treten sehr schnell finanzielle, organisatorische, soziale und psychische Probleme zwischen Eltern und Kind auf, die beide Seiten stark beanspruchen können. Beratungsstellen müssen darauf Rücksicht nehmen, daß in vielen Fällen die Ein-Eltern-Familie durch ein Trennungs- oder Scheidungserlebnis zustande gekommen ist, das erhebliche psychische Verwundungen und Irritationen hinterlassen hat. Durch Unterstützung und Hilfe muß versucht werden, diese Verunsicherung des Elternteils nicht in vollem Ausmaß auf das Kind zu übertragen. Auch bei scheinbar belanglosen Beratungsanlässen, die sich auf haushaltstechnische oder organisatorische Fragen beziehen, sollten die Beratungsstellen als geduldige Anlaufstelle zur Verfügung stehen, zumal sich hinter diesen scheinbaren Kleinigkeiten tieferliegende Probleme verbergen können (Gutschmidt 1986).
3. *Körperliche Gewalt und psychosoziale Vernachlässigung:* Hier sollten die Beraterinnen und Berater bemüht sein, die Autonomie der Familie und des ganzen Familiensystems zu respektieren und zu wahren. Immerhin ist das „Selbstmelden" ein Signal dafür, daß die Familienmitglieder an die Chance zur Veränderung ihrer

Situation aus eigener Kraft, allerdings mit Unterstützung von Beratern, glauben. Für die Beratungsstelle ist es deswegen wichtig, zunächst einmal die Dynamik der Familie zu verstehen und die Verankerung des Problems der Mißhandlung oder der Vernachlässigung im Familiengefüge nachvollziehen zu können. Im Fall der Vernachlässigung sind meist gute therapeutische Eingriffsmöglichkeiten gegeben, die das ganze Familiensystem stabilisieren helfen. Gewinnt – im Falle der körperlichen Gewalt – das Beratungsteam deutlich den Eindruck, daß die Familie in ihrer gegenwärtigen Zusammensetzung nicht weiter existieren kann und soll, müssen härtere Interventionen erfolgen, die auf das Herauslösen eines Familienmitgliedes aus dem Familienverband abzielen. Die Schwelle wird sich nach den bisherigen Erfahrungen in der Kinderschutzarbeit meist sehr weit hinausschieben lassen. Durch geeignete Zuführung von finanziellen, sozialen und technischen Ressourcen an die Familie gelingt es in den meisten Fällen, die Ausgangssituation für die körperliche Mißhandlung wenigstens zu reduzieren. Erleichtert würde die Arbeit der Beratungsstellen, wenn endlich eine öffentliche Debatte über das gesetzliche Verbot der körperlichen Züchtigung von Kindern durch ihre Eltern geführt würde (Engfer 1986).

4. *Sexuelle Gewalt gegen Kinder:* Hier kommt es entscheidend auf die Beendigung des Mißbrauchsverhältnisses an, die oft nicht im bestehenden Familiengefüge gesichert werden kann. Da die Ursache für diese Form der Gewaltanwendung normalerweise nicht allein in einer Überforderung der aktuellen Bewältigungsressourcen der ganzen Familie besteht, sondern starke persönlichkeitsdynamische Elemente des Täters ins Spiel kommen, ist die Notwendigkeit zur Herauslösung eines Mitgliedes aus dem Familienverbund größer als im Falle der körperlichen Mißhandlung. Die Hilfen müssen sensibel den gesamten Lebenszusammenhang des Kindes in der Familie berücksichtigen und die persönliche Integrität des Kindes respektieren. Sie müssen sich auf einzeltherapeutische Angebote für das ausgebeutete Kind, die Mutter, eventuell vorhandene Geschwister und den Vater beziehen und die Arbeit mit der Gesamtfamilie dann einleiten, wenn die beteiligten Erwachsenen bereit sind, die Verantwortung für die sexuellen Handlungen auch tatsächlich zu übernehmen. Die familienbezogenen Hilfen müssen respektieren, daß die Beziehungen des Kindes zu seiner Familie und die Zugehörigkeit zur Familie vom Kind nicht in Frage gestellt werden und als ein wichtiges emotionales Gut betrachtet werden. Dem Kind muß die Möglichkeit gegeben

werden, das erlittene Trauma aufzuarbeiten und es von der Verantwortung für die sexuelle Ausbeutung und die Konsequenzen des Bekanntwerdens der Ausbeutung für die Familie zu entlasten; die Hilfen müssen zugleich darauf gezielt sein, so viel vom Familiengefüge zu erhalten wie irgend möglich (Saller 1989, S. 155).

Kapitel 4
Schulischer Leistungsstreß als Gesundheitsrisiko

Im Selbstverständnis einer „Leistungsgesellschaft" wird im Kindes- und Jugendalter die Entscheidung darüber programmiert, welche Position im Gefüge von Macht, Einfluß, Besitz und Ansehen ein Gesellschaftsmitglied als Erwachsener erhält. Der Prozeß der Integration von Jugendlichen in die Erwachsenengesellschaft ist immer auch ein Prozeß der Auslese für bestimmte Positionen. Ausgangspunkt der Ausleseentscheidung sind die schulischen Leistungen.

Heutige Industriegesellschaften sind Leistungsgesellschaften insofern, als typischerweise die individuell erbrachte, ökonomisch verwertbare Leistung und nicht – wie in der vorindustriellen Gesellschaft – die soziale Herkunft über die Plazierung in der Sozialstruktur entscheidet. Die wesentlichen Instanzen für die Steuerung des Ausleseprozesses sind nicht die Familien, sondern Instanzen, die eigens zum Training der individuellen Leistungsfähigkeit der Gesellschaftsmitglieder eingerichtet wurden, nämlich Bildungs- und Ausbildungseinrichtungen. Dem Bildungssystem wird die Funktion zugeschrieben, den gesellschaftlichen Nachwuchs leistungsmäßig zu qualifizieren und nach Stufen und Niveaus der Qualifikation auszulesen.

Die eigentliche Plazierungsentscheidung fällt im Beschäftigungssystem, doch die vorentscheidende Vergabe von Berechtigungszertifikaten erfolgt im Bildungssystem. Das gilt besonders stark in solchen Gesellschaften, die von einem formalen Laufbahnprinzip, also von klaren Berechtigungen für den Eintritt in bestimmte Berufslaufbahnen ausgehen, wie es in der Bundesrepublik der Fall ist. Nach vorherrschender gesellschaftlicher Konvention ist am Ende der Jugendphase typischerweise durch den Abschluß der schulischen und beruflichen Ausbildung und durch den Berufseintritt eine für den weiteren Lebenslauf vorbestimmende Verortung der eigenen Position in der sozialen Privilegienstruktur erfolgt. Hierdurch wird die materielle und immaterielle Lebenslage weitgehend festgelegt, hierdurch werden auch andere Möglichkeiten der Übernahme des Erwachsenenstatus im privaten Bereich, im Bereich der Gründung einer eigenen Familie und im Bereich der rechtlichen und wirtschaftlichen Selbständigkeit grundgelegt. Schulischer Leistungserfolg und schulisches Leistungsversagen sind insofern verknüpft mit den Chancen und Möglichkeiten, die zentrale Dimension des Status „Erwachsener" zu erwerben.

Leistungserwartungen und Statusdruck durch die Eltern

In Reaktion auf diese Ausgangssituation hat sich der Erwartungsdruck der Elternhäuser an Kinder und Jugendliche verstärkt, eine anspruchsvolle Schullaufbahn erfolgreich zu durchlaufen. Rückschläge in der Schullaufbahn und Rückstufungen in der „Leistungskarriere" werden als schwerwiegende und weitreichende Gefährdung der eigenen sozialen und beruflichen Statuserwartungen wahrgenommen.

Erfolg und Versagen in der Schullaufbahn werden heute als entscheidende Vorbedingungen zumindest für die Sicherung des sozialen Status der Herkunftsfamilie, möglichst für Prozesse des erwünschten sozialen Aufstiegs, gewertet. Dadurch steigt in der Wahrnehmung der Eltern die lebensgeschichtliche Bedeutsamkeit der Schulzeit ihrer Kinder allgemein und des schulischen Leistungserfolges insbesondere. Allzuoft projizieren Eltern in ihre Kinder Vorstellungen und Lebensplanungen hinein, die – im vermeintlich wohlverstandenen Interesse der Kinder – ihre eigenen Vorstellungen und Bedürfnisse als Erwachsene sind. Eltern wollen „das Beste" für ihr Kind und merken oft nicht, daß sie gerade deshalb an den wirklichen Wünschen und Bedürfnissen des Kindes vorbeigehen.

Wie Untersuchungen zeigen, sind die Erwartungen der Eltern an die Bildungseinrichtungen Kindergarten und Schule sehr hoch. Diese Bildungsinstitutionen sollen zwar – wenn möglich – die Persönlichkeitsentwicklung der eigenen Kinder mit dem Ziel Selbständigkeit und freie Entfaltung fördern, im wesentlichen sollen sie aber die Vermittlung von inhaltlichen Fähigkeiten und Fertigkeiten sicherstellen, die Voraussetzung für einen guten Schulabschluß sind. Die Eltern werten die schulische Ausbildung für ihre Kinder als ein zentrales Instrument der Lebensplanung. Die schulischen Laufbahnen sind für sie primär auf die Zukunft für die eigenen Kinder angelegt.

Die Eltern reagieren damit auf die historisch veränderte Ausgangslage für Qualifikationsprozesse: *Eine gute Schulausbildung mit einem hochwertigen Abschluß ist heute eine notwendige Voraussetzung für den Zugang zu bestimmten Berufslaufbahnen, aber keineswegs eine Garantie dafür.* Auch diejenigen Absolventen, die ein gutes Abschlußzeugnis erwerben, haben keine Gewißheit, die Laufbahn einschlagen zu können, die sie anstreben. Als Konsequenz hieraus streben immer mehr Eltern immer höhere Qualifikationen für die eigenen Kinder an. Die Eltern wissen: Soll das eigene Kind die berufliche Position halten oder sogar überbieten, die sie selbst erreicht haben, dann ist ein formal höherer Schulabschluß dafür notwendig als der, den sie selbst als Eltern erreicht haben. Entsprechend fallen die Erwartungen an die Kinder aus. Auf die Frage „Welchen endgültigen Schulabschluß soll ihr Kind ihren Wünschen nach erreichen", antworteten 1979 31% mit Hauptschulabschluß und 37% mit Abitur. 1987 gaben nur noch 11% den Hauptschulabschluß als Wunsch an, während schon von 52% das Abitur genannt wurde (Rolff, Klemm & Hansen 1988). Dieser Meinungswandel ist auch bei den Arbeitern erkennbar, derjenigen Bevölkerungsgruppe also, die traditionell auf den Hauptschulabschluß eingerichtet war.

In der Bundesrepublik Deutschland sind es vor allem die Bildungsgänge an der Realschule und – noch stärker – die Bildungsgänge am Gymnasium, die in den letzten 20 Jahren immer stärker nachgefragt worden sind. Die Eltern versuchen, das bestmögliche Bildungsangebot für die eigenen Kinder herauszuholen, und sie haben ganz offensichtlich dabei eindeutige Rangordnungen der verschiedenen Schulformen im Kopf, die sich nach dem vermuteten Prestige und der Qualität des Angebotes richten. Diese Entwicklung hat dazu geführt, daß die noch in den 50er Jahren in der Bundesrepublik eindeutig dominierende Hauptschule an Attraktivität verloren hat. Seit Mitte der 70er Jahre sind, z. B. in Nordrhein-Westfalen, integrierte Gesamtschulen mit eigener Oberstufe hinzugekommen, die sich ebenfalls eines lebhaften Zuspruchs erfreuen.

Im Schuljahr 1952/53 besuchten im Bundesgebiet noch 79% aller Schüler im 7. Jahrgang Hauptschulen, während es 1989/90 etwa 33% waren. Die entsprechenden Zahlen für die Realschule sind 6% und 27%, die für das Gymnasium 13% und 32%. Die Hauptschule hat demnach also erheblich an Zuspruch verloren, unabhängig von den intensiven Reformbemühungen, die in allen Bundesländern für diese Schulform durchgeführt worden sind. Das Gymnasium ist in vielen Bundesländern bereits der Marktführer im Bildungsbereich und wird es voraussichtlich in den 90er Jahren im ganzen Bundesgebiet sein, vor allem deshalb, weil die Rolle des Abiturs in der Wunschvorstel-

Tabelle 9. Die höchsten erreichten Schulabschlüsse in drei Generationen 1985 (Angaben in %)

	Großeltern	Eltern	Jugendliche
Volksschulabschluß/ Hauptschulabschluß	81%	77%	38%
Mittlere Reife/ Fachoberschulreife	10%	14%	25%
Hochschulreife/ Fachhochschulreife	8%	9%	33%

Quelle: Jugendwerk 1985, Band 5, S. 220, 217, 321

lung der Eltern in den letzten Jahren eine deutliche Aufwertung erfahren hat.

Tabelle 9 zeigt die drastischen Verschiebungen der Abschlußqualifikationen in nur zwei Generationen: Während in der Generation der Eltern und noch stärker der Großeltern der Volksschulabschluß die schulische Normalqualifikation darstellte und weiterführende Schulen nur von einer Minderheit besucht wurden, strebt heute die überwiegende Mehrzahl der Jugendlichen – wie die Zahlen zeigen: mit Erfolg – nach einem mittleren oder höheren Qualifikationsniveau. – Die Änderungsprozesse lassen sich auch am Datenmaterial des Statistischen Bundesamtes ablesen: In den frühen 50er Jahren betrug der Anteil an Abiturienten in der gleichaltrigen Wohnbevölkerung 4% bei den Jungen und 2% bei den Mädchen. In der zweiten Hälfte der 50er bis Anfang der 60er Jahre stieg dieser Prozentsatz auf etwa 10%, wobei sich eine Annäherung der Werte für die Geschlechter ergab. In den 60er und 70er Jahren kam es dann zu weiteren starken Verschiebungen mit dem Effekt, daß heute ein mittlerer Abschluß schon als schulische Mindestqualifikation angesehen wird. Das Verfehlen des niedrigsten Abschlußniveaus (Hauptschulabschluß) ist inzwischen sogar ein sozialer Makel; die negativen Auswirkungen für die Berufs- und Sozialchancen sind gravierend.

Der schulische Bildungsmarkt wird heute zu einem „Hauptschlachtfeld im Klassenkampf": Der Konkurrenzkampf zwischen den sozialen Schichten um die beste Ausgangsposition am Arbeitsmarkt spielt sich auch bei uns weitgehend im Schulwesen ab (Hurrelmann 1989, S. 163). Es läßt sich eine Aufholjagd beobachten: Die Bildungsbeteiligung der Kinder aus den Arbeiterfamilien ist innerhalb von drei Jahrzehnten gewachsen, aber die der Kinder aus den übrigen Familien ebenfalls. Die Kinder von Beamten, Angestellten und Freiberuflern haben über den gesamten Zeitraum der Nachkriegszeit hinweg ihre Spitzenpositionen bei der Bildungsbeteiligung gehalten. Um den Abstand gegenüber den Arbeiterkindern sicher zu wahren, mußten sie ihr Engagement allerdings noch verstärken. Auch diese Familien haben in den letzten dreißig Jahren in ständig steigendem Maße Gymnasien für ihre Kinder in Anspruch genommen. Es gibt bestimmte Bevölkerungsgruppen, wie etwa Beamte in Leitungspositionen, deren Kindern zu fast 100 Prozent diese Schulform besuchen.

Um den Abstand einander gegenüber aufrechtzuerhalten, müssen heute alle Bevölkerungsgruppen auch weiterhin an diesem „Wettlauf um höhere Schulabschlüsse" teilnehmen. Um die Differenz zu wahren, muß die jeweils höhere Gruppe dafür sorgen, daß die von ihr besessenen Privilegien möglichst gar nicht oder allenfalls zu einem späteren Zeitpunkt von der Gruppe unter ihr erworben werden können. Beim Zugang zu attraktiven Berufspositionen schlagen oft, wenn diese Absicherung über Bildungszertifikate nicht greift, auch die sozialen und wirtschaftlichen Beziehungen der privilegierten sozialen Schichten durch.

In dieser Entwicklung liegen für Eltern und Kinder erhebliche Probleme und Unsicherheiten. Eltern fühlen sich gedrängt, mit offenem oder unterschwelligem Druck auf gute Schulerfolge und glatte Schullaufbahnen ihrer Kinder hinzuarbeiten. Sie schätzen die Entwicklung am Arbeitsmarkt ja durchaus richtig und realistisch ein, wenn sie davon ausgehen, daß in Zukunft ein hochwertiger Schulabschluß eine Eintrittsvoraussetzung für einen anspruchsvollen Beruf sein wird. Im Zweifelsfall entscheidet man sich als Eltern für den sichersten Weg zu einem vielfach verwertbaren und prestigehohen Schulabschluß, also für das Gymnasium. Ob das Gymnasium auch wirklich das richtige pädagogische Programm für das eigene Kind anbietet, das rückt für die Eltern als Gesichtspunkt dabei in den Hintergrund.

Die Eltern spüren, daß ihre eigenen Kinder in ihrer Schullaufbahn mehr erreichen müssen als sie selbst, wenn die Kinder unter heutigen Bedingungen eine Berufslaufbahn einschlagen wollen, die der der Eltern zumindest ebenbürtig ist. Eltern brauchen gar nicht aufstiegsorientiert zu sein, um zu erkennen, daß der Besuch von Realschule und Gymnasium heute zum Teil schon eine Voraussetzung dafür geworden ist, um überhaupt beim Wettbewerb um anspruchsvolle Ausbildungs- und Berufsplätze mithalten zu können. Die Konsequenz: An den Realschulen und Gymnasien sind heute im Durchschnitt zu über einem Drittel Kinder, deren Eltern diese Schulformen nicht besucht haben und aus Karrieregründen auch gar nicht zu besuchen brauchten. Ein großer Anteil der Kinder sind heute, so gesehen, bildungsmäßige soziale Aufsteiger, mit all den Unsicherheiten, Anspannungen und Irritationen, die eine statusmäßig ungewohnte Situation mit sich bringt (Hurrelmann 1989, S. 165).

Die Wahrnehmung der Schule durch Kinder und Jugendliche

Was bedeutet das für die Kinder und Jugendlichen? Die eigene Leistung, also Erfolg und Mißerfolg gegenüber schulischen Anforderungen, werden nach den Spielregeln der individualisierten Leistungsgesellschaft in die individuelle Verantwortung des Kindes oder Jugendlichen gelegt. Das zentrale Muster des elterlichen Erziehungsstils, nämlich die starke Betonung von Selbständigkeit und freiem Willen, fordert ebenfalls Tribut: Wenn Schüler in der Schule hinter den Normalanforderungen zurückbleiben, dann liegt das letztendlich am eigenen Verhalten, für das das Kind oder der Jugendliche in all seiner „Selbständigkeit" eben auch selbst verantwortlich ist. Hier liegen Ausgangspunkte für hohe subjektive Anspannungen und Belastungen, die sich in psychosozialen und psychosomatischen Symptomen ausdrücken können.

Wie intensive Interviewstudien zeigen, sieht die Mehrzahl der Jugendlichen die Schule typischerweise als eine Art „Arbeitsplatz für Noch-Nicht-Erwachsene", deren Existenz und Berechtigung außer Zweifel steht. Charakteristisch und vorherrschend ist die Einschätzung, man müsse zur Schule gehen, weil man nur auf diese Weise notwendige Qualifikationen und Berechtigungen für die Zeit nach der Schule, die mit dem Erwachsenenalter praktisch gleichgesetzt wird, erwerben könne (Hurrelmann 1989, S. 57).

Die subjektive Bedeutung der Schulzeit

Die meisten Schüler legen ihrer Tätigkeit in der Schule eine mechanische Sinnkonstruktion zugrunde: Der tiefere Sinn des Schulbesuches enthüllt sich demnach dann, wenn man die Schule verlassen hat und in das (Berufs-)Leben eintritt. Die Jugendlichen sehen die Aufgabe der Schule in erster Linie in der Vorbereitung auf und der Vergabe von Abschlußzertifikaten, die Berechtigungsnachweise für bestimmte weiterführende Bildungs- und Ausbildungsgänge darstellen. Einen unmittelbaren Nutzeffekt der schulischen Aktivitäten zu benennen, fällt ihnen schwer.

Die Schüler orientieren sich damit an einem Deutungsmuster, wonach der wahre Sinn des Geschehens in der Schule sich erst später offenbare, der Schulbesuch also eine *verborgene Rationalität* habe, die im gegenwärtigen Schulalltag nur schwer einsehbar sei. Das ist die subjektive Widerspiegelung des gesellschaftlichen Interpretationsmusters „Man lernt nicht für die Schule, sondern für das Leben": Man muß 10 oder 13 oder mehr Jahre im Moratorium verbringen, um sich auf das eigentliche Leben vorzubereiten, das erst noch bevorstehen soll, man muß sich so lange unter Rückstellung eigener Bedürfnisse und Interessen intellektuell trainieren lassen, um eine gute Startposition und ausreichende Kenntnisse für den „Einstieg in das Leben" zu gewinnen.

Dieses Interpretationsmuster verlangt eine „ferngesteuerte" Arbeitsmotivation und einen massiven Bedürfnisaufschub und fordert eine instrumentell gerichtete, inhaltsleere Orientierung gegenüber dem Unterricht in der Schule geradezu heraus. Die schulischen Bildungsgänge erhalten den Stellenwert von „Mitteln zum Zertifikaterwerb", werden also zu gesellschaftlich normierten Voraussetzungen für den Eintritt in eine berufliche Laufbahn reduziert. Die Jugendlichen, die sich dieser Interpretationsmuster bedienen, weisen damit der Schule und der Schulzeit in *formeller* Funktionsbestimmung eine sehr große Bedeutung für die Gestaltung ihres Lebenslaufs zu, ohne ihr zugleich *inhaltlich* eine Bedeutung als Orientierungshilfe und Unterstützung bei der Bewältigung gegenwärtiger und zukünftiger Lebensanforderungen zuzusprechen. Diese inhaltsleere instrumentelle Bestimmung des lebensgeschichtlichen Stellenwerts der Schulzeit wird der objektiven biographischen Bedeutsamkeit der Schule natürlich nicht gerecht.

Die Schulzeit wird von den Jugendlichen als „verlorene Lebenszeit" definiert, wenn sie keine erkennbaren, instrumentell verwertbaren Nutzeffekte für die Beeinflussung der nachfolgenden Berufs- und Lebenslaufbahn mit sich bringt. Jugendliche mit Leistungsschwierigkeiten geraten durch diese Konstellation in dilemmatische Situationen für ihren Identitäts- und Lebensentwurf und die Gestaltung ihrer Lebensplanung. Weder können sie sich – wegen des durch soziale Vorgaben festgeschriebenen instrumentellen Stellenwerts der Schulbildung – von Schule und Schulzeit wirksam distanzieren, noch können sie in eigener Erfahrung nachempfinden, daß das Durchlaufen der Schulzeit ihnen effektiv umsetzbare Ausgangspositionen für weitere soziale Karriereschritte bietet. Entsprechend unmöglich wird für sie eine konstruktive Verarbeitung der schulischen Versagensereignisse und der damit verbundenen sozialen Erfahrungen und Erlebnisse des zehn- und mehrjährig andauernden Schulalltags (Hurrelmann 1989, S. 81).

Repräsentative Befragungen bestätigen den hohen Stellenwert der schulischen Tätigkeit für Kinder und Jugendliche. So fragten wir Jugendliche danach, was aus ihrer Sicht ihr „größtes Problem" sein. An der Spitze der Nennungen stehen mit weitem Abstand schulleistungsbezogene Probleme. Es folgen Probleme im finanziellen,

Familien- und Freundesbereich. Diesen Angaben zufolge ist die Jugendphase durch die schulischen Anforderungen deutlich charakterisiert. *Leistungsschwierigkeiten werden als spürbare Beeinträchtigung des Wohlbefindens wahrgenommen. Die schulischen Leistungsschwierigkeiten hängen eindeutig mit Auffälligkeits- und Belastungssymptomen wie Drogenkonsum, delinquentem Verhalten, negativen Gefühlserlebnissen, psychosozialen Störungen und psychosomatischen Gesundheitsbeeinträchtigungen zusammen.* Verhaltensauffälligkeiten und Gesundheitsbeeinträchtigungen sind verstärkt bei denjenigen Jugendlichen anzutreffen, die sich in schwierigen schulischen Leistungssituationen bei hohem Erwartungsdruck der Eltern befinden. Schlechte schulische Leistungen beeinträchtigen zudem die sozialen Beziehungen zwischen Jugendlichen und ihren Eltern. 54% der Realschüler und 53% der Gymnasiasten, die schulische Leistungsprobleme zu Protokoll geben, berichten von Konflikten und Auseinandersetzungen mit Vater oder Mutter. An Hauptschulen und Gesamtschulen liegen die entsprechenden Werte bei 43 und 49% (Engel & Hurrelmann 1989, S. 183; Hurrelmann, Holler & Nordlohne 1988).

Die befragten Jugendlichen sind sich der Tatsache sehr genau bewußt, daß ihre Position in der Bildungslaufbahn über die späteren Lebenschancen entscheidet, ohne zugleich einen Erfolg garantieren zu können. Hier liegen die Ausgangsbedingungen für psychosoziale und psychosomatische Belastungen. Die tieferen Ursachen liegen – wie diese Analysen zeigen konnten – in den verunsicherten „Statuserwartungen" der Jugendlichen, vor allem in der teilweise uneingestandenen Angst vor „sozialem Abstieg". Vor allem die Schülerinnen und Schüler, die von zu Hause aus unter dem Druck stehen, den sozialen Status der Eltern qua schulischer Bildung zu erhalten oder zu übertreffen, werden angesichts einer unendlich lang erscheinenden Durststrecke formalisierter Leistungsanforderungen mit ungewissem Ausgang und unsicher werdendem „Tauschwert" für später stark belastet.

Wir haben es hier mit einem weiteren Nebeneffekt der Individualisierung von Lebensläufen zu tun: Jugendliche zahlen den „Preis" für die weitgehend freie Wählbarkeit, die Optionalität von Bildungslaufbahnen, die ihnen heute angeboten wird, in Gestalt von Ungewißheit und Planungsunsicherheit. Es stehen ihnen vielfältige Möglichkeiten offen, aber das Erschließen der Möglichkeiten ist ihre urpersönliche Angelegenheit. Auch strukturelle Verzögerungen, Behinderungen oder Blockierungen von Möglichkeiten, die erhebliche Probleme für die Gestaltung des persönlichen Werdegangs aufwerfen, müssen von ihnen persönlich verantwortet werden. Der perspektivische Entwurf von Handlungsmöglichkeiten und Laufbahnerwartungen beim Übergang in das Erwachsenenalter z. B. wird von ihnen auch unter objektiv schwierigsten Bedingungen erwartet, nach dem Motto „Du hast keine Chance, also nutze sie".

Die Kluft, die sich zwischen Schullaufbahn und Berufslaufbahn auftut, macht heute eine vorwegnehmende Berechenbarkeit der künftigen Lebenslaufbahnen schwierig oder unmöglich. Diese Ausgangslage wird auch in Zukunft bestehen bleiben. Wir haben es nicht, wie oft unterstellt wird, mit einem allein durch die demographische Entwicklung bedingten Überangebot von nachrückenden Arbeitskräften zu tun; das hier angesprochene Problem erledigt sich mit den geburtenschwachen Jahrgängen im Arbeitsmarkt der 90er Jahre keinesfalls. Es wird zu einem entspannteren Berufs*ausbildungs*markt, aber nicht zu einem effektiv entlasteten *Arbeits*markt kommen, und es wird sich vor allem an der strukturellen Ausgangslage wenig ändern, daß Schul- und Berufslaufbahnen in der Bundesrepublik Deutschland in Zukunft weniger eng aufeinander abstimmbar und damit weniger kalkulierbar sind als es noch vor zwanzig Jahren, für die Eltern der heutigen Jugendlichen, der Fall war.

Das Leistungs- und Qualifizierungs-„Paradox"

Wir haben es insofern mit einer strukturell belastenden Ausgangkonstellation für Kinder und Jugendliche zu tun. Die Eltern erwarten von ihren Kindern das Bemühen, das jeweils hochwertigste erreichbare Abschlußzertifikat zu erwerben, um eine möglichst günstige Ausgangsposition im sozialstrukturellen Plazierungsprozeß zu erreichen. Dabei entstehen widersprüchliche, *paradoxe Effekte:* Kommen die Kinder den Wünschen der Eltern nach, führt das zu einer kollektiven Erhöhung des formalen Bildungsniveaus der jüngeren Bevölkerung. Dadurch wiederum werden die Erwartungen an jeden einzelnen Jugendlichen noch höher, einen anspruchsvollen Bildungsgang zu besuchen. Zusätzlich wird die subjektive Bedeutung der Schullaufbahn mit ihrer jeweiligen individuellen Erfolgs- und Versagensbilanz enorm gesteigert. Zugleich sinken aber die antizipierbaren „Tauschwertchancen" der schulischen Zertifikate und verunsichern damit die Berechenbarkeit der nachschulischen beruflich-sozialen Statuserwartungen.

Die Selbstansprüche Jugendlicher an ihre schulische Leistungsfähigkeit sind heute sehr hoch. Kinder und Jugendliche sind sehr leistungsbereit und haben hohe Ansprüche an ihre eigene Schullaufbahn. Da aus der Sicht der Jugendlichen die eigenen Leistungen entscheidend für das Erreichen des angestrebten Schulabschlusses sind, ist es den Jugendlichen auch sehr wichtig, in der Schule gute Leistungen zu erbringen. 95% der befragten Schüler (94% der Hauptschüler, 97% der Realschüler, 93% der Gymnasiasten und 97% der Gesamtschüler) geben in unserer Jugendstudie (Mansel & Hurrelmann 1990) an, daß es ihnen sehr wichtig oder zumindest wichtig ist, in der Schule gute Leistungen zu zeigen. Lediglich für 5% ist dies nicht so wichtig oder ganz unwichtig (Tabelle 10).

Tabelle 10. Die Bedeutung guter Schulleistungen für Schüler der Sekundarstufe I (relative Häufigkeiten in %)

Schultyp	Haupt-schule	Real-schule	Gymna-sium	Gesamt-schule	Insge-samt
Schulleistungen sind:					
ganz unwichtig	0.4	0.2	0.2	0.0	0.2
ziemlich unwichtig	5.1	2.3	6.4	3.4	4.6
wichtig	53.0	58.4	67.3	58.5	59.5
sehr wichtig	41.5	39.0	26.1	38.1	35.6

Unabhängig vom besuchten Schultyp bekunden fast alle Schüler eine hohe Motivation, in der Schule gute Leistungen zu erbringen. Auch wenn die Leistungen in der bisherigen Schullaufbahn nicht immer die besten waren, so wollen sie doch einen qualifizierten Schulabschluß erwerben, um ihre Chancen beim Eintritt in den Arbeits- bzw. Ausbildungsstellenmarkt zu optimieren. Annähernd 90% der Schüler in der Sekundarstufe I streben einen Abschluß an einer weiterführenden Schule oder zumindest die Fachoberschulreife an (Mansel & Hurrelmann 1990).

Unsere Untersuchungsbefunde stehen damit in einem eindeutigen Widerspruch zu der These, daß Jugendliche traditionelle leistungsorientierte Werte grundsätzlich ablehnen und ihren Lebensentwurf auf „alternativen" Lebensformen aufbauen. Ganz offensichtlich identifizieren oder arrangieren sich die Jugendlichen mit dem Leistungsprinzip und akzeptieren es als geeignetes Kriterium für die soziale Selektion und die Verteilung von Chancen. Zumindest bekunden die Schüler eine hohe Leistungsbereitschaft und geben an, daß gute Leistungen für sie von hoher biographischer Bedeutung sind. Gegen die These, daß Jugendliche den traditionellen Lebensentwurf ablehnen und alternative Lebenskonzepte verwirklichen

wollen, spricht auch, daß in unserer Befragung der Schüler aus der Sekundarstufe
- annähernd zwei Drittel angeben, daß für sie eine Berufstätigkeit sehr wichtig ist und ein Leben ohne Arbeit für sie keinen Sinn hat,
- für über ein Drittel die Berufstätigkeit wichtig ist, sie sich aber auch ein Leben ohne Arbeit vorstellen könnten und
- für lediglich eine verschwindend kleine Minderheit von 3% die Berufstätigkeit nicht so wichtig ist und sie – wenn es nicht unbedingt sein muß – nicht arbeiten möchten (Engel & Hurrelmann 1989, S. 37).

Subjektive und objektive Auslöser von „Schulstreß"

Es ist schwierig, spezifisch schulische Faktoren zu benennen, die Kinder und Jugendliche im Schulalter nervös, unkonzentriert, desmotiviert, ängstlich oder krank machen können. Es ist offensichtlich, daß außerschulische Faktoren stark in die Schule hineinwirken und mitverantwortlich für die zum Teil gravierenden Beeinträchtigungen des körperlichen, seelischen und sozialen Wohlbefindens einzelner Schüler sind. Eine verkürzte Verwendung des Begriffs „Schulstreß" lenkt leicht von gesellschaftlichen Bedingungsfeldern für die immer häufiger werdenden Symptome der Überbeanspruchung von Kindern und Jugendlichen ab. Wie die Forschung zeigt, müssen wir vorsichtig mit der Annahme direkter und gradliniger Einflüsse der Schul- und Unterrichtsorganisation, der Auslese- und Beurteilungsprozesse, der Lehrinhalte und des Lehrerverhaltens auf Überforderungssymptome von Schülern sein. Entscheidend für das Auftreten solche Symptome ist offensichtlich eine spezifische Kombination von Merkmalen der Organisation, der Inhalte und der Lehrerverhaltensweisen, die insgesamt ein ungünstiges Einfluß-„Klima" ergibt und auf eine gerade hierfür empfindsame Persönlichkeitsstruktur des Schülers in einer bestimmten Entwicklungsphase trifft (Zimmer 1981).

Verschiedene Streßmechanismen

Die subjektiven Faktoren sind dabei sehr ernst zu nehmen. Nicht allein die objektive Belastung erzeugt „Streß"; er tritt erst ein, wenn eine Beanspruchung auch subjektiv empfunden wird. Das wiederum hängt von der individuellen Einschätzung der objektiven Belastung, von der Einschätzung der eigenen Fähigkeiten zur Bewältigung dieser Belastung und von der Einschätzung der Folgen einer Nichtbewältigung ab. Die persönliche Belastbarkeit eines Kindes oder Jugendlichen in der Schule kann nicht losgelöst von der objektiven Belastung betrachtet werden und umgekehrt die objektive Belastung nicht losgelöst von der subjektiven Belastbarkeit. Wie stark die objektive Belastung zu einer subjektiven wird, entscheidet sich auch danach, wie sich die soziale Umwelt verhält. Die Art und Weise, wie Eltern, Lehrer, Mitschüler und Freunde die objektiven Anforderungen wahrnehmen und interpretieren, entscheidet mit über die subjektive Verarbeitung dieser Anforderungen.

Die Erforschung der Mechanismen zwischen Belastungen, psychischen Bewältigungsprozessen, Reaktionen des zentralen Nervensystems, körperlichen Regulationsstörungen und langfristigen organischen Schädigungen steckt noch in den Anfängen. Vor allem sind unterschiedliche soziale Stressoren mit ihren spezifischen Wirkungen auf unterschiedliche gesundheitliche Schädigungen wenig erforscht. Grundzüge ihrer Wirksamkeit sind aber bereits bekannt.

In der klassischen Streßtheorie werden zwei unterschiedliche Wirkungskanäle von Stressoren unterschieden:
a) Anlässe, die zu Leistung, Wettbewerb und Kampf um Selbstkontrolle einer Situation herausfordern, aktivieren die zentralnervösen Bereiche des Sympathikus-Nebennierenmarks;
b) Anlässe, die zu Hilflosigkeit führen und mit einem Verlust von Kontrolle verbunden sind, stimulieren den Hypothalamus-Nebennierenrindenbereich (Siegrist 1988).

Anlässe, die gleichzeitig beide zentralnervöse Reaktionen auslösen, also z. B. hohe Leistung erfordern und mit hoher Gefahr von Mißerfolg verbunden sind, haben eine besonders intensive Wirkung. Sie lösen negative Emotionen wie Ärger und Angst aus und schädigen bei längerer Dauer das gesamte kardiovaskuläre System, indem sie über die genannten Hormonreaktionen einen hohen Blutdruck und hohe Blutfettwerte hervorrufen. Sie können dadurch arteriosklerotische Prozesse in den Blutgefäßen und den Herzkranzgefäßen in Gang setzen, die die Vorstufe für Herzinfarkte oder Hirninfarkte in späteren Lebensabschnitten sind.

Beide Ausgangslagen können eng mit schulischen Leistungsanforderungen im Kindes- und Jugendalter verbunden sein. Die Bereitschaft, hohe Anforderungen zu bewältigen und langfristige Anstrengungen zur Erreichung ferner Ziele zu unternehmen, ist – wie erwähnt – heute für Kinder und Jugendliche im schulischen Bereich charakteristisch. *Kinder mit hoher Leistungsmotivation, die durch nachgewiesene Leistung die Akzeptanz und Zustimmung ihrer Eltern erringen wollen, sind so gesehen eine „gesundheitsgefährdete" Gruppe. Sie können übersteigerte Kontrollbestrebungen entwickeln und in angespannten Leistungssituationen mit langandauernden physiologischen und psychischen Erregungen reagieren.* Bei Mißerfolgserlebnissen, denen sie im schulischen Wettbewerb ausgesetzt sind, kommen diese Streßreaktionen besonders stark zum Ausdruck. Das gilt besonders dann, wenn elterliche Erwartungen nicht erfüllt werden.

Besonders Jungen leiden stark unter der Bedrohung durch schlechte Berufsaussichten und Arbeitslosigkeit. Arbeitslosigkeit wird als besonders gravierend empfunden, weil sie den Eintritt in den wichtigsten Bereich des Erwachsenenstatus versperrt, der zur traditionellen männlichen Rolle gerechnet wird. Studien bei Erwachsenen zeigen zum Beispiel, daß drohende Arbeitslosigkeit den Cholesterinspiegel ansteigen läßt. Auch Arbeiter in stark belastenden Arbeitsvollzügen mit hoher Leistungsmotivation und dem Bestreben, die eigene Arbeitssituation zu kontrollieren, litten verstärkt unter Streßsymptomen wie etwa erhöhtem systolischen Blutdruck (Siegrist 1988). Dieses sind weitere Hinweise darauf, daß Leistungssituationen mit geringen Erfolgsaussichten langfristig zu erheblichen gesundheitlichen Beeinträchtigungen führen können. Die psychische Ausgangsdisposition hierfür kann bereits im Kindesalter gebildet werden, insbesondere, wenn übersteigerte Kontrollambitionen schon im schulischen Bereich entwickelt werden.

Bei Mädchen sind diejenigen Streßreaktionen häufiger, die als Folge von Macht- und Hilflosigkeit erlebt werden, ohne daß Ansätze für eine aktive Behebung und Bewältigung dieser Situation gesehen werden. In solchen Situationen fühlen sie sich unter der Wucht eines Mißerfolgserlebnisses handlungsunfähig zur Kontrolle der Lebensumstände. Die Folge sind emotional depressive Zustände, die auch mit einer Verminderung der Immunkompetenz des Organismus einhergehen und die Anfälligkeit für Infektionen erhöhen können. Daß dieser Typus von Streßreaktionen stärker bei Mädchen und jungen Frauen als bei Männern auftritt, hat wahrscheinlich etwas mit der traditionellen weiblichen Geschlechtsrolle zu tun, die Initiativen und aktive sowie insbesondere aggressive Eroberungs- und Bewältigungsstrategien unterdrückt. Mädchen sind vermutlich auch im schulischen Kontext häufiger in solchen Situationen, in denen die typischen Reaktionen für passiven Streß und die damit verbundenen Erkrankungen auftreten (Kessler & McLeod 1984; Verbrugge 1989).

Streßpotentiale der Schule als Organisation

Das Streßpotential in Sozialisationsinstanzen ist bislang kaum systematisch untersucht worden. Auch die Kontrolle von Gefühlen und Bedürfnissen und ihre Auswirkungen auf den Gefühlshaushalt und die Belastungsverarbeitung sind wichtige Untersuchungsfragen. Im Blick auf die Institution Schule betreffen sie die Qualität der Beziehungen zwischen Schülern und Lehrern. Streßhaltige Beziehungen belasten nicht etwa nur die Schüler, sondern auch die Inhaber von professionellen Rollen:

„Interaktionsstreß liegt immer dann vor, wenn eine Diskrepanz besteht zwischen den tatsächlichen Gefühlen einer Person und den in einer gegebenen Situation als ‚zulässig' oder ‚angemessen' erachteten, d. h. gesellschaftlich normierten Formen des Gefühlsausdrucks. Ein exzessives Maß an Affektkontrolle wird in der Regel z. B. dort abgefordert, wo, wie in Krankenhäusern, Pflegestationen und auch in Schulen, permanent auf Kosten eigener auf Gefühle anderer eingegangen werden muß, zu denen gar keine primären, d. h. gefühlsmäßigen Beziehungen bestehen. Interaktionsstreß liegt u. E. dem mit ‚burn out' bezeichneten typischen Erschöpfungssyndrom personenbezogener Dienstleistungserbringer zugrunde" (Badura & Pfaff 1989, S. 660).

Viele Lehrerinnen und Lehrer spüren heute die Irritation, die Verunsicherung und den Erwartungs- und Leistungsdruck, mit dem ihre Schülerinnen und Schüler in die Schule kommen. Viele stellen sich diesen Anforderungen und geben ihr Bestes, um in einer pädagogisch angemessenen Form auf die veränderten Bedürfnisse ihrer Schüler zu reagieren. Immer mehr Lehrer spüren hierbei aber, daß sie an ihre Grenzen gelangt sind. Die Nervosität und Unruhe und die wachsende psychosomatische und gesundheitliche Störanfälligkeit der Schülerinnen und Schüler macht ihnen zu schaffen. Vermutlich sind Lehrer als Berufsgruppe objektiv stärker herausgefordert als früher, weil sie sich veränderten und in pädagogischer Hinsicht schwierigeren Anforderungen gegenübersehen.

Der Anteil von Lehrerinnen und Lehrern, die selbst psychisch, nervlich und gesundheitlich angeschlagen sind, ist in den letzten Jahren sehr hoch. Mit dem Begriff „burn-out" – wörtlich übersetzt: Ausgebranntsein, Ausgezehrt-sein – wird der Endzustand eines Prozesses bezeichnet, in dem Menschen mit viel Enthusiasmus und Idealismus an eine berufliche Aufgabe herangehen und nach einer Phase enttäuschter Erwartungen, unerwarteter Schwierigkeiten und sich aufhäufender Probleme immer stärker in Reizbarkeit, Gleichgültigkeit, Zynismus und Depression verfallen. Dieser Zustand der psychischen Auszehrung wurde besonders häufig bei Lehrern und bei anderen Berufsgruppen gefunden, die stark auf die Arbeit mit anderen

Menschen und auf das Geben und Helfen ausgerichtet sind. Gleichgültigkeit und Zynismus als Vorstufen von Demoralisierung und Depression sind gerade in interaktionsabhängigen Berufen verhängnisvoll, denn Engagement und Einfühlungsfähigkeit sind die wichtigsten Voraussetzungen für die erfolgreiche Erfüllung des beruflichen Auftrages. Die innere Distanzierung, die innere Emigration und die soziale Isolation machen die Ausübung des Berufes „Lehrer" so gut wie unmöglich, denn sie haben einen überhöhten Kraftaufwand zur Folge, um auch nur die Routineangelegenheiten der täglichen Arbeit zu bewältigen.

Es gibt individuelle, in der Persönlichkeitsstruktur verankerte Ursachen, die manche Lehrerinnen und Lehrer besonders anfällig für Auszehrungsprozesse machen: Ein ohnehin labiles Selbstwertgefühl, eine geringe Selbstachtung, eine geringe persönliche Stabilität und eine nur kleine Bereitschaft, sich anderen Menschen gegenüber zu öffnen und Hilfe und Unterstützung durch andere anzunehmen, sind ganz offensichtlich ungünstige Voraussetzungen, um mit den täglichen Berufsbelastungen zurecht zu kommen. Auch sind Menschen stark gefährdet, die Enttäuschungen in einem Lebensbereich (z. B. dem privaten) auf Enttäuschungen in anderen Lebensbereichen (z. B. dem beruflichen) übertragen und sich damit von Erfolgserlebnissen und positiven Rückmeldungen auf breiter Front abschneiden. Aber ganz offensichtlich liegen die eigentlichen Ursachen für das Ausgezehrtsein in den kontextuellen, strukturellen Rahmenbedingungen für den Arbeitsprozeß. Ihnen müssen wir deswegen besondere Aufmerksamkeit zukommen lassen. Lehrerinnen und Lehrer, die mit ihren beruflichen Anforderungen nicht zurecht kommen, benötigen Entlastung und zugleich neue Felder der beruflichen Betätigung und Befriedigung.

Damit ist die Frage aufgeworfen, welche strukturellen und welche qualitativ-inhaltlichen pädagogischen Maßnahmen ergriffen werden müssen, um das Belastungspotential sowohl der Lehrerinnen und Lehrer als auch der Schülerinnen und Schüler zu verringern und möglichst abzubauen. Denn ganz offensichtlich ergibt sich ein Teil des hohen Spannungspotentials in Schulen aus der Tatsache einer gestörten Kommunikation zwischen Lehrern und Schülern, die ihre Ursache in den erwähnten strukturellen Ausgangskonstellationen („Leistungs- und Qualifizierungsparadox") hat.

Eine „gute" Schule als Beitrag zur Gesundheitsförderung

Interessante Anhaltspunkte bietet die Forschung über die Kriterien einer „guten Schule". In den entsprechenden Studien wird die Gütequalität meist daran gemessen, a) welchen fachlichen Leistungsstand die Schüler erreichen und b) welche sozialen Qualifikationen sie zeigen (zum Beispiel Fähigkeiten zur sozialen Verantwortung, moralischen Urteilsfähigkeit und Kooperationsbereitschaft) (Fend 1978; Rutter u. a. 1980).

In den Untersuchungen erweisen sich unter anderem die folgenden Kriterien als entscheidend:

1. Eine gute Schule ist durch einen intensiven Grad der *kollegialen Zusammenarbeit der Lehrerinnen und Lehrer in fachlichen Fragen* gekennzeichnet. Die Pädagogen sehen sich nicht als „Einzelkämpfer", die mit großem psychischen und nervlichen Kraftaufwand ihr Bestes geben, sondern als miteinander kooperierende, korrespondierende und voneinander profitierende Fachleute. Um diese Kooperation möglich zu machen, muß es einen Grundkonsens, zumindest einen Minimalkonsens, in wichtigen fachlichen Fragen, bei didaktisch-methodischen Problemen und Fragen der curricularen Gestaltung des Unterrichts geben, möglichst auch in Fragen der Leistungsbeurteilung.
2. Eine gute Schule ist durch ständig wiederholte *gemeinsame Erörterungen, Abklärungen und möglichst Festlegungen auch zu allgemeinen pädagogischen Verhaltensregeln des Schullebens* gekennzeichnet. Die Aufrechterhaltung von Mindeststandards der Disziplin und Ordnung, von Regeln des Miteinander-Umgehens im Schulalltag und auch Regeln der Anforderungen im Hausaufgabenbereich wird aktiv angestrebt. Auch hier ist ein Minimalkonsens wichtig, weil nur so die Schule von den Schülern als ein in sich stimmiges Regelsystem und eine nach erkennbaren sozialen Mustern aufgebaute soziale Institution wahrgenommen werden kann.
3. Eine gute Schule ist durch ein *anspruchsvolles Leistungsprogramm* gekennzeichnet, das für die Schüler *deutlich erkennbar* wird, weil die Maßstäbe und Standards für die Bewertung und Beurteilung transparent sind. Schülerinnen und Schüler an diesen Schulen wissen, daß sie Unterstützung und Förderung dann erhalten, wenn sie den anspruchsvollen Anforderungen nicht genügen können.
4. Schließlich erweist sich die *effektive Beteiligung (Partizipation) der Schülerinnen und Schüler und der Eltern an wichtigen schuli-*

schen und unterrichtlichen Belangen als Kennzeichen einer guten Schule. Schüler und Eltern werden in geeigneter Weise über das Arbeitsprogramm der Schule und des Unterrichts informiert. Lehrerinnen und Lehrer machen deutlich, daß sie sich auf die Ausgangslage der Eltern und der Schüler einlassen und berücksichtigen, welche besonderen Lernvoraussetzungen, Zeiteinteilungen, Organisationsbedingungen usw. von den Elternhäusern und von den Schülern erfüllt werden müssen. Wenn die Schüler und die Eltern in bestimmten Bereichen der Gestaltung von Unterricht und Schule auf diese Weise eine echte Mitgestaltungsmöglichkeit haben, dann identifizieren sie sich auch mit der Schule, die die Kinder besuchen, und das ist ein unschätzbares Kapital für das soziale Klima und die Qualität der Beziehungen in der Schule und damit für eine gesunde Persönlichkeitsentwicklung der Schülerinnen und Schüler.

Ein eigenes pädagogisches Profil für jede Schule

Wie diese Untersuchungsergebnisse zeigen, erweist es sich für eine Schule als günstig, einen Konsens in wichtigen pädagogischen Programmpunkten zu erzielen, der sich zu einem charakteristischen „Schulprofil" entwickeln läßt. Dieses muß von einem breiten Bildungskonzept getragen sein, wobei Bildung als die aktive und produktive Auseinandersetzung eines sich entwickelnden menschlichen Subjekts mit der Umwelt und dem Selbst verstanden wird. Die Lehrerinnen und Lehrer treten daher als Helfer, Stimulierer und Förderer auf. Schulische Bildung soll Kindern und Jugendlichen eine erfüllte Gegenwart *und* eine Vorbereitung auf die Zukunft bieten.

Ein am jeweiligen Schulprofil orientierter „guter" Unterricht mit starken fachlichen und sozialen Komponenten ist das entscheidende Kapital, das die Schule zur Verfügung hat, um auf die angespannte gesundheitliche Lage von Kindern und Jugendlichen zu reagieren. Dazu gehört ein klar strukturierter Unterricht. Gerade die schwächeren Schülerinnen und Schüler benötigen deutliche Vorgaben. Sie müssen wissen, nach welchen Kriterien und Maßstäben der Unterricht aufgebaut ist, welcher Schritt auf den nächsten folgt, welche Gewichte der Lehrer dabei setzt. Viele Schülerinnen und Schüler haben Schwierigkeiten, verborgene Maßstäbe, die ein Lehrer nicht öffentlich macht, zu erkennen. Den sozialen und fachlichen Code, den jeder Lehrer in seinen Unterricht hineinlegt, sollte er möglichst ausformulieren und immer wieder den Schülern gegenüber transparent machen, so daß sich alle hierauf einrichten können. Damit kommt er dem heute vielleicht besonders hohen Bedarf an Strukturierung von Wahrnehmungen bei den Schülern nach. Hierzu gehört das Bemühen, an geeigneten Stellen den fachlichen Stellenwert und den fachlichen und überfachlichen „Sinn" des Unterrichts herauszuarbeiten. Schülerinnen und Schüler benötigen Informationen und Einschätzungshilfen darüber, wozu das einzelne Fach von Nutzen ist, welchen Stellenwert es im Konzert anderer Fächer hat, welche spezifischen Erkenntnisleistungen, Methoden und Wissenselemente es vermittelt; sie sind angewiesen darauf, daß zumindest der Versuch gemacht wird, ihnen einzelne Fachelemente nachvollziehbar vorzustellen.

Fächerübergreifende und projektbezogene Unterrichtseinheiten

Die Schulen dürfen sich nicht durch ein segmentiertes fachwissenschaftliches Verständnis bei der Gestaltung der Unterrichtsfächer leiten lassen. Eine künstliche Abgrenzung der Fächer voneinander ist pädagogisch nicht zu rechtfertigen. Es ist nicht zu verantworten, daß sich die verschiedenen Fachaspekte, die ein Schüler zum Verständnis der Welt und zum Verständnis der eigenen Person benötigt, nur in seinem eigenen Kopf zusammensetzen, wo er doch täglich erfährt, daß die Lehrer selbst zu dieser Synthese nicht beitragen. An allen Stellen, wo dies pragmatisch möglich ist, sollten Lehrerinnen und Lehrer fachübergreifend arbeiten, um die Vereinselung der Lebenswelt von Kindern nicht in der Schule kognitiv noch zu verstärken. Ziel sind fächerübergreifende, projektbezogene, epochal angelegte Unterrichtseinheiten. Auch sollten Schulen die starke Zerfaserung und Zersplitterung, die den Stundenrhythmus heute kennzeichnet, nicht weitertreiben und sich wieder stärker auf Prinzipien der Blockung von Stunden und der *Rhythmisierung des Unterrichts* konzentrieren. Dabei sollten alle Möglichkeiten, an alltägliche Erfahrungshintergründe der Schüler anzuknüpfen, genutzt werden. Alle Chancen, um sich Themen und Gegenstände nicht nur kognitiv, sondern auch durch Handeln, durch Erkunden, Erproben, Untersuchen, Experimentieren, Recherchieren usw. anzueignen, müssen dringend gestärkt werden.

Die Schule muß als ein *sozialer Kommunikationsraum* verstanden werden. Wir müssen darüber nachdenken, wie die sozialen Kontakte in der Schule für Lernprozesse ergiebig gemacht werden können. Eine wichtige Rolle hierbei spielt die Position des Klassenlehrers/der Klassenlehrerin. Klassenlehrer haben die Möglichkeit, auf gruppendynamische Prozesse in der Schulklasse einzugehen und sie so zu steuern, daß möglichst gute Kooperationsformen und Beziehungsstrukturen bestehen. Unterricht als soziale Kommunikation bedeutet, die Kontakte der Schüler untereinander mit dem Unterrichtsgeschehen auch in fachlicher Hinsicht zu verknüpfen. Diese soziale Komponente des Unterrichts kann gestärkt werden, indem Lerngruppen gebildet werden, denen ihre eigene soziale Dynamik zugestanden wird (Hurrelmann 1989, S. 147).

Besonders wichtig ist es auch, Schüler in die Rolle von Tutoren hineinzubewegen, sie also mit kleinen Aufgaben zu vertrauen, zum Beispiel um schwächeren Schülern zu helfen und um arbeitsteilig in der Gruppe bestimmte Aufgaben zu lösen. Auch außerhalb des Unterrichts sind solche Tutorenmodelle sinnvoll, etwa indem ältere Schüler jüngeren Schülern im Nachmittagsprogramm zur Seite stehen. Hier liegt ein Potential von sozialen Erfahrungen der Zuständigkeit und Verantwortung, das Schulen pädagogisch aktivieren müssen, um der Erfahrungsarmut entgegenzuwirken, die in vielen täglichen Lebensbereichen heute vorherrscht.

Schulisches Beratungsangebot

Sehr wichtig ist der Aufbau eines schulischen Beratungsprogramms. Grundsätzlich ist jeder Lehrer/jede Lehrerin und insbesondere jeder Klassenlehrer/jede Klassenlehrerin Anlaufstation für Beratung bei persönlichen, leistungsbezogenen, schullaufbahnbezogenen und auch berufsbezogenen Fragen. Irgendwann aber sind die Grenzen der eigenen Kompetenz und des eigenen Zeithaushaltes eines Pädagogen erreicht. Zum Beispiel ist, wie erwähnt, der Bedarf an Orientierung über Bildungslaufbahnen und ihre Chancen und die damit zusammenhängenden späteren Lebensplanungen heute bei den Schülerinnen und Schülern sehr groß. Die Schüler wissen nicht, welche Verwertungschancen ihr Bildungsgang und ihr Bildungsabschluß später einmal hat. Deshalb bietet es sich an, an jeder Schule ein eigenständiges Beratungssystem für Schullaufbahnfragen und Berufswahlfragen, aber auch für psychosoziale und gesundheitliche Fragen und eventuelle Einzelfallhilfe aufzubauen.

Eine gute Lösung ist dabei die Position von *speziell ausgebildeten Beratungslehrern,* die sich mit einem Teil ihrer Stundenzahl spezifischen Aufgaben der Beratung in den verschiedenen Bereichen zuwenden. Wenn sie gute Kontakte zu allen im Stadtteil oder in der Gemeinde erreichbaren Institutionen der Beratung aufbauen, von der Erziehungsberatungsstelle über das Arbeitsamt bis hin zum Gesundheitsamt, können sie an ihrer Schule kompetente und zuverlässige Anlauf- und Hilfsstellen bei schulischen, persönlichen und gesundheitlichen Problemen sein.

Äußere Rahmenbedingungen

Um die Gesundheit von Kindern und Jugendlichen zu fördern, müssen auch die äußeren Rahmenbedingungen von Bildungseinrichtungen stimmen. Hier ist u. a. an die folgenden Bereiche zu denken:
1. Ein angenehmer und sicherer baulicher Zustand des Gebäudes, der Flure und der Aufenthaltsräume, der Außenanlagen und Spielfelder und der Pausenhallen und Sportanlagen.
2. Gute Arbeitsbedingungen in den Gruppen- und Klassenräumen, mit sachgerechter Ausstattung an Sitzmöbeln und Tischen, angemessener Beleuchtung, Belüftung und Klimatisierung und angemessener Heizung.
3. Guter Zustand der sanitären Anlagen.
4. Anregende und sichere Bedingungen während der Pausen und während der Anreise- und Abreisephase der Kinder und Jugendlichen; Berücksichtigung von Sicherheitsmaßnahmen im Blick auf mögliche Verletzungen und Unfälle.
5. Ernährungsphysiologisch gut abgestimmtes Angebot von Nahrungs- und Genußmitteln auf dem Schulgrundstück.
6. Gute Gestaltung des gesamten Tagesablaufs nach Länge der Arbeitsphasen, Rhythmus von Anspannung und Entspannung, räumlichen und sozialen Nischen für individuelle und Gruppenbeschäftigungen usw.

Einige dieser Punkte, zum Beispiel die Gestaltung des Tagesablaufs, lassen sich an den in der Bundesrepublik üblichen Halbtagsschulen allerdings schwer verwirklichen. Deshalb ist über die strukturelle Veränderung der Schullandschaft auch unter diesem Aspekt nachzudenken. Wir sind in der Bundesrepublik Deutschland mit unserem Halbtagssystem einmalig in der Welt, fast alle anderen Länder kennen die Schule als eine Institution, die von Kindern und Jugendlichen auch über die Mittagszeit bis in die Nachmittagszeit hinein besucht wird und deshalb deutlich den Charakter einer „Lernanstalt" abstreift.

Notwendigkeit und Chance der Ganztagsschule

Ganztagsschulen bieten für ihre Schülerinnen und Schüler vom Vormittag bis zum Nachmittag ein differenziertes pädagogisches

Gesamtprogramm an, das auch das Angebot eines Mittagessens einschließt. Pädagogisches Gesamtprogramm heißt dabei: Es sind unterrichtliche, erzieherische und sozialpädagogische Aktivitäten und Maßnahmen in einer sorgfältigen Abstimmung miteinander in das schulische Programm einbezogen. Im einzelnen bietet der Ganztagsbetrieb die folgenden Möglichkeiten:

1. Eine bessere Verteilung des Unterrichts und anderer schulischer Veranstaltungen auf den Vormittag *und* den Nachmittag und damit die Möglichkeit der rhythmischen Gestaltung des gesamten Tagesablaufs in Belastungs-, Entspannungs- und Ruhepausen mit Rücksicht auf körperliche, psychische und soziale Bedürfnisse der Schülerinnen und Schüler.
2. Das Einbeziehen von Übungsphasen und Fördermaßnahmen in den Unterrichtsalltag und damit eine bessere Betreuung schwächerer Schülerinnen und Schüler, die in flexibler und intensiver Weise gefördert werden können und damit eine Verbesserung ihrer Bildungschancen erfahren.
3. Das Reduzieren der konventionellen „Hausaufgaben" auf ein Minimum. Ziel ist eine deutliche Entlastung der Erziehungsberechtigten, die nicht zu „Hilfslehrern der Nation" umfunktioniert werden, sondern sich auf ihre pädagogische Rolle als Eltern konzentrieren können. Natürlich ist damit ein mitdenkendes Verständnis der Eltern nicht ausgeschlossen – im Gegenteil soll es gerade verstärkt werden.
4. Eine Förderung eines guten schulischen „Betriebsklimas", das persönliches Kennenlernen und Kommunizieren der Schüler untereinander und der Lehrer mit den Schülern über den rein unterrichtlichen Bereich hinaus gestattet.
5. Das Angebot einer Mittagsverpflegung in der Schule mit den Chancen zur angemessenen sozialen und gesundheitlich-ernährungsbezogenen Ausgestaltung dieses Ereignisses. Das Mittagessen muß als Bestandteil des Schullebens gestaltet sein.
6. Ein Angebot von Arbeitsgemeinschaften und Projekten vor allem im Nachmittagsbereich, das auf die Altersstufen und auf die Interessenschwerpunkte der Schülerinnen und Schüler eingeht und Elemente für eine sinnvolle Freizeiterziehung enthält.

Ganztagsschulen haben alle Voraussetzungen, ein sozialer Erfahrungsraum für die Schülerinnen und Schüler zu sein – nicht zuletzt deshalb, weil sie zwangsläufig die Zusammenarbeit verschiedener pädagogischer Berufsgruppen in der Schule kennen. Schulen mit ganztägiger Schülerbetreuung müssen je nach Aufgabenprofil Schulpsychologen, Sozialarbeiter, Sozialpädagogen und Erzieher mit in das Kollegium aufnehmen. Hinzu kommen Werkstattmeister, Küchenpersonal und möglicherweise weitere, nicht im engeren Sinne pädagogische Berufsrollen. Auch die Mitarbeit von Eltern und anderen Repräsentanten aus Stadtteil und Gemeinde in verschiedenen Aufgabenbereichen, die der Ganztagsablauf mit sich bringt, ist erwünscht und teilweise notwendig, um den Betrieb in einer lebendigen Form aufrecht zu erhalten.

Pluralität von Bezugspersonen und Berufsrollen

Hierdurch bietet die Ganztagsschule erheblich mehr soziale Rollen und damit auch soziale Orientierungsmuster für Schülerinnen und Schüler an als die Halbtagsschule. Es ist für die Schüler anregend und erfahrungsreich und für die Lehrerinnen und Lehrer streckenweise entlastend, daß mehrere Bezugspersonen im Laufe des Schultags zur Verfügung stehen. Zu Recht wird oft die soziale Isolation beklagt, in die die heutige Schule geraten ist, indem sie sich von vielen anderen Erfahrungsfeldern in der Gesellschaft abgekapselt hat. Hier ist die Institution Schule Opfer der voranschreitenden Abspaltungs- und Differenzierungsprozesse von Teilsystemen, die in allen hochentwickelten Industriegesellschaften beobachtet werden können. Die angemessene Antwort auf diesen Prozeß muß lauten: *Soviel Verbindung und Kooperation mit außerschulischen Lebensbereichen herstellen wie möglich und zugleich soviele soziale Beziehungen und Lebenserfahrung in der Schule ermöglichen und herausfordern wie irgend denkbar.*

Die Ganztagsschule ist – wenn wir ihr pädagogisches Konzept ernst nehmen – besonders geeignet, bei psychischen, sozialen und auch gesundheitlichen Problemen von Schülern unterstützend einzugreifen. Verhaltensauffälligkeiten und Gesundheitsbeeinträchtigungen von Kindern und Jugendlichen können im Rahmen der Ganztagsarbeit besser und schneller erkannt werden – natürlich nur, wenn ausreichend geschultes Fachpersonal vorhanden ist. Durch das Einbeziehen von sozialpsychologischen und sozialpädagogischen Fachkenntnissen ins Schulkollegium kann das „Unterstützungspotential" der Institution Schule gesteigert werden. Je stärker sie in den laufenden Unterrichtsbetrieb integriert sind und je mehr sie auf unkomplizierter Kooperation von Lehrern und Fachkräften untereinander basieren, desto günstiger wirken sich solche Initiativen aus. Zielvorstellung der pädagogischen Arbeit ist dabei nicht die punktuelle und isolierte Einzelfallhilfe, sondern eine soziale Unterstützung für problembelastete Schülerinnen und Schüler, die in eine lebensweltbezogene Jugendarbeit innerhalb des Schulsystems oder eine Kooperation mit der Jugendarbeit einbezogen ist.

Mehr Ganztagsschulen werden in den nächsten Jahren mit Sicherheit kommen. Der heute schon spürbare familienpolitische Bedarf, den ich angesprochen habe, wird weiter wachsen. Schulpolitiker sollten sich aber dagegen wehren, die Ganztagsschule nur als eine „Zweckschule" zu definieren, als eine schiere familien- und jugendpolitische Not-Lösung. Wichtig in der aktuellen Diskussion ist es,

Ganztagsschulen mit pädagogischen Argumenten zu begründen. Denn nur dadurch können wir sicherstellen, daß sie nicht als „In-die-Länge-gezogene-Halbtagsschulen" verstanden werden, die die Chance einer pädagogischen Neudefinition ihrer Aufgaben verpassen. Wir benötigen diese Neudefinition dringend, denn die veränderten Lebensbedingungen von Kindern und Jugendlichen verlangen nach angemessenen pädagogischen Antworten. Kinder und Jugendliche benötigen den Lebensraum Schule als einen wichtigen sozialen Aufenthaltsbereich und als Forum für die Auseinandersetzung mit der eigenen Person und der Umwelt. Die Ganztagsschule kann gute Voraussetzungen bieten.

Entideologisierung der Schulformwahl

Die starke Spannung und der große Erwartungsdruck, der heute auf Kindern und Jugendlichen in der allgemeinbildenden Schule lastet, kann nicht allein durch pädagogisch-inhaltliche Maßnahmen bewältigt werden. *Viele der Erscheinungsformen von „Schulstreß" haben ihre Ursache in der Organisationsstruktur des westdeutschen Schulwesens, die schon nach vier gemeinsamen Schuljahren an der Grundschule eine Entscheidung der Eltern zwischen verschiedenen Formen der weiterführenden Schule mit unterschiedlichen Bildungsprofilen und Abschlußperspektiven verlangt.* Im Vergleich zu den anderen Industrieländern, auch den europäischen Nachbarländern, fällt das organisatorisch sehr stark in sich gegliederte westdeutsche Schulwesen mit seinem Laufbahn- und Berechtigungsdenken aus der Rolle.

In kaum einem anderen europäischen Land gibt es noch einen so stark klassen- oder schichtspezifischen Akzent in den frühen Schulwahlen der Eltern, wie er bei uns immer noch anklingt. Das ausleseorientierte gegliedere Schulwesen in der Bundesrepublik bringt unverkennbar einen Prestige- und Klassenkampfakzent in die Schulwahlentscheidungen von Eltern. Durch seine Kopplung mit späteren Laufbahnberechtigungen neigt es von seiner ganzen Konstruktion her dazu, jungen Gesellschaftsmitgliedern schon frühzeitig ihren sozialen Status in Beruf und Gemeinwesen zuzuweisen.

Wir sollten von den anderen europäischen Ländern lernen, daß es für eine demokratische Gesellschaft, die sich als eine mobile Leistungsgesellschaft versteht, an der Zeit ist, diese überholten statusbezogenen und ideologieanfälligen Denkmodelle zu überwinden. Alles spricht für Schritte in Richtung einer Integration, einer Überwindung der organisatorischen Trennungen der verschiedenen Schulformen in der Sekundarstufe I und für ein längeres Offenhalten unterschiedlicher Bildungswege, die zu gleichberechtigten Bildungsabschlüssen führen.

Der frühe Entscheidungsdruck für weiterführende Schulen hat dazu geführt, daß heute die Hauptschule auf dem Wege zu einer Restschule in dem Sinne ist, daß sie nur noch von denjenigen angewählt wird, die den Übergang in eine Realschule oder ein Gymnasium aus irgendwelchen Gründen nicht vornehmen können. Die Hauptschule wird nur noch von einer kleinen Minderheit von Eltern und Schülern aus grundsätzlicher Überzeugung angewählt. In den städtischen Ballungsgebieten, wo dieser Prozeß am stärksten ausgeprägt ist, erreicht sie teilweise nur noch ein Viertel der Elternschaft, wobei bestimmte Bevölkerungsgruppen, insbesondere Kinder von Familien aus dem Ausland, die in die Bundesrepublik gekommen sind, eindeutig überwiegen.

Die Bundesrepublik benötigt dringend realistische und tragfähige Alternativen zur heutigen Schulstruktur in der Sekundarstufe I. Wir brauchen eine neue, der Nachfrage und der veränderten Entwicklung angemessene Angebotsstruktur von Schulen. Dabei helfen uns keine planwirtschaftlichen und dirigistischen Eingriffe, in welche Richtung sie auch immer führen sollen. Vielmehr benötigen wir auch im Bildungswesen eine Art marktwirtschaftlicher Struktur, deren soziale Gerechtigkeit und Chancengleichheit demokratisch kontrolliert wird. Wir haben heute *keine* ausgewogene Angebotsstruktur, weil das Gymnasium im Grunde ohne Konkurrenz am Bildungsmarkt ist, da es alle Schulabschlüsse einschließlich des begehrten Abiturs anbietet.

Die Eltern entscheiden sich zunehmend gegen schulische Bildungsgänge, die primär auf einen sofortigen Berufseintritt ausgerichtet sind. Die Bildungsforschung zeigt, daß dieses Votum richtig ist: Es lassen sich keine klar abgrenzbaren Anforderungstypen für Qualifikationen im Beschäftigungssystem ausmachen. In allen Branchen und in allen Einsatzbereichen wird heute eine gute Allgemeinbildung mit Berücksichtigung sowohl theoretischer als auch technischer Grundbildung gefordert. Hier liegt auch der Grund für die große Nachfrage der Unternehmen und Behörden nach Absolventen der Gymnasien, denen offenbar das breitere Verwendungsprofil und die flexibleren Einsatzmöglichkeiten im Beschäftigungssystem zugesprochen werden. Die Entwicklung am Arbeitsmarkt zeigt darüber hinaus, daß die traditionellen Einsatzfelder für Volksschul- und Hauptschulabsolventen im Zuge von Automatisierung und Computerisierung der Arbeitsabläufe zunehmend wegrationalisiert werden.

Für gleichberechtigte aber differenzierte Bildungsgänge

Das Gefälle von Privilegien zwischen den verschiedenen „weiterführenden" Schulformen in der Sekundarstufe I muß deshalb abgebaut werden. Eltern und Schüler müssen nach der Grundschule den sicheren Eindruck haben, daß der weitere Bildungsweg ihres Kindes nicht schon durch die Anwahl einer bestimmten Schulform vorprogrammiert ist. *Was die Eltern objektiv auch benötigen, sind qualitativ hochwertige Schulen, die den individuellen Lernvoraussetzungen ihrer Kinder gerecht werden und möglichst viele unterschiedlich zugeschnittene Bildungswege gestatten.* Zugleich möchten sich Eltern – aus einem wohlverstandenen Eigeninteresse für das eigene Kind heraus durchaus verständlich – den Weg für den hochwertigsten Schulabschluß unseres Schulsystems, das Abitur, offenhalten. Denn die Eltern wissen, daß das Abitur der vielfältigst verwertbare Schulabschluß ist, der sowohl Studien- als auch Berufswege eröffnet.

Unser Schulsystem bietet heute für den Erwerb des Abiturs den klassischen Weg über die Schulform Gymnasien an. In der bildungspolitischen Diskussion muß verstärkt darüber nachgedacht werden, welche anderen Wege eröffnet werden können, um nach Durchlaufen der Grundschule verschiedene Bildungsgänge vorzufinden, die potentiell bis zum Abitur führen. Das Bildungssystem muß ein Schulangebot sicherstellen, das verschiedenartigen Ausprägungen von Neigungen und Begabungen gerecht werden kann. Sowohl frühe Kanalisierungen und Fixierungen wie auch allzulange irritierende Orientierungslosigkeit in zu stark geöffneten Systemen müssen vermieden werden.

Deshalb steht zur Diskussion, ob in einem ersten Reformschritt z. B. die Grundschulzeit verlängert und/oder durch Zusammenlegung der Schulformen Hauptschule und Realschule eine reformpädagogisch konzipierte „Oberschule" neu gebildet werden könnte, die diesen Bedürfnissen gerecht wird. Gymnasien können nicht einfach so weiterwachsen wie bisher, denn mit ihrem wissenschaftspropädeutischen, fachgegliederten Programm können sie nicht alle Schüler eines Jahrganges ansprechen. *Neu konzipierte Oberschulen, als Wahl- und Angebotsschulen mit eigener Oberstufe (nach dem Modell der Gesamtschule in manchen Bundesländern) könnten sich für viele Jugendliche und Eltern als Alternative erweisen.* Das Bildungsangebot dieser Schulen muß von seiner pädagogischen Ausgestaltung, von den angebotenen Inhalten und den erreichbaren Abschlüssen her so attraktiv sein, daß es aufgrund freier Elternentscheidung genügend Akzeptanz findet. Mit einer reformpädagogischen Orientierung

(Lernen in umfassenden Zusammenhängen, fächerübergreifende Kooperation, Lebensnähe und Handlungsorientierung des Unterrichts, klassen- und stufenübergreifende Lerngruppen usw.) erscheint das als ein realistisches Ziel.

Der Übergang von der Grundschule in weiterführende Schulen ist heute mit untergründigen Statusängsten verbunden, die sich in Nervosität und Unruhe von Eltern, Lehrern und Schülern niederschlagen können. Die Schülerinnen und Schüler befinden sich, wenn die Entscheidung zum Übergang naht, in einer angespannten Situation. Zur besseren Abstimmung der Übergänge sind gemeinsame Konferenzen und Fortbildungsveranstaltungen von Lehrern an Grundschulen und weiterführenden Schulen, gegenseitige Hospitationen und Absprachen über Unterrichtsformen und Unterrichtsinhalten, Fortführung von Arbeitsgemeinschaften und Fördermaßnahmen, gemeinsame Spiel- und Lernkreise, Sportveranstaltungen, Feste, gemeinsame Informationsabende für Eltern, das gemeinsame Erstellen eines Rahmenplans für die weitere Zusammenarbeit und die Benennung von Kontaktpersonen aus dem Kollegium hilfreich.

Auf die vielfältigen Möglichkeiten von Schulen (und auch anderen Bildungseinrichtungen wie Kindergärten und Volkshochschulen), durch inhaltliche Gestaltung des Unterrichts und spezielle Gesundheitserziehung und -bildung einen Beitrag zur Gesundheitsförderung zu leisten, gehe ich in Kapitel 6 noch ausführlich ein. Dort werden auch weiterführende Überlegungen zur Einbeziehung der schulischen Arbeit in die allgemeine Jugendarbeit und Jugendgesundheitsförderung angestellt.

Kapitel 5
Gesundheitsgefährdungen im Umwelt-, Wohn- und Freizeitbereich

In ihren Lebensbereichen außerhalb der Familie und der institutionalisierten Erziehungs- und Bildungseinrichtungen finden Kinder und Jugendliche heute eine teils zwar äußerst anregende, in vielerlei Hinsicht aber auch einseitig stimulierende und in erschreckend vielen Aspekten direkt und indirekt gesundheitsgefährdende Umwelt vor. Welches sind die Risiken für eine gesunde Persönlichkeitsentwicklung, auf die wir in diesen Bereichen achten müssen? Ich möchte auf vier Problemkomplexe besonders eingehen:

1. Durch die Belastung von Wasser, Boden, Luft und Nahrungsmitteln sind die natürlichen Lebensbedingungen von Kindern und Jugendlichen in den Industriegesellschaften erheblich beeinträchtigt. Hier liegen die Ursachen für viele der sich schnell ausbreitenden gesundheitlichen Beeinträchtigungen, vor allem für Allergien der Haut und der Schleimhäute, aber zunehmend auch für andere Krankheiten verschiedenster Art.
2. Die alltäglichen Verkehrsräume Wohnung und Straße sind heute alles andere als den Bedürfnissen der Kinder entsprechend gestaltet, sie müssen vielfach geradezu als kinderfeindlich und damit auch als für die gesunde Entwicklung abträglich eingestuft werden. Außerdem bergen sie im wahrsten Sinne des Wortes lebensgefährliche Risiken.
3. Die Welt der Kinder und Jugendlichen ist heute sehr stark mediatisiert und bietet einen Überschuß an visuellen und akustischen, meist elektronisch vermittelten Informationen, während emotionale und motorische Sinnesbereiche zu wenig stimuliert werden. Auch hier liegen erhebliche Risiken für die gesunde Persönlichkeitsentwicklung, weil spontane und alle Sinne ansprechende Aneignungsprozesse der sozialen und der natürlichen Umwelt gestört sind.
4. Der Freizeitbereich ist sehr stark kommerzialisiert und zusätzlich durch die schwer vorhersagbare Dynamik der Freundschaftsbeziehungen in der Gleichaltrigengruppe geprägt. Dadurch herr-

schen in ihm verdeckte Wettbewerbs- und Prestigedynamiken, die Kinder und Jugendliche in für ihre Gesundheitsentwicklung riskante Situationen hineinmanövrieren können. Hinzu kommen erhebliche Verunsicherungen der psychosozialen und moralischen Wertorientierung, die im Zuge einer voranschreitenden Individualisierung und Pluralisierung von Lebensmustern zu psychischen Orientierungsschwierigkeiten und psychosozialen Störungen führen.

Gesundheitsgefährdung durch ökologische Schäden

Seit Ende der 80er Jahre besteht eine realistische Hoffnung, daß die Gefahr einer weltweiten Kriegskatastrophe mit atomarer Verseuchung der Erde geringer wird. Zum ersten Mal in der Geschichte werden Waffen tatsächlich vernichtet, nachdem sich die Supermächte vom Kurs der ununterbrochenen todbringenden Aufrüstung abgewandt haben. Eine große existentielle Bedrohung, die Menschen aller Altersgruppen, ganz besonders aber auch Kinder und Jugendliche, psychisch stark belastet hat, könnte damit abgebaut werden.

Das gilt leider nicht für ein zweites weltweites Gefährdungspotential, die existentielle Bedrohung der Umwelt. Die Zerstörung des ökologischen Lebensraums des Menschen und seiner natürlichen Ressourcen geht vielmehr unvermindert weiter. Durch spektakuläre Katastrophen in Atomkraftwerken, Havarien von Ölsupertankern und Unfällen in Chemiefabriken werden wir schlaglichtartig auf die gefährliche Situation aufmerksam gemacht. Die Vernichtung der natürlichen Lebensgrundlagen dokumentiert sich in zunehmender Verschmutzung von Wasser, Luft und Boden, im Anschwellen der Abfallberge, dem Waldsterben, der Veränderung der globalen Ozonschicht, der weltweiten Klimaveränderung und der Abholzung der tropischen Regenwälder.

Kinder und Jugendliche sind von dieser Entwicklung mittelbar und unmittelbar besonders stark betroffen. Sie nehmen nicht nur physiologisch Schaden, sondern sie leiden auch psychisch, seelisch und sozial, stärker als andere Altersgruppen der Bevölkerung, unter der ökologischen Krise (Dost 1983; Kramer 1987). Bewußt und unbewußt spüren sie, daß die Grundlagen für ihre Existenz als menschliche Lebewesen in Gefahr sind. Untersuchungen zeigen eine hohe innere Verunsicherung und seelische Alarmierung vor allem bei den 9- bis 14jährigen, die sehr starke emotionale Komponenten hat.

Bei allen Jugendlichen stehen Ängste vor Krieg, Umweltschäden, Sorgen um die persönliche Gesundheit sowie berufliche und zwischenmenschliche Schwierigkeiten (in dieser Reihenfolge) an der Spitze der Nennungen (von Fromberg, Boehnke & McPershon 1989). Unter den Einzeläußerungen standen die folgenden furchterregenden Ereignisse an erster Stelle: daß
1. die Umweltzerstörung noch stärker wird,
2. ein Atomkraftwerk explodiert,
3. ein Atomkrieg ausbricht,
4. immer mehr Menschen in der Welt verhungern.

Während in den letzten Jahren die Furcht vor einem Weltkrieg abgenommen hat, ist die Furcht vor der Umweltzerstörung bei Jugendlichen in allen Altersgruppen weiter angewachsen. Mädchen erweisen sich insgesamt als sensibler gegenüber den makrosozialen und makropolitischen Bedrohungen und drücken mehr Angst und Furcht als Jungen aus.
Die Gefahr der ökologischen Krise beschränkt sich keineswegs nur auf die Industrieländer und die Nordhalbkugel der Erde. Auch in den industriell wenig entwickelten Ländern zeigen sich erhebliche Probleme. Hier steigen die Bevölkerungszahlen ununterbrochen weiter an. Die Umweltbedingungen, unter denen die meisten Menschen leben, sind nach den Maßstäben der Industrieländer unerträglich. Die Weltgesundheitsorganisation (1985) schätzt, daß 800 Millionen Menschen unter der relativen „Armutsgrenze" in ihrem Land leben. Die Mehrzahl von ihnen fristet ihr Dasein in Wellblechhütten, Slums, Flüchtlingslagern und wilden Siedlungen. Der Mangel an sauberem Wasser und sanitären Anlagen begünstigt gefährliche Krankheiten wie Typhus, Cholera, Hepatitis, Kinderlähmung, Ruhr und Amöbenruhr. Außerdem leiden die meisten von ihnen an häuslicher Luftverschmutzung, weil schlechtes Brennmaterial für die Energieerzeugung im eigenen Haus verwendet wird. Nahrungsmangel, Übervölkerung und ständige Unsicherheit über den weiteren Lebensweg führen bei Kindern und Erwachsenen außerdem auch zu schweren psychischen Gesundheitsproblemen.
Im Vergleich hierzu sind die Umweltprobleme in den Industrieländern insgesamt geringeren Ausmaßes, aber leider langfristig nicht unbedingt weniger bedrohlicher Natur. Die Belastung von Wasser, Luft und Boden hat erschreckende Ausmaße angenommen.

Wasserverschmutzung

Sauberes Trinkwasser kann nicht mehr überall aus den Flüssen entnommen werden, sondern muß durch tiefe Grundwasserleitungen herangeführt werden. Damit werden jahrtausendalte Wasservorräte verbraucht. Wasser ist ein lebenswichtiges Nahrungsmittel: Von einem erwachsenen Menschen werden 2 Liter Wasser pro Tag konsumiert und Wasser macht den größten Anteil bei den Körperzellen aus. Giftige Stoffe im Wasser haben deshalb sehr schnell die Gelegenheit, bis in die letzte Zelle vorzudringen und biologische Vorgänge empfindlich zu stören. Menschen mit hohem Flüssigkeitsbedarf sind hiervon besonders betroffen. Zu ihnen gehören Säuglinge und Kleinstkinder (Bundesvereinigung für Gesundheitserziehung 1990, S. 47ff.).

Die einmal ins Wasser gelangten Fremdstoffe lassen sich nach heutigem Kenntnisstand nie wieder spurenlos entfernen. Es sind vor allem Industriechemikalien wie organische, chlorhaltige Lösungsmittel und Wirkstoffe aus Pflanzenschutzmitteln, die die Vergiftung des Trinkwassers verursachen. Als besonders bedenklich wird von Fachleuten die ständige Zunahme des Nitratgehalts in landwirtschaftlich intensiv genutzten Flächen gewertet, die für die Trinkwassergewinnung herangezogen werden. Schon geringe Dosen im Trinkwasser haben bei Kindern und Erwachsenen große Auswirkungen auf das Immunsystem. *Die schädigenden Effekte sind die das Immunsystem unterdrückenden, die allergischen, krebsfördernden, zellverändernden und anderen Reaktionen.* Ungeklärt ist bisher, welche schädigenden Effekte bei der Kombination und bei möglicher additiver oder kumulativer Wirkung mehrerer Schadstoffe auftreten. Nach allen bisherigen Erkenntnissen sind kleine Kinder – schon während der Schwangerschaft und in den ersten Lebensmonaten – besonders stark von den schädigenden Wirkungen verschmutzten Trinkwassers auf ihren Organismus betroffen.

Luftverschmutzung

Bei der Luftverschmutzung sind in den Industrieländern die wichtigsten Quellen und Stoffgruppen Schwefeldioxyd, Stickstoffoxide und Kohlenmonoxid. 1989 verzeichneten wir in der Bundesrepublik einen Ausstoß von jährlich 2,7 Millionen Tonnen Schwefeldioxyd, 2,9 Millionen Tonnen Kohlenmonoxid, 70 000 Tonnen Dieselrußpartikeln und 32 000 Tonnen Schädlingsbekämpfungsmittel sowie an die zwei Millionen Tonnen an Feinstaub gebundene organische Stoffe.

Auch hier können schon geringe giftige Dosierungen bei Kindern und Jugendlichen spürbare Beeinträchtigungen der Gesundheit zur Folge haben. Schädigungen der Atemwege, Reizungen der Augen und der Haut, Hals- und Brustbeschwerden, Hustenreiz und allgemeine Beeinträchtigungen der Leistungsfähigkeit werden festgestellt. Als Schrittmacher sind hier namentlich Luftschadstoffe wie Tabakrauch, Dieselrußpartikel, Feinstäube und die Reizgase Schwefeldioxyd und Stickstoff erkannt worden.

Neuere Studien zeigen deutlich höhere Allergisierungsraten gegenüber in den Atemtrakt gelangenden Allergenen bei Kindern in belasteten Regionen wie Köln und dem Ruhrgebiet. So wurden in schadstoffbelasteten Gebieten mit hohem Verkehrsaufkommen überdurchschnittlich viele Kinder gefunden, die unter Pollen-Allergien litten und zugleich erhöhte Werte an Benzol und Tuluol im Blut aufwiesen. Auch die Luftverschmutzung kann über die Boden- und Grundwasserverschmutzung indirekt schädigende Wirkungen ausüben, etwa durch die Emissionen von Chlorkohlenwasserstoffen, die direkte Organschäden (Leber, Niere, Zentralnervensystem) und indirekt krebserzeugende Wirkungen durch Belastung der Luft und Kontamination von Nahrungsmitteln und Wasser entfalten können. Die Ausdünnung der Ozonschicht der Stratosphäre durch Fluorkohlenwasserstoffe läßt energiereiche Strahlung verstärkt bis zur Erdoberfläche durchdringen und löst Schäden am Immunsystem, vermehrtes Auftreten von Hautkrebs und Augenleiden beim Menschen aus. Inwieweit Kinder und Jugendliche als voll in körperlicher Entwicklung befindlich möglicherweise besonders betroffen sind, kann nach heutigem Erkenntnisstand noch nicht gesagt werden (Bundesvereinigung für Gesundheitserziehung 1990, S. 55 ff.).

Die wissenschaftlichen Methoden zur Abschätzung der Risiken von Schadstoffen und zur Sicherung des Schutzes gegen sie sind noch unzuverlässig. Sie gestatten zwar die Prüfung der Schädlichkeit und Gesundheitsgefährdung einzelner Stoffe und legen zulässige Höchstwerte und erlaubte Maximalkonzentrationen fest. Aber sie orientieren sich an reinen Durchschnittswerten und vernachlässigen damit, daß die körperliche Konstitution, das jeweilige Alter, das Geschlecht, die Ernährungsgewohnheiten und andere Lebensstilelemente unterschiedliche Aufnahmefähigkeiten mit sich bringen. Viele der chemischen und der Umweltrisiken sind überdies schwer wahrnehmbar und auf die Aufdeckung ihres Gefährdungspotentials durch wissenschaftliche Methoden angewiesen. Nur dann, wenn glaubwürdig die Gefährdung nachgewiesen ist, kommt es aber – wenn überhaupt – zu politischen Reaktionen. Ein besonderes Problem ist auch, daß die meisten Untersuchungen bei einzelnen Schadstoffen ansetzen, nie aber die gesamte Schadstoffkonzentration bei einem einzelnen Menschen ermitteln. Das ist irreführend, denn verschiedene als unbedenklich eingestufte Schadstoffkonzentrationen können sich in Kombination zu einer bedenklichen Gesamtbelastung beim einzelnen Menschen aufschaukeln („Endlagerstätte Mensch") (Badura, Elkeles, Grieger & Kammerer 1989).

Wie stark vor allem Kinder betroffen sind, zeigen *Reihenuntersuchungen zur Erforschung der Wirkung von Umweltgiften,* die zu dem Ergebnis kommen, daß selbst kaum meßbare Konzentrationen von Dioxin in der Atemluft bei Kindern wichtige Stoffwechsel- und Immunfunktionen deutlich verändern. Danach nimmt selbst bei geringen Mengen von Dioxinen die Zahl einer für die Abwehr von Erregern wichtigen Art weißer Blutkörperchen deutlich ab. Zudem verringert sich durch Dioxin die Zahl der Helfer-Zellen des Immunsystems, ohne die der Körper weder Viren noch Krebszellen bekämpfen kann. Auch Mandeln und Lymphknoten sind bei belasteten Kindern deutlich häufiger angeschwollen als bei unbelasteten. So können dioxinhaltige Stoffe wie Holzschutzmittelgifte, die in Kindertagesstätten eingesetzt werden, gravierende Auswirkungen auf die Bildung von Antikörpern, den Stoffwechsel der Schilddrüse (die unter anderem Wachstum und Entwicklung des Gehirns steuert), die Konzentration bestimmter Blutfette und den Vitaminhaushalt des Körpers von Kindern haben.

Schadstoffbelastung der Ernährung

Die Verschmutzung von Wasser, Boden und Luft hat eine Schadstoffbelastung der Ernährung zur Folge und führt damit auch zur Fehlernährung. Immer mehr gefährliche Stoffe gelangen in die Nahrungsmittelkette des Menschen. Das menschliche Immunsystem zur Abwehr gefährlicher Fremdstoffe und Infektionen ist hierdurch zunehmend überfordert und bricht unter bestimmten Bedingungen ganz zusammen. Die sichere Identifizierung aller gefährlichen Schadstoffe ist heute noch nicht möglich; die breite Fülle der Chemikalien, die mit der Nahrungsaufnahme verbunden ist, ist auch für Fachleute unüberschaubar. Wir haben es vor allem mit Rückständen aus der industriellen und der landwirtschaftlichen Produktion, Rückständen aus der Verpackung, Lebensmittelzusätzen, gefährlichen Stoffen nach Bestrahlungsvorgängen, solchen in verdorbenen Lebensmitteln und auch solchen, die von Natur aus in Lebensmitteln vorkommen, zu tun. Sie alle transportieren Chemikalien in unseren Körper.

Über eine lange Kette, die von Luft-, Boden- und Wasserbelastung über chemische Saatbehandlung, Düngung, Tierfutter, Tierhormone und -medikamente und chemische Hilfsmittel bei der Verarbeitung, Aufbereitung und Konservierung der Naturprodukte reicht, gelangen diese Chemikalien in die menschliche Nahrung. *Die ganze Tragik der Nahrungsmittelverschmutzung offenbart sich in der Tatsache, daß die Muttermilch von schwangeren Frauen sehr stark durch solche Chemikalien, durch Schwermetalle, Pestizide und Radioaktivität belastet ist.* Um das Belastungspotential für Säuglinge nicht zu groß werden zu lassen, empfehlen Ärzte teilweise schon, die Stillzeiten zu begrenzen. Dabei ist jedoch zu bedenken, daß je nach Ernährungsgewohnheit der Mutter auch schon während der Schwangerschaft die Plazenta mit gefährlichen Schadstoffen durchdrungen sein kann, zum Beispiel mit Kohlenwasserstoffen (Badura, Elkeles, Grieger & Kammerer 1989).

Auswirkungen schadstoffhaltiger Ernährung bei Kleinkindern wurden bisher vor allem auf den Zellaufbau und die Beschaffenheit des Immunsystems nachgewiesen. Folgen sind im Bereich von Allergien und Krebskrankheiten beobachtbar. Bei Krebs wird der Langzeiteffekt durch Veränderungen am Erbgut eingeleitet (mutogene Effekte), bei Allergien durch Sensibilisierung, die zu krankmachenden Überempfindlichkeitsreaktionen führt. Das Immunsystem kann bei wiederholtem Kontakt mit dem allergenen Stoff allergische Krankheiten bewirken, meist gesteuert über die Zunahme von Lymphozyten, die Antikörper ausbilden. Bestimmte Antikörper (Immunglobuline) aktivieren Zellen in der Außenhaut, in den Schleimhäuten und im Blut, die zu den allergischen Reaktionen Juckreiz, asthmatischer Hustenanfall, Fließschnupfen und Augentränen führen. Psychische Faktoren, die zu Erregung und Anspannung führen, können diese allergischen Reaktionen weiter verstärken, eventuell auch die Ausgangsreaktion mit einleiten. Umgekehrt können Allergien auch psychische Belastungszustände und psychosomatische Störsymptome nach sich ziehen (Bundesvereinigung für Gesundheitserziehung 1990, S. 135 ff.).

Schließlich ist auf *falsches Ernährungsverhalten* als eines der größten umweltabhängigen Gesundheitsrisiken hinzuweisen. Auch Kinder und Jugendliche neigen heute zu einem übermäßigen Konsum von hochkalorigen Lebens- und Genußmitteln (Deutsche Gesellschaft für Ernährung 1988). Die Folge ist *Übergewichtigkeit,* die heute bis zu 20% einer Altersgruppe geschätzt werden kann, mit einem Höhepunkt bei den 9- bis 14jährigen. Neben der *übermäßigen Kalorienaufnahme* ist meist eine *verringerte Kalorienabgabe* durch zu wenige motorische Aktivitäten der Ausgangspunkt. In vielen Fällen liegt der Ausgangspunkt für das Ernährungsfehlverhalten auch bei einem schrittweise erlernten und schon in der frühen Eltern-Kind-Beziehung angelegten abnormen Eßverhalten (Überfütterung des Säuglings, Nahrungsaufnahme als Hauptquelle von Entspannung und Bestätigung usw.). Auch durch die familiären Eß- und Kochgewohnheiten, die suggestive Wirkung der Werbung, aggressive Verkaufsstrategien in Supermärkten, die symbolische und psychosoziale Funktion der Nahrungsaufnahme in der Gleichaltrigengruppe sowie falsches Modellverhalten der Erwachsenen kommt es zu einseitigem und objektiv ungesundem Nahrungsmittelverzehr bei Kindern und Jugendlichen. Die Folgen können krankhafte Übergewichtigkeit (Adipositas) und Bewegungsarmut mit Langzeitauswirkungen auf das gesamte Herz- und Kreislaufsystem sein (Steinhausen 1985).

Abhilfe ist dringend nötig. *Die Langzeitfolgen der Umweltverschmutzung lassen sich heute noch nicht absehen.* In welchem Ausmaß das Trinkwasser tatsächlich belastet ist, wird sich erst in Jahren oder Jahrzehnten zeigen, wenn die heute in den Boden eingedrungenen Stoffe ihren Weg in das Grundwasser gefunden haben. Auch die ersten Erfolge im Umweltschutz, die etwa zum Abbau der jährlichen Emissionen an Schwefeldioxyd und Stickstoffoxid geführt haben, sind kein Anlaß zur Beruhigung, denn das Gesamtausmaß der Luftverschmutzung bewegt sich weiterhin auf lebensgefährlich hohem Niveau.

Für eine pädagogisch gut durchdachte Umwelt- und Gesundheitserziehung, auf die ich in Kapitel 6 eingehe, bestehen durchaus gute Voraussetzungen. *Die Sensibilisierung der Kinder und Jugendlichen für Umweltthemen ist sehr hoch. Das gilt vor allem für die 9- bis 14jährigen, die intellektuell aufgeschlossen und emotional leicht ansprechbar sind und noch nicht in den Zwängen der Adoleszenz stehen, sich als „starke und lebensbewältigungsfähige Typen" darzustellen.*

Auch die Ernährungserziehung kann sinnvoll in dieses Konzept mit einbezogen werden. Über die Grenzen einer informativ und aufklärerisch vorgehenden Strategie der Bewußtmachung müssen wir uns aber im klaren sein. Solch ein Vorgehen kann nur eine begleitende Aktivität zu den eigentlichen, strukturell eingreifenden politischen Maßnahmen sein. Erst wenn über Marktanreize und umweltbezogene Kosten- und Gebührenstrukturen Produktion und Konsumption, Verkehr und Haushaltsführung so beeinflußt werden, daß die Umweltverschmutzung auf ein Minimum gedrosselt wird, kann die ökologische Krise überwunden werden. Erst wenn in allen angesprochenen Lebensbereichen einschließlich des Ernährungsbereiches ein kostengünstiges Alternativangebot (z. B. von Verkehrsmitteln, Konsumgütern, ressourcenschonend hergestellten Nahrungs- und Genußmitteln) aufgebaut wird, können wir bei größeren Teilen der Bevölkerung, auch den Kindern und Jugendlichen, auf eine Umstellung der Lebens- und Ernährungsgewohnheiten in den Bereichen setzen, die dem eigenen Willen und Handeln unterliegen.

Veränderung der sozialen Lebenswelt

Veränderte Lebensbedingungen haben dazu geführt, daß Kinder heute neuartige Formen des aktiven Umgangs mit ihrer Lebenswelt entwickeln (müssen). Straße und Wohnumgebung stehen dabei nur eingeschränkt als Erlebnisräume zur Verfügung. Spielkontakte müssen sehr weitgehend von den Eltern hergestellt werden. Die „Versorgung" des Kindes mit Spielkontakten kann als ein wichtiger Teil der Erziehungsleistungen von Eltern gewertet werden. Die materiellen, zeitlichen und regionalen Voraussetzungen und auch der Bildungshintergrund der Eltern sorgen dabei für erhebliche Unterschiede. Kinder im Vorschulalter sind jedenfalls weitgehend von den Möglichkeiten ihrer Eltern abhängig, um eine familienübergreifende Erschließung von Erfahrungsräumen und ein entsprechendes Arrangement für den Tagesablauf zu organisieren. *Es gibt nur wenige Felder, in denen sich kindliche Aktivitäten spontan und ungeplant in der räumlichen Umwelt ergeben.* Die Lebenswelt von Kindern ist insofern eigenartig in speziell für Kinder geplante Bereiche verdichtet (Ledig & Nissen 1987).

„Je nach Lebensbedingungen der Familie und regionalen Angeboten stehen für Kinder verschiedene Lebens- und Betreuungsorte nebeneinander: Familie, Kindergarten, Spielkontakte in anderen Familien und auf extra geschaffenen Spielplätzen, organisierte Spiel- und Lerngruppen (z.B. Musikschule, Ballettunterricht), Betreuung im erweiterten Verwandtenkreis oder in Nachbarschaftshilfe. Diese Bereiche sind jedoch sehr stark von Erwachsenen und deren pädagogischen Vorstellungen geprägt und schränken die Möglichkeiten der Kinder zur Selbstbestimmung und -regulierung zusammen mit Gleichaltrigen, also gerade ohne Vorstrukturierung und Vorgabe der Erwachsenen, erheblich ein" (Colberg-Schrader & von Derschau 1990, S. 22).

Fixierte Zeit- und Raumstrukturen

Die Eltern suchen nach Möglichkeiten zum Spielen mit anderen Kindern, stellten Kontakte her, verabreden Termine zum Spielen, fahren die Kinder mit dem Auto zu den Treffpunkten. Die Eltern bauen damit ihren Kindern die sozialen Brücken in die außerfamiliale Welt. Typischerweise geschieht das nach einem organisierten und zeitlich durchstrukturierten Raster in vorab geplanten und fixierten Grenzen. Das Spielverhalten der Kinder wird damit durch die Eltern vermittelt, die Orte des Spielens, meist speziell zu diesem Zweck eingerichtete Stätten, werden von den Eltern ausgesucht (Engelbert 1986). Auf diese Weise entstehen nur wenige Situationen, in denen sich Kindern ohne das wache Auge von Eltern oder anderen Erwachsenen aufhalten. Weitere Termine entstehen durch Kurse, Kindergruppen und Sportvereine (Zeiher 1983).

Der Lebensraum von Kindern erweitert sich unter diesen Umständen nicht allmählich mit der wachsenden Selbständigkeit des Kindes, so daß mit steigendem Alter ein immer größerer Radius erschlossen werden kann, sondern er besteht schon von klein auf aus einer Menge entfernter sozialer „Inseln" in einem größeren Einzugsbereich. Den Zusammenhang zwischen diesen verschiedenen Inseln kann das Kind, wie Zeiher (1983) herausarbeitet, selbst nicht sinnlich wahrnehmen. Die Lebenszeit ist in Stücke geteilt und die Aufenthaltsbereiche sind voneinander abgetrennt. Die einzelnen Beziehungen und sozialen Kontakte in den verschiedenen verinselten Bereichen hängen nicht miteinander zusammen, sondern folgen jeweils ihrer eigenen Logik und haben ihren eigenen Rhythmus. Der eigenen aktiven und spontanen Eroberung der sozialen und der natürlichen Umwelt sind dadurch erhebliche Grenzen gesetzt. Kinder haben es schwer, aus ihrer Lebenssituation mit eigenen Mitteln ein sinnvolles Ganzes herauszukristallisieren (Borman 1982; Melzer & Sünker 1989).

Sobald die Kontakte zu den Gleichaltrigen zu einem wichtigen organisierenden Element des Alltags werden, etwa mit 9 oder 10 Jahren beginnend, werden die Möglichkeiten der Kinder größer, eigene Akzente in ihre Freizeitbeschäftigung zu setzen. Charakteristisch sind auch in dieser Phase vereinbarte und wechselnde Kontakte, meist in Zweiergruppen. Die Einordnung in einen Gruppenzusammenhang und seine sozialen Zwänge meiden Kinder in dieser Altersphase. Auch hier sind *Handlungsplanung, Zeitdisposition und Zeitkontrolle* notwendig, denn man muß sich verabreden, einen bestimmten Ort und einen bestimmten Zeitrahmen festlegen. Typisch vor allem für Kinder in gut situierten Familien ist ein zeitlich durchstrukturierter Tag mit vielen „verbindlichen" Terminverpflichtungen (Zeiher 1983).

Innerhalb der Wohnung und im Wohnumfeld sind an Kinder heute Handlungsanforderungen gerichtet, die durch ihren *hohen Grad von*

Organisiertheit der Lebensvollzüge und Disziplinierung von Handlungsabläufen gekennzeichnet sind. Dem spontanen, alle Sinne einsetzenden Such- und Tastverhalten der Kinder kommt das nicht gerade entgegen. Im Wohnungsbereich sind zwar die der gesamten Familie zur Verfügung stehenden Flächen heute im Durchschnitt erheblich größer als vor einer Generation, aber sie sind meist wenig auf die motorischen und sensorischen Bedingungen insbesondere von kleinen Kindern eingerichtet, sondern in ihrer Funktionalität und in ihren Nutzungsstandards voll auf das Erwachsenenleben und dessen Bedürfnisse zugeschnitten. Auch zeigt sich hier innerhäuslich ein Trend zur „Verinselung" und Funktionalisierung in der Einrichtung von „kindgemäßen" Spezialräumen wie „Kinderzimmer", „Tobekeller", „Spielecke" und „Partyraum".

Die *ökologische Gestaltung der Wohnung* ist heute von größerer Bedeutung als vor einer Generation, denn Kinder verbringen erheblich mehr Anteile ihrer „Freizeit" innerhalb als außerhalb der Wohnung als früher, wenn man einmal den Aufenthalt in den Erziehungs- und Bildungsinstitutionen als „Lernzeit" klassifiziert. Die relative Bedeutung der Wohnung für die Freizeitgestaltung ist gestiegen, und damit kommt der räumlichen Gestaltung der Wohnung eine große Rolle zu. Nur wenn Eltern bereit sind, die gesamte Wohnung wirklich mit ihren Kindern zu teilen, kommen sie deren Entwicklungsbedürfnissen nach.

Voraussetzung ist natürlich, daß überhaupt genügend *Wohnfläche* zur Verfügung steht, und das ist – nach heutigen Vergleichsmaßstäben – gerade bei Familien mit mehreren Kindern zunehmend nicht der Fall. Faktisch erhalten Kinder unter beengten Wohnverhältnissen meist den kleinsten Raum einer Wohnung, der oft den geringsten Wohnwert hat. Es fehlen kombinierbare Wohneinheiten und Gemeinschaftsräume, um den sich verändernden Lebensbedingungen je nach Altersgruppe der Kinder nachzukommen.

Innerhalb und außerhalb der Wohnung ist das *Spielen der Kinder* ein wichtiger Bestandteil der Persönlichkeitsentwicklung, ein lebensnotwendiger Bereich für die Entfaltung der eigenen Möglichkeiten. Das Spielen dient der produktiven Auseinandersetzung mit den eigenen Bedürfnissen, eigenen Interessen, sozialen Anforderungen und räumlichen Gegebenheiten. Spielen schafft einen Freiraum für persönliche Produktivität und ermöglicht es Kindern, sich auf eine intensive und vielschichtige Weise mit ihren persönlichen Anlagen und Fähigkeiten auseinanderzusetzen. Spiele sind auch ein Übungs- und Experimentierfeld für die Anforderungen des späteren Lebens; durch ihren „unernsten" Charakter bieten sie einen Schonraum an, um eigene Bedürfnisse nach bestimmten Mustern und Regeln auszuprobieren und auszutesten. Sie sind sehr wichtig, um bestimmte Formen des sozialen Verhaltens, des Kombinierens und der Phantasie zu entwickeln, sich mit Erfolgs- und Mißerfolgserlebnissen auseinanderzusetzen, Konflikte austragen zu lernen, Gefühle freizusetzen und mit ihnen zurechtzukommen sowie sich in die Situation von Mitspielern hineinzuversetzen.

Straße und Wohnwelt als Lebensraum

Die Voraussetzungen für das Spielen sind heute in einer in vielen Bereichen entsinnlichten Welt nicht gut. Die Wohnumwelt verlangt von Kindern ein hohes Maß von Disziplinierung und Kontrolle, von Organisation der eigenen Bedürfnisse und Restriktion ihrer Wünsche. Schon flächenmäßig steht ausreichender Spielraum nicht zur Verfügung. Die Wohnumwelt, mit Innenhöfen und Straßen ein wichtiger Bestandteil des Lebensraumes von Kindern, ist in den letzten Jahrzehnten immer weniger zugänglich geworden. *Durch die vorherrschende Wohnraum- und Straßenplanung sind für Kinder bestenfalls ausgegrenzte und für sie allein reservierte Spielräume übriggeblieben.* Der Lebensbereich Straße ist als ein Aufenthalts- und Lernort für Kinder im Vergleich zur vorhergehenden Generation in seiner Bedeutung gesunken.

Das gilt nicht nur für den städtischen Lebensraum. Auch in ländlich strukturierten Räumen ist keinesfalls von einem intakten und mühelos erschließbaren Umfeld auszugehen, sind lebendige Nachbarschaft, natürliche Spielangebote und spontan erschließbare Lernmöglichkeiten keinesfalls selbstverständlich. Kinderalltag auf dem Land bedeutet heute für Eltern und für Kinder allzuoft Pendleralltag mit langen Wegen zu Kindergarten, Schule und Arbeitsplatz. Eine unmittelbare räumliche Erschließbarkeit der Umwelt ist damit nicht selbstverständlich. Zudem ist auch das Netz der wichtigen sozialen Einrichtungen weit gespannt und führt zu langen und zeitraubenden Wegen. Freizeit- und Kulturangebote sind meist über einen großen räumlichen Bereich verstreut und können nur mit hohem, organisierten technischen Aufwand erreicht werden.

Trotz dieser Einschränkungen bleibt das Wohnumfeld ein zentraler Aufenthaltsbereich für Kinder. Bei dem Kindersurvey von Lang (1985) stellte sich heraus, daß die Straße mit 42% den höchsten Wert von sechs möglichen Spielorten im Wohnumfeld einnahm. Dabei spielten natürlich die konkreten räumlichen Bedingungen eine erhebliche Rolle. Die gegebenen räumlichen Strukturen des Stadtgebietes haben auf das *Raumaneignungsverhalten der Kinder und Jugendlichen* starken Einfluß (Zinnecker 1979). Kinder können im günstigen Fall außerhalb der Wohnung ihre motorischen Bedürfnisse stärker entfalten als in der Wohnung. Der Einsatz der eigenen Körperlichkeit und der eigenen Sinne unterscheidet sich in der Qualität von derjenigen, die innerhalb der Wohnung, auch bei Zuhilfenahme der Medien, im Auto oder in institutionalisierten Räumen wie Kindergarten oder Schule gemacht werden können.

Hierbei spielt ganz offensichtlich eine große Rolle, ob man sich durch eigene Möglichkeiten fortbewegen kann, z.B. durch Fahrradfahren. Das Fahrrad wurde in vielen Untersuchungen als ein ideales Mittel zur Erweiterung der räumlichen Mobilität und zum Einsatz der körperlichen Motorik identifiziert; es stellte sich als das einzige Verkehrsmittel heraus, mit dem sich die Kinder die sozialräumliche Umwelt selbständig aneignen können. Es ist außerdem ein eigener Besitz und ein Mittel zur Selbstdarstellung, das in seinem sozialen Wert sehr hoch geschätzt werden muß (Ledig & Nissen 1987).

Der Wohnbereich ist ein wichtiges Territorium für die Entfaltung der Persönlichkeit von Kindern, doch die den Kindern heute zugewiesenen Räume sind schmal und eng geworden (Harms & Mannkopf 1989). Die Aneignungsprozesse, die Formen des Inbesitznehmens und Ergreifens, sind nur in ganz bestimmten Grenzen möglich. Gerade das Beispiel Fahrradfahren deutet hier auf die vielen Gefahren hin, die mit dem natürlichen Entfaltungsdrang der Kinder verbunden sind. Die meisten Straßen, vor allem im städtischen Bereich, stellen heute Grenzen für den Spielraum und den spontanen Umgangsraum von Kindern dar. Wie in Kapitel 1 dargestellt: *Verkehrsunfälle sind Todesursache Nr. 1 im Kindes- und Jugendalter.* Innerhalb der Wohngebiete werden künstliche Spielinseln gebildet, um überhaupt noch Erfahrungsmöglichkeiten zu sichern. Ein spontanes Neugier- und Entdeckungsverhalten ist durch die Entwicklung des modernen großstädtischen Verkehrs nur noch unter begrenzten Möglichkeiten zu entfalten. Die meisten Kinderspiele benötigen viel Platz und ebene Flächen – und daran fehlt es. Kinder benötigen viel mehr verkehrsmäßig beruhigte Spielzonen und unbefahrene Bereiche, in denen sie ein Spielangebot vorfinden oder unkompliziert spontane Spielangebote entfalten können.

In den Städten und Gemeinden müssen dringend Bemühungen unternommen werden, um das Wohnumfeld wieder für Kinder erschließbar zu machen (Böhnisch & Münchmeier 1990). Die konventionelle Reaktion auf diese schwierige Ausgangslage besteht darin, zusätzliche Spielplätze für Kinder und Jugendliche einzurich-

ten. Sie sind sicherlich ein sinnvoller Aufenthaltsort, können aber keinesfalls die ganze Antwort der Kommunal- und Sozialplanung auf die Misere fehlender Umweltanregungen sein.
Folgende Gesichtspunkte sind zu bedenken:
1. Die Bemühungen müssen sich auf die Gestaltung des gesamten räumlichen Umfeldes konzentrieren. Sie sollten nicht nur isolierte Spielplätze, sondern zusammenhängende Spiellandschaften in städtischen und ländlichen Bereichen anstreben. Denn die Wohnumwelt ist für die gesunde körperliche, seelische und soziale Entwicklung ein wichtiger sozialer Verkehrsraum, in dem Kinder andere Kinder und Erwachsene treffen. In diesem öffentlichen Raum erfahren sie gefühlsmäßige, kognitive, symbolische und ästhetische Anregungen und können soziale Herrschaftsstrukturen und ökonomische Einflußstrukturen nachvollziehen. Sie erleben Formen des Eigentums und des Besitzes, die sie im engeren Bereich ihrer Familienumwelt so nicht erleben können.
2. Die gebaute und soziale Umwelt ist immer auch ein Spiegel der Gesellschaftlichkeit und des sozialen Handelns im gesamten Gemeinwesen. Die Umwelt übt zahlreiche Anreize aus, die überhaupt zur Entfaltung von bestimmten Sinnen und Aktivitäten beim Kind führen. Die Wohnumwelt ist durch bauliche und sonstige natürlich-physische Vorgaben gekennzeichnet, die ihrerseits bestimmte soziale Bedeutungen haben. Sie ist im heutigen stark urbanisierten Bereich zugleich ein entscheidender ökonomischer Raum, z. B. als Produktions- und Distributionsfeld für Waren, und sie ist der Verkehrs- und Aufenthaltsraum für Menschen verschiedener Altersgruppen.
3. Kinder müssen sich die Wohnumwelt als Lebensraum aneignen können, als Aktions- und Aufenthaltsraum, als Spielraum, Transportraum und Erfahrungsraum, indem sie ihre eigenen Bedürfnisse und Interessen auszuspielen und zugleich auf diesem Weg den Stand der gesellschaftlichen Wirklichkeit nachzuvollziehen vermögen. Sie benötigen diese wichtigen Erfahrungen mit Erwachsenen, mit formaler und persönlicher sozialer Kontrolle, im Umgang mit anderen Kindern, in der Wahrnehmung sozialer Ungleichheit und in der Wahrnehmung wichtiger sozialer Verhaltensweisen. Alles das ist Voraussetzung für eine aktive und wache Teilnahme am sozialen Leben des Gemeinwesens und damit auch an der Entfaltung der eigenen sozialen und psychischen Fähigkeiten. Jede Störung der Aneignung der Umwelt kann insofern der Ausgangspunkt für eine Störung auch der eigenen Persönlichkeitsentwicklung sein.

Die mediatisierte Umwelt

Kinder und Jugendliche gehen heute selbstverständlich mit einer Vielfalt von Medien um, und zwar im eigenen Haushalt ebenso wie außerhalb. In welche Richtung die Entwicklung geht, zeigt eine aktuelle Untersuchung bei 400 Familien in Dortmund. Hier konnte Bettina Hurrelmann (1989) eine genaue Bestandsaufnahme der *Medienausstattung und -nutzung von Familien aus Haushalten mit einem Kabelanschluß* und – im Vergleich – Familien aus Haushalten ohne einen solchen Kabelanschluß anstellen. In den Kabelhaushalten war der Bestand an Mediengeräten eindeutig größer. Das galt nicht nur für Fernsehgeräte, sondern auch für Walkman, Videogerät, Computer und Tele-Spielgerät. Daneben gab es erheblich mehr Videokassetten und Schallplatten. Auch eine Fernsehzeitschrift ist häufiger im Haushalt vorhanden. Dagegen verfügen Erwachsene und Kinder in Haushalten mit Kabelanschluß über deutlich weniger Bücher als die anderen Familien.

Diese Familien leben also in einer Umwelt, die die technische Medienentwicklung stärker widerspiegelt. An diesen Familien läßt sich auch ablesen, was bei einer sehr intensiven Medienorientierung an Verhaltensmustern eintritt: Der Vergleich der Fernsehdauer zeigt *höhere Werte für alle Personen in den Familien, die einen Kabelanschluß in ihrem Haushalt haben*. Vor allem für die Kinder sind die Werte drastisch erhöht. Je jünger sie sind, desto deutlicher ist die Differenz der Fernsehdauer zwischen den Kindern aus den beiden Haushaltsgruppen. Die Kinder aus den Haushalten mit Kabelanschluß im Alter von bis zu 3 Jahren sehen z.B. pro Tag durchschnittlich 33 Minuten fern, während es die Kinder aus den Haushalten ohne Kabelanschluß auf 17 Minuten bringen. Die entsprechenden Werte bei den 4- bis 6jährigen sind 87 Minuten und 52 Minuten.

Mediennutzung im Familienkontext

Die Fernsehdauer der Kinder ist eindeutig mit bestimmten Merkmalen des Familienklimas verbunden: Demokratischer Erziehungsstil und verständnisvolle Kommunikation in den Familien sorgen dafür, daß die tägliche Fernsehdauer niedriger als im Durchschnitt ist. Kontrollierendes Erziehungsverhalten und stark eingreifende Erziehungsaktivitäten der Eltern hingegen treffen mit einer überdurchschnittlich hohen Fernsehdauer der Kinder in der Altersgruppe bis zu 12 Jahren zusammen. Überdurchschnittliche Fernsehdauer ist ein deutliches Indiz für ein wenig anregungsreiches Familienmilieu mit vergleichsweise mechanischen und autoritären Erziehungsmustern der Eltern. Je stärker sich die Eltern situations- und entwicklungsbedingten Bedürfnissen der Kinder zuwenden, desto geringer ist der Fernsehkonsum der Kinder.

Der Fernsehkonsum der Kinder ist, genau wie der der übrigen Familienmitglieder, fest in die Alltagsroutine der Beziehungen und des Umgangs miteinander eingebunden. Wie die Untersuchung zeigt, ist mit einer höheren Sehdauer zugleich auch in einem stärkeren Maß eine integrierende Funktion des Fernsehens für die gesamte Familie verbunden. Das Fernsehen stellt für viele Familien einen wichtigen und zentralen Bereich der Gemeinsamkeit dar und tritt an die Stelle denkbarer anderer Aktivitäten im Freizeitbereich. Es erfüllt in diesem Sinn auch die *Funktion der Konfliktvermeidung und Problementlastung,* es verleitet dabei natürlich alle Familienmitglieder, auch die Kinder, sehr schnell zu einer inaktiven Form der Kommunikation untereinander und schult nicht gerade die Fähigkeiten der direkten sprachlichen und symbolischen Kommunikation in der Familie (B. Hurrelmann 1989).

In der Gruppe der Familien mit einem erweiterten Medienangebot ist die Wertschätzung des Fernsehens ebenso wie die Wertschätzung von Video- und Telespielen deutlich höher als in anderen Familien. Die Eltern befürworten die Nutzung der elektronischen Medien stärker als die Eltern aus den Haushalten, die keinen Kabelanschluß haben. Auch lassen die Eltern aus den Kabelhaushalten ihre Kinder signifikant häufiger zu Erziehungs- und Entlastungszwecken fernsehen als die übrigen Eltern. Es wird viel häufiger mit dem Fernsehen belohnt und bestraft, die Eltern empfehlen den Kindern auch häufiger fernzusehen, wenn sie sich nicht um sie kümmern können. *Das Medium Fernsehen wird also in gewisser Hinsicht zu Erziehungszwecken instrumentalisiert.* Das vermehrte Programmangebot im Fernsehen wird eher als eine Entlastung für die Gestaltung der eigenen Betreuungsaufgaben wahrgenommen, nicht als eine pädagogische Herausforderung.

Es ist schwierig einzuschätzen, ob eine sehr intensive Nutzung des Mediums Fernsehen/Video, die meist verbunden ist mit einer sehr intensiven Nutzung auch anderer elektronischer Medien zu Unterhaltungszwecken, wirklich für jedes Kind in jeder Situation schädlich ist oder nicht. Auch das Kind, das einen sehr starken Medienkonsum hat, muß als ein aktiv konsumierender Rezipient gesehen werden, der die Medien letztlich den eigenen Bedürfnissen entsprechend nutzt und die Medieninhalte in einer spezifischen und ganz persönlichen Weise aufnimmt und verarbeitet. *Ob die Intensität der Medien-*

nutzung tatsächlich auch mit der eigenen Verarbeitungsfähigkeit und der eigenen Erlebniswelt und Erlebnisfähigkeit Schritt hält, das allerdings ist eine sehr kritische Frage. Wie die erwähnte Studie aktuell dokumentiert, ist die Familie meist der erste Ort für das Entstehen von Medienerfahrungen, sie bildet die Muster für den Umgang mit den verschiedenen Medien aus. Medien in den verschiedenen Formen und Inhalten werden von Kindern voll in das Alltagsleben in der Familie einbezogen. Deswegen ist auch das Medienverhalten der Eltern und die Art und Weise, wie sie Medien in ihr Erziehungsverhalten einbeziehen, für die Einschätzung des Stellenwerts der Medien und ihre aktive Verarbeitung ausschlaggebend (siehe auch Charlton & Neumann 1986).

Viele Forscher befürchten, ein Übermaß an Medienkonsum habe direkte Folgen für die mangelnde Konzentrationsfähigkeit, die große Unruhe, Nervosität und vielleicht auch Aggressivität, die heute bei Kindern und Jugendlichen zu beobachten ist. Direkte Beweise hierfür sind schwer zu beschaffen, wenn diese Vermutung auch erhebliche Plausibilität für sich beanspruchen kann. Einlinige und direkte Wirkungszusammenhänge gibt es aber mit Sicherheit nicht. Neben anderen Umwelteinflüssen kommt es bei der Mediennutzung ganz entscheidend auf die *individuelle Verarbeitungskapazität* und *das gesamte soziale Umfeld* an. Ist die individuelle Verarbeitungsfähigkeit gering und erfolgen wenige Unterstützungen und Einordnungshilfen durch das soziale Umfeld – z. B. durch eine gezielte Einbettung von Medienkonsum in die Familienaktivitäten und eine kommunikative Verarbeitung des Gesehenen und Wahrgenommenen – dann liegen zweifellos ungünstige Voraussetzungen vor. Sie sind heute in vielen Fällen gegeben, wie die Untersuchung deutlich gezeigt hat, denn in vielen Familien ist die Situation typisch, daß Eltern wegen eigener zeitlicher Anspannung das Fernsehen als „Babysitter" einsetzen, ohne sich um die bewußte Einbindung der Fernsehsituation in die gesamte Familiensituation gezielt Gedanken zu machen.

Alle Nutzungsmuster, bei denen Kinder auf sich allein gestellt sind und keine sozialen Anregungen und Anleitungen durch Gesprächspartner während des Gebrauchs vor allem der elektronischen Medien erhalten, sind für die Verarbeitungsfähigkeit eine äußerst große Gefahr. Das Risiko der Überreizung durch optische und akustische Sinneseindrücke in einer durch und durch mediatisierten (Familien-)Umwelt ist heute allgemein sehr groß. Viele Kinder erfahren durch Radio, Fernsehen, Video, Walkman und Computer eine Überstimulierung ihrer diesbezüglichen Sinneseindrücke, die mit einer erfahrungsbezogenen Verarbeitung oft nicht im geringsten Schritt halten kann. Wenn sie demgegenüber in den emotionalen und motorischen Sinnesbereichen und in der Intensität ihrer Kommunikation mit erwachsenen Bezugspersonen eine Unterstimulierung erfahren, wenn sie in vielen Bereichen ihres Körperlebens und ihrer Körpererfahrung ebenso wie bei der Ausbildung ihres Selbstwertgefühls nicht ausreichend gefördert und angeregt werden, dann ist eine kritische Situation für ihre eigene Entwicklung gegeben.

Effekte der „Massenkultur"

Den meisten Kindern fehlt heute eine ausgewogene Stimulierung und Entwicklung aller Sinnesbereiche. Viele Kinder leben in einer reizintensiven und sensationsreichen Lebenswelt, ohne die Kompetenz erworben zu haben, zu einer realistischen Verarbeitung der Lebensrealität vorzustoßen. Sie leben in anderen Bereichen ihrer Erfahrung in einer durch und durch verarmten Lebenswelt, die ihnen viele Impulse und Anregungen vorenthält. Es ist deshalb nicht überraschend, daß zunehmend Anhaltspunkte für gestörte Wahrnehmungs- und Verarbeitungsstrukturierung, kommunikative Störungen, Inaktivität und mangelnde Kreativität, Schlafstörungen, Ängste und Aggressivität bei Kindern gefunden werden, die als Auswirkungen einer unausgewogenen und unausgegorenen Lebenswelt interpretiert werden können.

Charakteristisch für die heutige Lebenssituation von Kindern ist, daß im Blick auf die Nutzung und Erschließung der Massenmedien nur wenige Unterschiede zu Erwachsenen bestehen. Kindern sind über die Massenmedien praktisch alle Lebensbereiche des Erwachsenenlebens früh zugänglich, unabhängig davon, ob sie ihnen überhaupt kognitiv und sinnhaft nachvollziehbar sind. Hierin liegen natürlich nicht nur die angesprochenen Gefahren und Risiken der Überreizung und verarbeitungsmäßigen Überforderung, sondern auch Chancen der frühzeitigen Anregung und Förderung von Wissen und Kompetenz. Ihrem Charakter als Massenmedien gemäß sind aber die entsprechenden Anregungen und Impulse auch „massensozial" und „massenkulturell"; sie treten neben die authentischen, individuell vermittelten Anregungen im Familien- und Freundesbereich und verdrängen diese oft sehr stark.

In allen Lebensbereichen erleben wir heute das Vordringen einer „Massenkultur". Sie hat bei Kindern, Jugendlichen und Erwachsenen Einfluß auf die nichtschulischen und nichtberuflichen Bereiche der Persönlichkeitsentwicklung und des Kompetenzerwerbs, indem sie bestimmte *professionell vorfabrizierte und routinisierte Praktiken der menschlichen Lebensführung und Lebensbewältigung* nahelegt. Massenmedien transportieren Leitbilder für soziales Ansehen und sozialen Erfolg und sorgen dafür, daß Freizeitaktivitäten und andere kulturelle Betätigungen aus einem privaten, familialen oder sonstwie lokal verankerten Milieu zunehmend herausgenommen werden und sich in einer neuartigen Weise öffentlich und institutionalisiert gestalten (Rolff & Zimmermann 1985).

Auch traditionell familienbezogene kulturelle Aktivitäten werden hiervon erfaßt, wie Entspannung und Muße, Feiern, Essen und Trinken und Spielen. Dieser Prozeß wird dadurch erleichtert, daß die Familien, insbesondere wegen des Trends zur Ein-Eltern-Familie und der Berufstätigkeit zweier Eltern, heute immer weniger in der Lage sind, solche kulturellen Aktivitäten dauerhaft zu organisieren. Die Aktivitäten sind dadurch auch wenig mit der alltäglichen Lebenswelt der Kinder und Jugendlichen im Familienbereich verankert und verbunden. Es fehlen zugleich die Möglichkeiten, die Impulse und Erfahrungen mit den eigenen Lernerfahrungen zu verbinden und zu integrieren und sie in die eigene Persönlichkeitsentwicklung einzubeziehen.

Durch die Medien wird das familien- bzw. herkunftsgebundene Kulturleben massenkulturell „überformt". Dadurch wird die Sozialisationswirkung und die Bildungsrelevanz der Familie weiter abgeschwächt. Kinder müssen schon früh mit widersprüchlichen und konkurrierenden Welten der Anregung zurechtkommen und ihre Lernerwartungen und Lernmöglichkeiten entsprechend koordinieren. In welcher Weise die außerfamilialen Kulturwelten in eine fruchtbare Wechselwirkung mit der jeweiligen Familienkultur treten, ist eine offene Frage. Solange ein wirkliches, immer wieder erneut bearbeitetes und einholbares Spannungsverhältnis besteht, liegt in der hier geschilderten Entwicklung sicherlich keine Gefahr. Werden aber die verschiedenen Lernorte und Lernumstände nicht mehr verbindbar und koordinierbar, dann sind Identitätsprobleme und auch kulturelle Lerndefizite vorgezeichnet.

Ziel einer kulturell anregenden Freizeitbetätigung muß es sein, ästhetisches Vergnügen und kultivierten Genuß empfinden zu können, die Freizeit selbst zu bestimmen und selbst zu gestalten und sinnvolle kulturelle Aktivitäten im alltäglichen Bereich ausüben zu können. Kulturelle Kompetenz ist das Vorhandensein von entsprechenden Wahrnehmungs-, Denk- und Ausdrucksformen bei Kindern und Jugendlichen, die zur produktiven kulturellen Teilhabe und zur selbständigen Partizipation bei kulturellen Angeboten sowie zur Nutzung des Potentials an Konsumgütern befähigen. Es ist die alltägliche Praxis der Lebensgestaltung, über die kulturelle Bildung vermittelt und realisiert wird. Und es sind damit die gesamten massenmedialen Einflüsse, die von einem Kind und einem Jugendlichen koordiniert werden müssen (Liegle 1987).

Freizeitstreß und Wertirritierungen

Wenn Kinder und Jugendliche heute zu den Bevölkerungsgruppen gehören, in denen Symptome der psychosozialen Gesundheitsbeeinträchtigung in vielen Bereichen zunehmen, dann ist das ein Signal dafür, daß die Bewältigung der altersspezifischen Entwicklungsaufgaben für sie schwierig geworden ist. *Der Aufbau einer eigenen Persönlichkeit, der sich aus der Koordination der verschiedenen Entwicklungsaufgaben und ihrer Zusammenführung in einer persönlichen Identität ergibt, ist unter heutigen Umständen schwierig.* Kinder und Jugendliche spüren die soziale Orientierungslosigkeit, die sich aus dem Verschwimmen der Grenzen zwischen den Lebensabschnitten ergibt. Welche Kriterien gelten heute eigentlich, um vom Kind zum Jugendlichen vorzurücken? Welche Maßstäbe werden angelegt, um zu entscheiden, ob ein junger Mensch noch Jugendlicher oder schon Erwachsener ist? Durch verlängerte Ausbildungszeiten und stark veränderte familiale Gesellungsformen, vor allem auch durch den schwierig gewordenen Zugang zum Beschäftigungssystem, ist es für Jugendliche heute sehr schwer, den eigenen sozialen Standort auf der „Reise" in den Erwachsenenstatus zu bestimmen.

Die Strapazierung der Orientierungssysteme

In unserem Kulturraum definieren wir die Jugendphase als die Übergangsphase von der Kindheit in den Erwachsenenstatus. Der Erwachsenenstatus wird bei uns dadurch charakterisiert, daß man im beruflichen, rechtlichen, politischen, kulturellen, religiösen, familialen, partnerschaftlichen und sexuellen Bereich Selbstbestimmung und Autonomie erreicht (Ferchhoff & Olk 1988). Das Jugendalter ist demnach gekennzeichnet durch die Bewältigung von elementaren Entwicklungsaufgaben, die einen Menschen auf den Status des Erwachsenen vorbereiten: Die veränderte Körpererfahrung verarbeiten, die Ablösung von den eigenen Eltern bewerkstelligen, die Kontakte zu Gleichaltrigen aufbauen, ein eigenes Wert- und Normensystem entwickeln, die intellektuelle Leistungskompetenz aufbauen, die wirtschaftliche Geschäftsfähigkeit entwickeln, die Berufsqualifikation schulen usw.

Erheblich erschwert wird der Prozeß der Persönlichkeitsentwicklung im Jugendalter durch den Pluralismus und die Enttraditionalisierung von Werten und Normen, die geradezu zu Negativ-Markenzeichen unserer „postmodernen" Gesellschaften geworden sind. Mit der „Entsinnlichung" von alltäglichen Lebenserfahrungen und der starken Mediatisierung sind schon an junge Menschen erhebliche Anforderungen der psychischen und sensorischen Koordination gestellt. Das Auseinanderfallen der verschiedenen alltäglichen Lebensbereiche und ihre komplizierten, planmäßig herzustellenden Bezüge zueinander überfordern nicht nur viele Erwachsene, sondern stellen auch Kinder und Jugendliche, die sich noch im Aufbau ihrer persönlichen Orientierungssysteme befinden, vor große Herausforderungen. Alles dieses sind „Risikofaktoren" im sozialen Bereich, die wir im Auge haben müssen, wenn wir soziale, psychische und physiologisch-körperliche Auffälligkeiten und Abweichungen bei Jugendlichen erklären wollen.

Durch die Freisetzung von Tradition und alten Rollenklischees besteht für jedes Individuum die Chance, einen eigenen Lebensstil aufzubauen. Zugleich besteht aber auch die Erwartung und der Druck der sozialen Umwelt, hierbei einen ganz persönlichen und ganz einmaligen Weg zu finden, der der Zielvorstellung des Individualismus nachkommt. Viele Jugendliche, oft schon Kinder, fühlen sich hierdurch unter einem schwer zu bewältigenden Originalitätsdruck.

Der soziale Prozeß der Individualisierung mit seinen Chancen der Freisetzung von traditionellen Rollenbindungen bedeutet für jedes Individuum, daß die eigene Individualitäts- und Identitätsbildung in die Selbstregie genommen werden muß (Beck 1986). Jedes Kind und jeder Jugendliche muß heute schon in frühen Lebensjahren eine Selbstverortung der sozialen Position vornehmen und steht unter der Erwartung, eine eigenständige und unverwechselbare, einzigartige und unaustauschbare Form der Selbstentfaltung zu finden. Stark auf sich alleingestellt, ohne die selbstverständliche und zuverlässige Einbindung in soziale Milieus und familiale Herkunft, müssen die Erfahrungen der Einzigartigkeit und Unverwechselbarkeit nun selbst durchgesetzt werden. Die subjektive Gewißheit der eigenen Individualität kann nicht von außen garantiert werden, sondern muß in der Erfahrung der eigenen Subjekthaftigkeit gründen. Ob sich ein Mensch als individuiert erfährt, hängt davon ab, ob er sich für die eigene Lebensführung selbstverantwortlich weiß und sich als Quelle der eigenen Handlungen und Urteile begreift (Heitmeyer & Olk 1990).

Die subjektive Belastung, die durch diese Lebenskonstellation gegeben ist, ist in der Forschung bisher vielfach übersehen worden. Dabei gab es wohl schon früh in der soziologischen Diskussion Anhaltspunkte dafür, daß ein geringes Selbstwertgefühl, Gefühle von Hilflosigkeit, Hoffnungslosigkeit und Zukunftsängste weit verbreitete Symptome sind, die mit den Anforderungen der modernen Gesellschaft einhergehen und als Entfremdung und Demoralisierung auftreten können. *Das Gefühl der Überforderung der eigenen individuellen Bewältigungskompetenzen kann unter den Bedingungen der individualisierten Gesellschaft zunehmen, weil sich heute an jeden einzelnen Menschen, auch einen jüngeren, die Anforderung richtet, sich mit großen politischen Ereignissen, kulturellen Umwälzungen, Gefährdungspotentialen für das Weiterleben und Zukunftsgefahren direkt auseinanderzusetzen.* Wie erwähnt, kann es gerade bei Kindern und Jugendlichen unter diesen Bedingungen zu einer starken Ausprägung von Ohnmachtsgefühlen und Zukunftsängsten kommen.

Die Freisetzung von sozialen Zwängen und das Auf-sich-gestellt-Sein ist für Kinder und Jugendliche in einer solchen Ausgangslage eine potentielle Gefahr. Die Freisetzung bedeutet ja auch den Verlust von Lebenszusammenhängen, die eine gesicherte Verortung geben kann. Sie kann zum Verlust der normativen Orientierung und zu einer Überforderung der eigenen Kapazität für Weltentwürfe und Wertorientierungen führen. Auch und gerade Kinder und Jugendliche können in dieser Überforderungssituation geneigt sein, zu vereinfachten Orientierungen, zu Standard-Identitäten und zu konsumistisch angebotenen Identitätszuschreibungen und Selbststilisierungen zu greifen, um eine ins Wanken geratene Lebensorientierung aufrechtzuerhalten (Hornstein 1983).

Entstandardisierung von Lebensabläufen

Auch für Kinder und Jugendliche hat der Prozeß der Individualisierung von Handlungsmöglichkeiten und der Diversifizierung von Lebensbereichen zu einer Entstandardisierung von Lebensabläufen geführt. In welcher Phase des Prozesses in der Entwicklung von Kindheit über Jugendzeit zum Erwachsenenstatus man sich als junger Mensch befindet, ist unter heutigen Umständen für Kinder und Jugendliche selbst teilweise schwer zu erkennen. Denn in einigen Verhaltensbereichen, z.B. im Konsumsektor und im Sektor des persönlichen Aufbaus von Beziehungsnetzen im Freundschaftsbereich, verhalten sich Jugendliche schon so wie Erwachsene, während sie in anderen Bereichen abhängig und fremdgesteuert sind, z. B. im schulischen Ausbildungsbereich oder im Blick auf ihre finanzielle Selbständigkeit.

Durch die Freisetzung von traditionellen Anforderungen sind zwar auch soziale Kontrollen über das Verhalten von Jugendlichen entfallen, zugleich aber entstehen neue Normen und Anforderungen im Bildungs- und Ausbildungsbereich sowie in der Medien- und Freizeitindustrie, die den Alltagsbereich beherrschen. Die Freisetzung und Emanzipation von Jugendlichen enthält zwar die Chance einer Biographisierung der Jugendphase, einer Vervielfältigung von Optionen und Handlungsmöglichkeiten, aber sie garantiert nicht automatisch einen selbstverantworteten und selbstgesteuerten Lebensstil (Hurrelmann, Rosewitz & Wolf 1985).

Zur Erfüllung und zur Umsetzung der sozialen Chancen benötigt jedes Kind und jeder Jugendliche subjektive Kompetenzen und objektiv günstige Rahmenbedingungen, wie sie etwa durch die Qualität der Familienbeziehungen, der Gleichaltrigenbeziehungen und der Ausbildungschancen gegeben sein können. Ein kritisches Problem ist, wo die Erfahrungen von Unterstützung und solidarischer Hilfe herkommen, die Jugendliche für ihre Persönlichkeitsentwicklung dringend benötigen. Schon Kinder und Jugendliche müssen sich unter den Anforderungen der Individualisierung heute mit wechselnden kulturellen Bindungen und komplexen Entscheidungssituationen herumschlagen, die hohe Fähigkeiten der Bewältigungskompetenz verlangen. Im Unterschied zu früheren Jugendgenerationen haben sie nicht nur die Möglichkeit, freier entscheiden zu können, weil sie eine größere Optionsvielfalt haben, sondern sie stehen auch unter Entscheidungszwang, ohne immer genau zu wissen, welche Kriterien für die Entscheidung und für die Folgen der Entscheidung gelten.

Für viele Jugendliche ergeben sich aus diesen Koordinationszwängen erhebliche Überforderungen. Sie können sich in *Wertirritationen* und auch in *politischen Verirrungen* ausdrücken, wie etwa die jüngere Forschung zur rechtsextremistischen Einstellung von Jugendlichen sehr deutlich zeigt. Erschreckend viele Jugendliche nehmen demnach Zuflucht zu einer Ideologie der Ungleichheit und entwickeln eine Einstellung der Gewaltakzeptanz mit Bereitschaft zur Gewaltanwendung (Heitmeyer 1987). Diese Jugendlichen kommen mit den gesellschaftlich hergestellten Widersprüchen nicht zurecht, die sie individuell zu lösen haben. Bei ihnen setzt sich der Eindruck fest, daß sie die Kontrolle über ihre eigenen Wege verlieren, weil sie Vereinzelungserfahrungen, Handlungsunsicherheit im Blick auf die angestrebten beruflichen Ziele und Ohnmachtserfahrungen nicht bewältigen zu können glauben. Die Auflösung der beruflichen Normalbiographie, die mit Statusverunsicherungen verbunden ist, führt bei ihnen zum Streben und Suchen nach Gewißheit, um den unübersichtlichen Situationen zu entgehen. Zu diesen Gewißheiten kann der Bezug auf eindeutige Normanweisungen gehören und die totale Identifikation mit Symbolen und Ritualen, die Stärke und Durchsetzungskraft sowie natürliche Hierarchien verheißen.

Das Leben in modernen Industriegesellschaften ist für Jugendliche sehr unübersichtlich geworden. Es unterscheidet sich darin nicht viel von dem der Erwachsenen, doch es trifft junge Menschen in einer besonders formativen Phase ihres Lebens, und es trifft sie deswegen wohl mehr als ältere (Fend 1988). Auch im Jugendalter ist heute eine verwirrende „Pluralität von Lebenswelten" typisch. Durch das Aufschieben des Berufseintritts ergibt sich ein Mehr an Freizeit, bei vergleichsweise hohem materiellem Wohlstand und bei der durchaus gegebenen Möglichkeit, einen eigenständigen Lebensstil zu entwickeln. *Es wird heute schon in frühen Jahren eine enorme Virtuosität des Verhaltens verlangt, um mit den unterschiedlichen Anforderungen in den verschiedenen Lebensbereichen umzugehen und einen eigenen Weg für sich selbst zu finden.* Viele Jugendliche meistern diese Anforderungen mit Bravour, andere haben hieran schwer zu arbeiten. Die Substanz, von der sie leben, ist bei allen wegen ihrer noch geringen Lebenserfahrung nur klein.

Eindeutige und unzweifelbare Normen und Werte, feste Zugehörigkeiten und Milieus, kalkulierbare und klare Abfolgen von persönlichen und familialen Lebensschritten, sichere moralische, ethische und soziale Standards, eindeutige Leitbilder – all das, was sich viele Jugendliche in einer sehr anregenden, aber eben auch gebrechlichen Phase ihres Lebens wünschen, ist heute nicht charakteristisch. Typisch ist vielmehr, daß jeder mit sich selbst und anderen seinen eigenen Lebensstil gewissermaßen „aushandeln" muß, sich seinen eigenen Lebensplan definieren und sein eigenes Bild von der Person ständig aktuell und flexibel halten muß.

Eine Kontinuität der Selbsterfahrung und des Selbsterlebens, Voraussetzung für den Aufbau einer Identität, ist für Jugendliche aus diesen Gründen heute außerordentlich schwer zu entfalten (Baacke 1983). Hierzu gehören Anpassungskapazitäten, die einem Menschen in den höchst unterschiedlichen und vielfältig strukturierten Lebenssituationen angemessen zu handeln erlauben, ohne dabei den Kern des eigenen Ich aufzugeben. Ein fixierter normativer Kanon und ein festgeschriebenes Regelwerk für das Verhalten sind hierbei eher hinderlich. Das „moderne Individuum" benötigt eine äußerst hohe Flexibilität und eine ausgeprägte Selbststeuerungskapazität mit der Fähigkeit, das eigene Handeln selbstwirksam zu beeinflussen. Eigene Aktivitäten und eigene Initiative sind notwendig, um die Vielfältigkeiten von Handlungsanforderungen und -alternativen sinnvoll zu bewältigen. Orientierungslosigkeit und Irritation, Ohnmachts- und Entfremdungsgefühle können zum Verhängnis werden (Klages 1985).

Die ambivalente Rolle der Gleichaltrigengruppe

Typischerweise übernimmt in allen Industriegesellschaften die Gleichaltrigengruppe zu einem relativ frühen Zeitpunkt in der persönlichen Entwicklung sozialisierende Funktionen (Zinnecker 1987). Gleichaltrigengruppen sind als freizeitgebundene Formen des Zusammentreffens meist dadurch charakterisiert, daß sie ihren Mitgliedern vollwertige Teilnahmechancen gewähren, die ihnen in den übrigen Handlungsbereichen, insbesondere Familie und Schule, in diesem Umfang nicht gewährt werden. Deshalb gewinnen sie eine so große Bedeutung in der psychosozialen Orientierung schon von jüngeren Jugendlichen ab 10 oder 12 Jahren (Allerbeck & Hoag 1985).

Die *finanziellen Ressourcen*, die Jugendliche durchschnittlich zur eigenen Verfügung haben, sind im Vergleich zu der Elterngeneration heute komfortabel. Die Mehrzahl der Jugendlichen lebt in materiellem Wohlstand, kann sich zahlreiche Wünsche im *Konsum- und Freizeitsektor* erfüllen, die für die Eltern nicht denkbar oder nicht realisierbar waren. Allerdings täuschen die scheinbar hohen Freiheitsgrade des Verhaltens im Konsum- und Freizeitsektor oft darüber hinweg, daß es sich hier um einen *kommerziell stark gesteuerten Sektor* handelt, der sinnerfüllte Entfaltung der eigenen Persönlichkeit nur in begrenztem Maße gestattet. Die relativ gute materielle Ausstattung der meisten Jugendlichen verdeckt auch schnell die hiermit verbundenen Probleme: Geld hat einen prekären Stellenwert schon bei Jugendlichen, da es zu Vergleichs- und Konkurrenzzwecken in der Gleichaltrigengruppe eingesetzt wird. Materieller Wohlstand fördert schon unter Jugendlichen neidvolle Vergleiche und ist so gesehen eine ernsthafte Quelle für psychosoziale Belastungen, die in der ungefestigten Phase der jugendlichen Persönlichkeitsentwicklung zu erheblichen Irritationen führen kann (Engel & Hurrelmann 1989).

Gelingt es Jugendlichen nicht, in angemessener Weise von der Gleichaltrigengruppe akzeptiert zu werden und eine unangefochtene soziale Position als Mitglied in der Gruppe einzunehmen, leiden sie unter mangelnder Beliebtheit und mangelnder Anerkennung unter Ihresgleichen, so kommt es zu einer erheblichen Verunsicherung der sozialen Orientierungen und der Wertschätzung der eigenen Person, die zu Verhaltensschwierigkeiten führen und sich in auffälligem Verhalten niederschlagen kann. Der Eindruck, in der Gleichaltrigengruppe nach sozialen oder materiellen Standards nicht „mithalten" zu können und benachteiligt gegenüber den Freunden zu sein, ist – wie die zitierte Studie zeigt – auch ein Auslösefaktor für abweichendes Verhalten und Drogenkonsum.

Die vorherrschenden *Wertorientierungen von Jugendlichen* haben sich in den vergangenen Jahren deutlich verändert. Von „Alles egal" und "No future" ist bei den heutigen Jugendlichen nicht mehr die Rede. Unter den 12- bis 17jährigen, die in unserer Umfrage nach dem „Wichtigsten im Leben" befragt wurden, rangieren Arbeit und finanzielles Auskommen gleich nach Gesundheit an zweiter Stelle (Engel & Hurrelmann 1989). Eine spätere Berufstätigkeit gehört dabei für Jungen und Mädchen gleichermaßen zum Sinn des Lebens: Nur vier Prozent der Jungen und drei Prozent der Mädchen können sich „auch gut ein Leben ohne Arbeit" vorstellen. Einen Beruf ausüben zu können, ein festes Einkommen erwarten zu können, gutes Geld in der Tasche zu haben, ohne Finanzprobleme zu leben – das sind die häufigsten Nennungen, die von Jugendlichen im Alter zwischen 12 und 17 Jahren gemacht werden. Die Notwendigkeit, die eigene Zukunft durch Erwerbsarbeit zu sichern, wird voll anerkannt. Daneben spielen auch Freundschaft, Liebe und gute Familienbeziehungen in der Werteskala der Jugendlichen eine wichtige Rolle.

Von einer einseitigen Orientierung der Jugendlichen an „postmaterialistischen" Werten, also einer Hinwendung zu Müßiggang und zweckfreiem Lebensgenuß, wie sie noch zu Beginn der achtziger Jahre in vielen Untersuchungen festgestellt wurde, kann jedenfalls keine Rede sein. Das zeigen auch die anspruchsvollen schulischen und beruflichen Pläne, die die Jugendlichen entwickeln (siehe Kapitel 4). Es ist vielmehr oft so, daß gerade in diesen hohen Ansprüchen und Erwartungen die Hauptprobleme der Jugendlichen heute liegen: Gesundheitliche Beeinträchtigungen durch psychosomatische Beschwerden, Alkohol- und Tabakkonsum, mangelndes Selbstwertgefühl und aggressives Verhalten sind die Folgen, wenn die selbstgesetzten Erwartungen nicht verwirklicht werden können.

Hier stellen sich erhebliche Herausforderungen für die pädagogische Arbeit mit Kindern und Jugendlichen, die alle Bereiche betreffen, in denen sich junge Menschen aufhalten. Im abschließenden Kapitel gehe ich auf weitere wichtige Politikfelder ein, die auf eine sinnstiftende und gesundheitsfördernde Gestaltung des Lebensalltags von Kindern und Jugendlichen abzielen.

Kapitel 6
Gesundheitsförderung als umfassende Kinder- und Jugendpolitik

Zunächst fasse ich noch einmal grob die wichtigsten Ergebnisse der Darstellung der vorangegangenen Kapitel zusammen. Der Schwerpunkt lag auf der Analyse von Belastungs- und Streßfaktoren in den Bereichen Familie, Schule und Freizeit/ökosoziale Umwelt. In den einzelnen Kapiteln wurde versucht, die Risiken und Belastungen für die gesunde Entwicklung von Kindern und Jugendlichen zu identifizieren, die in den Lebensbereichen Familie, Schule und ökosoziale Umwelt auftreten. Anschließend wurden jeweils charakteristische Erscheinungsformen der Gesundheitsbeeinträchtigung benannt, die mit den Belastungen in Verbindung stehen. Schließlich wurden für die Bereiche Familie, Schule und Freizeit/Umwelt Ansatzpunkte für politische, pädagogische und umweltbezogene Maßnahmen erörtert, die in vorbeugender oder zumindest ausgleichender Weise auf einen Abbau der Belastungen und Risiken hinwirken können (siehe Zusammenstellung auf der nächsten Seite).

Die zentrale Annahme der Ausführungen war, daß durch die Lebensbedingungen in Familie, Schule und Freizeit/Umwelt auch der persönliche Lebensstil von Kindern und Jugendlichen stark geprägt wird. Dieser persönliche Lebensstil kann seinerseits als ein Risiko für die gesunde Persönlichkeitsentwicklung gewertet werden – dann nämlich, wenn z.B. Fehlernährung, Überernährung, Bewegungsmangel, gefährliches Verkehrsverhalten, übermäßiger Alkoholkonsum, Drogenkonsum, Zigarettenrauchen, Arzneimittelmißbrauch, ungeschütztes Sexualverhalten und hektische Tagesorganisation (um einige der wichtigsten verhaltensbedingten Risiken zu nennen) zu einem festen, gewohnheitsmäßigen Stil der alltäglichen Lebensführung und/oder zu den eingeschliffenen Mustern der Bewältigung von Anforderungen des Alltagslebens in Familie, Schule und Freizeit geworden sind.

In diesem abschließenden Kapitel gehe ich nun im Zusammenhang auf die Frage ein, wie Kinder und Jugendliche möglichst frühzeitig in ihrer Persönlichkeitsentwicklung unterstützt und gestärkt werden können, um ihnen unangenehme Gesundheitsbeeinträchtigungen zu

Belastungsfaktoren und ihre Folgen in verschiedenen Lebensbereichen:

Lebens-bereich	Beispiele für Risiken und Belastungen	Beispiele für gesundheitsbeeinträchtigende Folgen	Beispiele für Maßnahmen
Familie	– Trennung der Eltern – Mehrfachbelastung der Eltern – gespannte Familienverhältnisse	– psychosoziale Auffälligkeiten – psychophysiolog. Beeinträchtigungen – Mißhandlungen	– Kindertagesbetreuung – Nachbarschaftshilfe – Familienberatung – finanzielle Familienhilfen
Schule	– Leistungs- und Statusdruck – überhöhte Leistungsmotivation – Sinndefizite – unsichere Berufsperspektive	– Leistungsstörungen – Nervosität und Unruhe – Drogenkonsum – Aggressivität	– Verbesserung des Schulklimas – schülerbezogener Unterricht – flexible Schulwahlmöglichkeit
Freizeit/ökosoziale Umwelt	– einseitige Stimulierung der Sinne – Wertirritationen – Desorientierungen – unausgewogenes Konsumgüterangebot – Luftverschmutzung – Schadstoffbelastung von Wasser, Boden und Nahrung – Gefährdung im Straßenverkehr	– Hyperaktivität – Konzentrationsstörungen – Angst- und Affektsyndrome – Depressive Syndrome – Stoffwechselstörungen – allergische Reaktionen – Krebskrankheiten – Unfallschäden	– Verbesserung des Freizeitangebots – Stärkung der individuellen Aneignungskraft – Umweltschutzgesetze – Hygienebestimmungen – Erschließung von Straße und Wohnwelt als Lebensraum

ersparen. Dabei sollen vor allem solche Aktivitäten und Maßnahmen zur Sprache kommen, die auf Verbindungen und Vernetzungen zwischen verschiedenen Institutionen und Trägern beruhen.

Ziel ist die Umsetzung eines Programms der „Gesundheitsförderung", verstanden als ein integratives Präventionskonzept, das auf die Entwicklung gesunder Lebensbedingungen abstellt. Institutionell gesehen setzt Gesundheitsförderung eine enge Verflechtung von medizinischen Einrichtungen, anderen Institutionen des Gesundheitswesens, psychologischen Beratungsstellen, Einrichtungen der Bildungs-, Jugend- und Familienarbeit und allen weiteren Einrichtungen voraus, die sich auf junge Menschen konzentrieren. Nur so ist es möglich, sozial, ökologisch und kulturell reichhaltige und anregende Lebensräume für Kinder und Jugendliche zu schaffen, die eine Entwicklung in Würde und Selbständigkeit für die jüngsten Gesellschaftsmitglieder ermöglichen.

Wie ist das Konzept der Gesundheitsförderung von anderen gesundheitsbezogenen Konzepten abzugrenzen? Nicht nur im deutschen Sprachgebrauch werden die Begriffe Gesundheitserziehung, Gesundheitsbildung, Gesundheitsberatung, gesundheitliche Aufklärung und Gesundheitsförderung oft nebeneinander, ohne jeweils klare begriffliche Festlegung, verwendet. Der gemeinsame Nenner dabei ist das Verständnis, hiermit Aktivitäten von Personen und Institutionen zu bezeichnen, die auf die Verhütung von Krankheit und die Förderung von Gesundheit gerichtet sind. Durch direkte und indirekte Einwirkung auf den Ebenen des Wissens, der Motivation, der Einstellung und der Lebensbedingungen soll das gesundheitsrelevante Verhalten positiv verändert werden. Meist sind mit den angesprochenen Maßnahmen solche bezeichnet, die sich auf Einzelpersonen oder Gruppen richten, zunehmend sind aber auch sozialstrukturelle und ökonomische Leistungen im Rahmen der staatlichen Gesundheitspolitik mitgemeint (Laaser, Sassen, Murza & Sabo 1987; Kickbusch 1989).

Für die weitere Argumentation möchte ich folgende begriffliche Unterscheidung vornehmen:
- Gesundheitserziehung und Gesundheitsbildung bezeichnen die Aktivitäten, die vor allem in Familien und in Erziehungs- und Bildungseinrichtungen ablaufen, um über Wissensvermittlung und pädagogische Kontakte Einstellungen, Kompetenzen und Fertigkeiten zu vermitteln, die der Selbstentfaltung dienen und das gesundheitsbewußte Verhalten eines Menschen fördern;
- Gesundheitsaufklärung und Gesundheitsberatung bezeichnen alle Aktivitäten im öffentlichen Raum, die sich an Einzelpersonen oder an ein breites Publikum mit dem Ziel richten, über Informationsvermittlung und Entscheidungshilfe Einstellungen zu verändern und Verhaltensweisen zu beeinflussen;
- Gesundheitsförderung bezeichnet zusammenfassend die vorbeugenden, präventiven Zugänge zu allen Aktivitäten und Maßnahmen, die die Lebensqualität von Menschen beeinflussen, wobei hygienische, medizinische, psychische, psychiatrische, kulturelle,

soziale und ökologische Aspekte vertreten sein müssen und verhältnisbezogene ebenso wie verhaltensbezogene Dimensionen berücksichtigt werden.

Konzeptionen und Institutionen der Gesundheitsförderung

Die Weltgesundheitsorganisation (WHO 1985) hat in den letzten Jahren mehrere Anläufe zur Definition eines Programms der Gesundheitsförderung unternommen, das auf eine Neubestimmung der gesundheitspolitischen Konzepte für die Industrieländer hinausläuft. Im Mittelpunkt stand die Frage, wie und mit welchen Mitteln das vorhandene Gesundheitspotential von Menschen durch strukturelle und politische Initiativen und durch persönliche Unterstützung gefördert werden kann.

Die WHO-Charta zur Gesundheitsförderung (WHO 1986) entwikkelt die Grundzüge eines umfassenden Verständnisses von Gesundheit. Gesundheitsförderung wird als ein Prozeß beschrieben, der allen Menschen ein höheres Maß an Selbstbestimmung über die eigene Gesundheit ermöglichen soll. Um jedem Menschen die Möglichkeit zu geben, ein persönliches Gesundheitsverständnis zu entwickeln und persönliche Gesundheitsziele zu definieren, ist es nach dieser Charta notwendig, daß sowohl Einzelne als auch Gruppen ihre Bedürfnisse befriedigen, ihre Wünsche und Hoffnungen wahrnehmen und verwirklichen sowie ihre Umwelt beeinflussen können. Gesundheit wird ausdrücklich als ein wesentlicher Bestandteil des alltäglichen Lebens verstanden, wobei in gleicher Weise die Bedeutung sozialer und individueller Ressourcen herausgearbeitet wird.

Die WHO betont, daß Gesundheitsförderung eine gesundheitsgerechte Gestaltung der sozialen und natürlichen Umwelt erreichen will und zugleich jedem einzelnen Menschen die notwendigen Kompetenzen zu vermitteln hat, um seine persönliche Gesundheit zu verbessern. Gesundheit wird als eine von mehreren Voraussetzungen für eine optimale Lebensqualität gewertet. Träger der Gesundheitsförderung können nicht nur professionelle Anbieter und Institutionen, sondern auch informelle und selbstorganisierte Systeme sein. Die Verankerung der Gesundheitsförderung soll über institutionelle Grenzen hinweg angelegt sein und sowohl die frei praktizierenden Ärzte, die Krankenhäuser, Krankenkassen und den öffentlichen Gesundheitsdienst als auch die Sozialarbeit, die Erwachsenenbildung und die schulische und die Kindergartenerziehung einbeziehen. Es geht um eine gleichberechtigte und konstruktive Arbeitsteilung und Zusammenarbeit auf mehreren Ebenen und über mehrere Berufsgruppen hinweg.

Die Weltgesundheitsorganisation formuliert dazu Leitprinzipien der Gesundheitsförderung, von denen die wichtigsten lauten:
1. *Bedingungen für eine gesundheitsförderliche Gesamtpolitik schaffen.* Hier geht es darum, in den Bereichen Wohnung, Arbeiten, Bildung, Ernährung, Einkommenssicherung und Ökosystem durch eine sorgfältige Verwendung der Naturressourcen, durch Sicherung sozialer Gerechtigkeit und von Chancengleichhcit die grundlegenden Bedingungen für Gesundheit einzurichten. Das Schaffen der Rahmenbedingungen ist Aufgabe staatlichen Handelns, die Umsetzung und Ausgestaltung der Gesundheitsförderung kann allerdings nicht in einem staatlichen oder administrativen Rahmen erfolgen. Sie kann nur unter aktiver Beteiligung der Bürger auf einer selbstverwalteten kommunalen Ebene umgesetzt werden. Die Wahrnehmung gesundheitlicher Belange kann nicht die Aufgabe einer Einrichtung, der Gesundheitsverwaltung etwa, sein, sondern muß als eine Querschnittsaufgabe der gesamten kommunalen (Selbst-)Verwaltung verstanden werden. Sie muß amts- und dezernatsübergreifend organisiert sein und Fragen der gesamten Stadtentwicklung, der Verkehrsplanung, des Sportstättenbereiches, der kulturellen Einrichtungen, der Erwachsenenbildung usw. mit berücksichtigen. Das Gesundheitsamt kann daher diejenige Instanz sein, die bei allen politischen Maßnahmen gesundheitliche Belange prüfend untersucht und eine „Gesundheitsverträglichkeitskontrolle" für anstehende Veränderungen durchführt. Das Gesundheitsamt kann in Zusammenarbeit mit dem kommunalen Parlament dafür sorgen, die Gesundheitspolitik zum Teil einer gesundheitsfördernden kommunalen Gesamtpolitik zu machen.
2. *Die persönlichen Kompetenzen jedes einzelnen Menschen entwickeln.* Vielfach werden gesundheitliche Vorsorgeangebote heute in der Bevölkerung als Angebote „von oben" aufgefaßt, die in die persönliche Lebensführung intervenieren. Auch die Angebote der Schwangerschaftsvorsorge, der kinderärztlichen Vorsorge, Teilnahme an Schutzimpfungen, Krebsvorsorge u. ä. werden nur von Teilen der Bevölkerung angenommen, überwiegend von den partizipationsfähigen Angehörigen der sozialen Mittel- und Oberschichten. Gesundheitspolitik muß deshalb viel stärker als heute auch zu einem Gebiet der selbstorganisierten Politik und der Selbsthilfe werden, wenn sie die alltäglichen Lebensbedingungen beeinflussen soll. Das Gesundheitsamt und der öffentliche

Gesundheitsdienst allgemein können hierbei eine wichtige Vermittlungsfunktion übernehmen, die für ein flächendeckendes Angebot sorgt. Das Gesundheitsamt kann auch in Kooperation mit anderen Institutionen des Gesundheitswesens eine öffentliche Diskussion über Gesundheitsförderung anstoßen und verschiedene Initiativen der Entwicklung von Programmen der Gesundheitsförderung in der Region unterstützen.

3. *Gesundheitsförderliche Lebenswelten schaffen.* Nach den Vorstellungen der Weltgesundheitsorganisation kann sich die Gesundheitsförderung nicht alleine auf die vorbeugenden Aktivitäten der Gesundheitserziehung, Vorsorgeuntersuchung, Früherkennung und Frühförderung beschränken, sondern muß auch die konkreten Lebensbedingungen der Menschen so gestalten, daß sie der Gesundheit förderlich und nicht abträglich sind. Soziale Hemmnisse ebenso wie Gefahren aus der natürlichen Umwelt und der Schutz der natürlichen Ressourcen spielen hier eine wichtige Rolle. Die Zugangsmöglichkeit zu gesundheitlichen Angeboten hängt heute sehr stark von der sozialen Lebenssituation ab und führt zu einer erheblichen Verzerrung der Lebensqualität. Auch hier kann den Gesundheitsämtern eine wichtige koordinierende Rolle zukommen, um z. B. Gefährdungen der Wohnqualität, des Grundwassers, der Luft und des Bodens entgegenzusteuern.

4. *Gesundheitsbezogene Gemeinschaftsaktionen unterstützen.* Es geht der Weltgesundheitsorganisation darum, Gemeinschaftsaktionen von Bürgerinitiativen und Selbsthilfegruppen, von selbstgesteuerten Bewegungen und Nachbarschaftsaktivitäten in das Konzept einer kommunalen Gesundheitsförderung einzubeziehen. Auf kommunaler Ebene sollten die Gesundheitsämter viel stärker als heute Konzepte der Gesundheitsselbsthilfe stimulieren und fördern und durch finanzielle Mittel und organisatorische Hilfestellung Gesundheitsinitiativen in einer Region unterstützen. Es sollen Gesundheitsforen geschaffen werden, an denen Ärzte, Krankenkassenvertreter und andere Repräsentanten des Gesundheitsbereiches regelmäßig teilnehmen und eine öffentliche Diskussion wesentlicher gesundheitlicher Fragen mit konzeptionellen Vorschlägen vornehmen.

5. *Die Gesundheitsdienste neu organisieren.* Nach den Vorstellungen der Weltgesundheitsorganisation geht es um die Neufassung der kommunalen Gesundheitsdienste. Die Gesundheitsämter sollten sich stärker als Träger der kommunalen Leistungsverwaltung verstehen und nicht als Vollstrecker staatlicher Eingriffsverwaltung, wie es heute noch häufig der Fall ist. Die Gesundheitsämter sollen

ihr disziplinäres Spektrum verbreitern und neben Ärztinnen und Ärzten auch Sozialarbeiterinnen und Sozialarbeiter, Psychologinnen und Psychologen, Gesundheitsingenieure, ernährungsmedizinische Berater, Arzthelfer und andere Berufsgruppen mit einbeziehen. Außerdem sollen die Gesundheitsämter sich mit den anderen gesundheitsrelevanten Diensten (sozialer Dienst, Erziehungsberatung, schulpsychologische Beratung usw.) stärker in Kooperation begeben. Es ist nicht sinnvoll, daß sich die Gesundheitsämter selbst als Träger von wichtigen Initiativen verstehen, aber sie können sich auf die Rolle von Unterstützern, finanziellen Ressourcengebern und auch administrativen Koordinatoren konzentrieren (WHO 1986; Badura, Elkeles, Grieger & Kammerer 1989).

Die Grundidee der Prävention

Dieser Konzeption der Weltgesundheitsorganisation ist vorbehaltlos zuzustimmen. Bevor ich im Detail darangehe, sie auf die Belange von Kindern und Jugendlichen zu übersetzen, will ich noch allgemein auf ein wichtiges Element des Konzeptes der Gesundheitsförderung eingehen: die präventive Ausrichtung. *Alle Konzepte der Gesundheitsförderung gehen von der Leitidee aus, möglichst vorbeugend (präventiv, prophylaktisch) zu wirken, um mögliche Störungen der Persönlichkeitsentwicklung und Beeinträchtigungen der Gesundheit schon in einem frühen Stadium zuvorzukommen.* Je früher Unterstützungen und Hilfen einsetzen, desto eher kann der Verfestigung einer Störung und Beeinträchtigung und ihren möglichen Folgesfolgen, die z. B. in zunehmender Verschlimmerung des Leidens und nachfolgender sozialer Isolierung und Stigmatisierung bestehen können, vorgebeugt werden.

Die *ethischen und sozialen Gefahren,* die mit einer übereifrigen Frühintervention verbunden sind, dürfen nicht verkannt werden. Sie sind in den letzten Jahren in der theoretischen und praktischen Diskussion verstärkt herausgearbeitet worden (Laaser, Sassen, Murza & Sabo 1987; Hurrelmann, Kaufmann & Lösel 1987). Es wäre fatal, wenn die in guter Absicht eingeleiteten präventiven Maßnahmen das Gegenteil dessen bewirkten, was sie sollen, wenn also zum Beispiel durch den Aufbau eines Beobachtungs- und Kontrollapparates zur genauen Registrierung von Risiken und potentiellen Gefahren der Freiheitsspielraum für die persönliche Entfaltung eingeschränkt würde. Ich bin der Auffassung, daß durch geeignete institutionelle und konzeptionelle Vorkehrungen dieser Gefahr zuvorgekommen werden kann. Deswegen wird hier an der Leitidee der Prävention festgehalten und im Blick auf einige wichtige Politikbereiche im folgenden bevorzugt solche Konzepte vorgestellt, die sich am Grundgedanken des frühen Helfens und Unterstützens orientieren.

Die Begriffe Prävention und Intervention sind lange Jahre in der Fachdiskussion als gleichberechtigte und semantisch eigenständige Begriffe geführt worden. Zunehmend setzt sich aber die Gepflogenheit durch, den Begriff Intervention als den leitenden analytischen Arbeitsbegriff zu wählen. Mit diesem Begriff sind alle Eingriffe in soziale Verhältnisse gemeint, die auf eine Beeinflussung des Verhaltens von Menschen zielen. Zugleich sind hiermit auch alle direkten Eingriffe in die Verhaltensweisen von Menschen bezeichnet.

Strategien und Formen der Intervention

Greifen wir auf die Diskussion in Kapitel 2 und das dort entwickelte Verlaufsmodell von Belastungs-Bewältigungs-Prozessen zurück: Dort war in einer idealtypischen Betrachtung eine Sequenz von *(1) Lebenslage,* bestimmt durch die ökologischen und sozialen Lebensbedingungen und durch die subjektive Lebenswelt, *(2) Risiken und Belastungen* für die Persönlichkeitsentwicklung, *(3)* gelingenden oder nicht gelingenden *Bewältigungsprozessen, (4)* positiven oder negativen *Ereignissen* und *(5) bio-psycho-sozialen Folgen* und *(6) Folgesfolgen* entwickelt worden.

An diese Abfolgesequenz läßt sich der Stellenwert verschiedenartiger Eingriffshandlungen (Intervention) deutlich machen: Je nachdem nämlich, zu welchem Zeitpunkt im Prozeß der Entstehung einer Störung, Auffälligkeit oder Beeinträchtigung eine Intervention einsetzt, kann sie als eine vorbeugende, also *präventive,* oder als eine *korrigierende,* unterstützende oder heilende Intervention bzw. – wenn der Entwicklungsprozeß schon sehr weit fortgeschritten ist und die Folgesfolgen beeinflußt werden sollen – als eine *rehabilitative,* ausgleichende, schlimmere Weiterentwicklungen verhindernde und eindämmende Intervention bezeichnet werden.

Dieser Dreischritt in der begrifflichen Abgrenzung von Interventionsmaßnahmen hat eine lange Tradition. In der medizinischen Forschung ist er mit den Begriffen der *primären, sekundären* und *tertiären Prävention* bezeichnet worden. Will man den Begriff der Prävention nicht inflatorisch benutzen und den eigentlichen Wortsinn von Intervention bewahren, dann bietet es sich für den interdisziplinären Sprachgebrauch an, von *präventiver, korrektiver/supportiver/kurativer* und *kompensatorischer/rehabilitativer Intervention* zu sprechen. Die konzeptionellen Ausgangspunkte sind dabei die gleichen wie in der traditionellen medizinischen Verwendung: Die Begrifflichkeit versucht abzubilden, daß es sich bei Eingriffsmaßnahmen um qualitativ unterschiedliche Vorgehensweisen handelt – je nachdem, in welcher Phase der Entwicklung der Entstehung von Störungen und Beeinträchtigungen sie einsetzen.

Bei der Abfolgekette Lebenslage – Risiken und Belastungen – Bewältigungsprozesse – Ereignisse – bio-psycho-soziale Folgen – Folgesfolgen bietet es sich an, den Begriff der präventiven Intervention für alle Maßnahmen vorzusehen, die einsetzen, *bevor* es zu den ersten Ereignissen in Gestalt von psychosozialen und psychophysiologischen Beeinträchtigungen der Persönlichkeitsentwicklung kommt. Der Begriff der supportiven (unterstützenden) oder kurativen (heilenden) Intervention bietet sich für alle Eingriffe an, die von diesem Ereignispunkt an bis zum Einsetzen der Folgesfolgen vorgenommen werden. Der Begriff der kompensatorischen oder rehabilitativen Intervention ist dann für alle Eingriffe reserviert, die nach diesem Stadium einsetzen.

In Abbildung 7 sind diese verschiedenen Reichweiten von Interventionsmaßnahmen in vereinfachter schematischer Abfolge ausgewiesen.

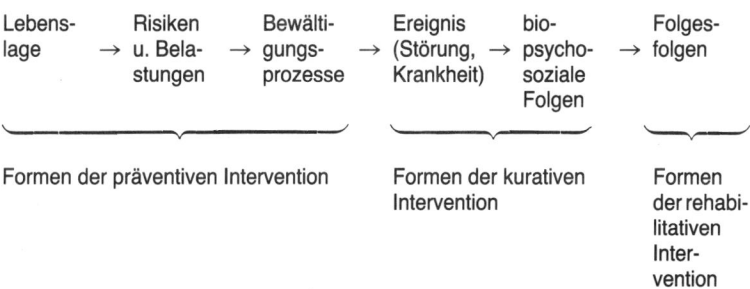

Abb. 7. Strategien der Intervention, unterschieden nach dem Stadium der Entwicklung einer Gesundheitsbeeinträchtigung

Wichtig für den hier vorgestellten Denkansatz ist es, zwischen Interventionen *vor* dem Eintreten von bio-psycho-sozialen Ereignissen der Störung und Beeinträchtigung und ihren Folgen und *nach* dem Eintreten solcher Ereignisse zu unterscheiden. Dieses ist ein Argument dafür, den Begriff der *Prävention* für den so wichtigen Sektor aller der Maßnahmen zu reservieren, die *vor* dem Eintreten von beeinträchtigenden Ereignisfolgen einsetzen:

- Die präventive Intervention ist in diesem strengen Wortverständnis die Verhinderung oder Minderung des Auftretens von für die weitere Persönlichkeitsentwicklung negativ zu bewertenden Ereignissen, wie z.B. körperlichen Krankheiten, psychosomatischen Beschwerden, psychosozialen Störungen, Drogenkonsum usw.
- Die *kurative* Intervention ist in diesem Verständnis die Bemühung, das als negativ bewertete Ereignis zu korrigieren, abzuwenden oder zu heilen, um negative Folgen des Ereignisses für die weitere Persönlichkeitsentwicklung abzuwenden. Diese negativen Folgen können in der körperlichen Gebrechlichkeit, in psychischem Leiden und in sozialer Desintegration bestehen. Ziel der Intervention in diesem Stadium ist die Wiederherstellung einer guten Ausgangssituation für die Bewältigung von Risiken und Belastungen im Lebensalltag.
- Als *rehabilitative* oder kompensatorische Intervention läßt sich die Anpassung an und der Ausgleich von Folgesfolgen des negativ zu bewertenden Ereignisses bezeichnen. Hier geht es darum, eine weitere Verfestigung von Beeinträchtigungen und Störungen zu vermeiden, die auf den gesamten weiteren Lebensrhythmus ungünstige Auswirkungen haben können und den Gesamtzustand immer weiter verschlechtern. Auch geht es um einen Ersatz für den Ausgleich für die Schäden, die bereits eingetreten sind; außerdem um Hilfe, trotz der Störungen und Beeinträchtigungen noch ein erträgliches Leben zu führen.

Außer nach dem Stadium ihrer Wirkung im Verlaufsprozeß können wir Interventionsmaßnahmen auch nach ihrer Zielebene, nämlich nach *verhältniszentrierter* und *verhaltenszentrierter* Intervention unterscheiden: Die verhältniszentrierten Interventionen konzentrieren sich auf die ökologischen und sozialen Lebensbedingungen eines Menschen, auf den institutionellen und sozialen Kontext und auf die sozialen Ressourcen (Netzwerke und Beziehungen); die verhaltenszentrierten Interventionen sind auf die subjektive Lebenswelt, den biographischen Kontext und die individuellen Ressourcen (persönliche Fertigkeiten, Handlungskompetenzen) eines Menschen gerichtet. Beide Zielebenen verlangen unterschiedliche Zugangsweisen, die sich in dem einen Fall auf die soziale und natürliche Umwelt und im anderen Fall auf die Persönlichkeitsmerkmale und das manifeste Verhalten der Person richten. Schließlich können wir Interventionsmaßnahmen auch nach den *physiologischen, psychischen* und *sozialen Dimensionen der Persönlichkeitsentwicklung* unterscheiden, da in den drei Bereichen jeweils schwerpunktmäßig unterschiedliche Zugangsweisen und Methoden der Unterstützung und Hilfe angewandt werden müssen.

Mehrdimensionale Klassifikation von Interventionsmaßnahmen

Die drei erwähnten analytischen Unterscheidungsgesichtspunkte, die
a) nach unterschiedlichen Strategien je nach Stadium der Intervention,
b) nach unterschiedlichen Zielen (verhaltenszentriert versus verhältniszentriert) und
c) verschiedenen inhaltlichen Dimensionen (physiologisch, psychisch, sozial)

differenzieren, lassen sich schematisch in einem Kubus darstellen (s. Abb. 8).

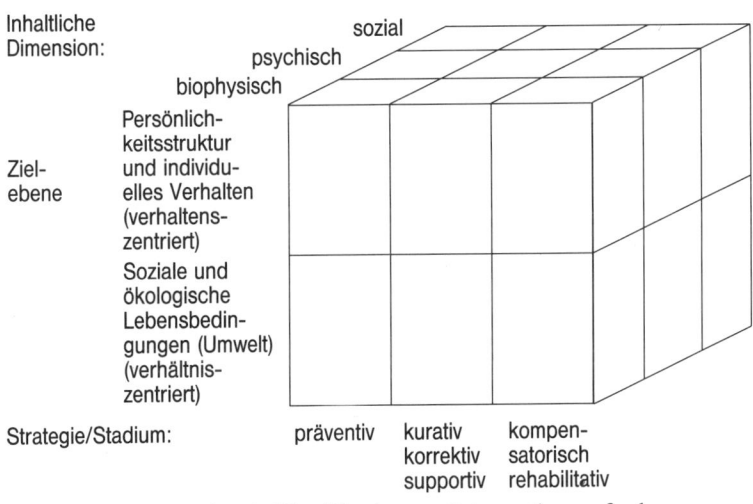

Abb. 8. Mehrdimensionale Klassifikation von Interventionsmaßnahmen

In jedem einzelnen Quadranten des Kubus kann eine Interventionsmaßnahme verortet werden, die je nach Ausgangslage spezifische Vorgehensweisen und Effekte erwarten läßt. In der Abbildung ist damit die Gesamtheit aller denkbaren Interventionsmaßnahmen aufgeführt. Würden wir jedem der Quadranten die heute faktisch praktizierten Maßnahmen der Intervention zuordnen, so käme allerdings ein Ungleichgewicht dabei zustande. Faktisch ist die große

Mehrzahl aller heute existierenden Interventionsmaßnahmen den Quadranten zuzuordnen, die sich auf *kurative* Eingriffe mit *individuumzentrierter* und *physiologischer* Wirkung konzentrieren. Der Löwenanteil aller Aktivitäten im ausgebauten Gesundheitswesen der Industriestaaten konzentriert sich auf diese Formen von Eingriffsmaßnahmen. An zweiter Stelle aller Maßnahmen würden nach Häufigkeit mit größter Wahrscheinlichkeit alle die Maßnahmen rangieren, die in den beiden Quadranten anzusiedeln sind, bei denen kompensatorische, individuumzentrierte sowie auf physiologische oder psychische Dimensionen zielende Eingriffe angesiedelt sind.

Diese Einseitigkeit in der Gewichtung von Interventionsmaßnahmen ist zu überwinden. Es müssen insbesondere Aktivitäten und Energien freigemacht werden, um Interventionsmaßnahmen mit einer präventiven Strategie und zusätzlich mit einer umweltzentrierten Zielrichtung zu verstärken und ihnen ein erheblich stärkeres Gewicht zukommen zu lassen. Auch darf die soziale Dimension der Persönlichkeitsentwicklung nicht so stark vernachlässigt werden, wie es zur Zeit üblich ist.

Maßnahmen der Gesundheitsförderung versuchen, dieser Akzentsetzung gerecht zu werden. Sie konzentrieren sich vor allem auf die bisher vernachlässigten Bereiche aus dem gesamten Interventionsfeld: Sie beschäftigen sich mit konkreten Maßnahmen für die Verbesserung der ökologischen und sozialen Lebensbedingungen in Familie, Wohnumwelt und natürlicher Umwelt, mit der positiven Beeinflussung des institutionellen Lebenskontextes von Kindern und Jugendlichen und der Stärkung ihrer sozialen Beziehungsstrukturen ebenso wie mit der Anreicherung und Belebung ihrer subjektiven Lebenswelt, der Stimulierung ihres biographischen Kontextes und der Kräftigung ihrer individuellen Fertigkeiten und Kompetenzen. Sie konzentrieren sich damit eindeutig und bewußt auf den präventiven Sektor von Maßnahmen im Bereich der Kinder- und Jugendpolitik.

Wie bereits erwähnt, sind an präventive Maßnahmen strenge ethische und methodische Maßstäbe anzulegen. Die Entstehungsgeschichte (Ätiologie) einer Gesundheitsbeeinträchtigung muß jeweils genau bekannt sein, um präventive Interventionen zu rechtfertigen. Präventive Maßnahmen beziehen sich oft auf Risikopersonen und Risikogruppen, also auf solche Personen, die noch nicht auffällig geworden sind. Die reine Wahrscheinlichkeit, daß aus dieser Gruppe Personen auffällig werden, ist oft nicht besonders hoch (zum Beispiel im Falle des illegalen Drogenkonsums). Deswegen treffen Präventionsmaßnahmen oft mehrheitlich auf Personen, für die diese Maßnahmen nicht notwendig sind. Diesen Personen dürfen durch die

Prävention keinerlei Nachteile entstehen. Schwierig ist auch die Identifizierung von „Risikopersonen". Hier muß vermieden werden, daß die potentiell gesundheitsgefährdenden Faktoren falsch eingeschätzt werden und die Maßnahmen sich auf Personen richten, bei denen die tatsächliche Wahrscheinlichkeit für den Übergang in das gesundheitsgefährdende Verhalten (z. B. Drogenkonsum) sehr klein ist (Edelstein & Michelson 1986).

Deswegen muß bei präventiven Maßnahmen in einer Kosten-Nutzen-Analyse gegeneinander abgewogen werden, welche Vorteile der Eingriff gegenüber den Nachteilen hat, wie die Wahrscheinlichkeit für das Eintreten des negativ zu bewertenden Ereignisses ist und wie die Schwere und die Dauerhaftigkeit des zu erwartenden negativen Ereignisses zu beurteilen sind. Außerdem spielen die finanziellen und auch die sozialpsychologischen „Kosten" und die Effizienz der Maßnahmen eine große Rolle. Bei der präventiven Intervention muß klar sein, welche Zieldimension, also welches Symptom und welches Verhalten, tatsächlich verändert werden soll. Dieses Verhalten muß zugänglich und im Rahmen einer bestimmten theoretischen Annahme interpretierbar sein. Erst wenn eindeutige Vorhersagefaktoren für zukünftige Ausprägungen des Verhaltens bekannt sind, ist die Ausführung der präventiven Intervention zu vertreten.

Vor allem im Bereich von gesundheitsgefährdenden und auffälligen Verhaltensweisen, die stark von sozialen Definitionsprozessen abhängig sind (z. B. Dissozialität, Delinquenz, Aggressivität), sind alle Maßnahmen, die nur auf einer vagen Risikoeinschätzung beruhen, ethisch äußerst problematisch, denn sie können zu einer Stigmatisierung der entsprechenden Personen führen. Auch ist sehr wichtig, von welcher Institution oder welcher Person aus die Kontrollen für die Durchführung der Maßnahmen gesteuert und überwacht werden. Eine weitere wichtige Unterscheidung besteht darin, ob eine Zustimmung und ein Einverständnis zur Durchführung der Maßnahme vorliegt oder nicht (Stark 1989).

Maßnahmen der Gesundheitsförderung müssen diese Kriterien berücksichtigen und vor allem darauf achten, Selbstbestimmung und Eigentätigkeit derjenigen Menschen zu wahren und zu stimulieren, an die sie adressiert sind.

Kooperationsfelder der Gesundheitsförderung für Kinder und Jugendliche

Die Institutionen und Träger der Gesundheitsförderung für Kinder und Jugendliche, die die formelle Infrastruktur für eine umfassende

Politik für Kinder und Jugendliche bilden, müssen in verschiedenen Lebensbereichen und Institutionen angesiedelt sein, die sich in ihren Arbeitsfeldern möglichst intensiv berühren und überschneiden und die informellen Systeme Familie, Freundeskreis und Nachbarschaft ergänzen.

Im wesentlichen können – neben den informellen Systemen – vier formelle Träger für Tätigkeiten und Aktivitäten der Gesundheitsförderung im Kindes- und Jugendalter unterschieden werden:

1. Erziehungs- und Bildungseinrichtungen und (sofern schon relevant) Arbeitsstätten. Das zugehörige professionelle Personal besteht hier aus Kindergärtnerinnen und Kindergärtnern, Lehrerinnen und Lehrern, möglichen speziell ausgebildeten Fachleuten der Gesundheitsberatung und Gesundheitserziehung und aus den betrieblichen Gesundheitsberatern.
2. Einrichtungen der psychosozialen Versorgung und Beratung. Hier findet sich als professionelles Personal der Gruppe der Eltern- und Familienberaterinnen und -berater, der Jugend- und Sozialarbeiter und -arbeiterinnen und Sozialpädagoginnen und Sozialpädagogen.
3. Einrichtungen der psychiatrischen und der Krankenversorgung. Das zuständige professionelle Personal besteht hier überwiegend aus Ärztinnen und Ärzten, Psychologinnen und Psychologen, Psychiaterinnen und Psychiatern und Pflegepersonal mit unterschiedlichen Ausbildungen und Qualifikationen.
4. Öffentliche Einrichtungen der Gemeinde bzw. der Gebietskörperschaft. Hier ist vor allem an Fachleute des öffentlichen Gesundheitsamtes und eventuell angeschlossener Organisationen mit Gesundheitsberatern, Umweltberatern und ähnlichem Fachpersonal zu denken.

In jedem dieser vier Felder sind sinnvolle Ansätze der Gesundheitsförderung nötig und möglich, wie die bisherige Analyse teilweise bereits gezeigt hat. In jeder dieser Einrichtungen stoßen die entsprechenden Aktivitäten aber auch an System- und Organisationsgrenzen, die nur durch eine Kooperation mit den jeweils angrenzenden Institutionen überwunden werden können. So sind etwa bestimmte Teilbereiche der Gesundheitserziehung in Kindergärten und Schulen effektiv nur durchzuführen, wenn eng mit Fachleuten aus den Einrichtungen der psychosozialen Versorgung und Beratung, des Gesundheitsamtes und mit Fachpersonal aus Kliniken zusammengearbeitet wird. Entsprechendes gilt jeweils für die anderen Arbeitsfelder. Wir müssen deswegen große Aufmerksamkeit auf die Über-

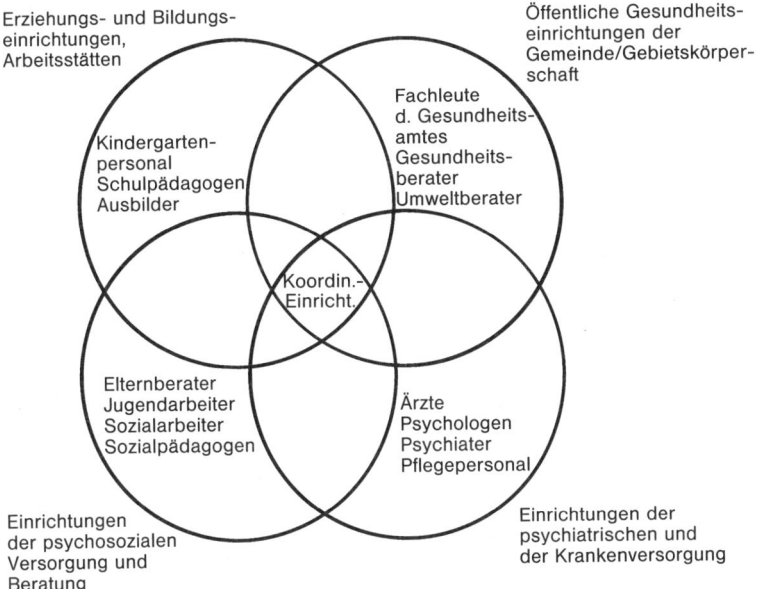

Abb. 9. Formelle Träger der Gesundheitsförderung für Kinder und Jugendliche

schneidungsbereiche in der Arbeit der verschiedenen Felder verwenden.

In Abbildung 9 sind in einer vereinfachten Form diese Träger für Aktivitäten der Gesundheitsförderung bei Kindern und Jugendlichen dargestellt. Die Darstellung versucht zugleich, die jeweiligen Überschneidungsbereiche in den Aktivitäten der vier Träger zum Ausdruck zu bringen. Die Überschneidungsbereiche markieren symbolisch die Gebiete, in denen die jeweils benachbarten Institutionen kooperieren müssen, um ein umfassendes Konzept der Gesundheitsförderung umzusetzen.

Für jeden der Träger/Einrichtungen der Gesundheitsförderung im Kindes- und Jugendalter ergeben sich spezifische Schwerpunktaufgaben:
1. Neben der allgemeinen Bildung und Erziehung der Persönlichkeit die Aufgabenfelder der speziellen Gesundheitserziehung und Gesundheitsbildung (mit Elementen der Gesundheitsaufklärung und -beratung) in den Erziehungs- und Bildungseinrichtungen;
2. neben der allgemeinen sozialpädagogischen Betreuung mit erheblichen Anteilen auch von korrektiver und unterstützender Intervention die Aufgaben der Gesundheitsberatung gegenüber Kin-

dern und Jugendlichen und ihren Eltern in den Einrichtungen der psychosozialen Versorgung und Beratung;
3. neben der heilenden und rehabilitativen Tätigkeit die Aufgaben der Gesundheitsvorsorge und -pflege und in Ansätzen auch der Gesundheitsberatung in den Einrichtungen der psychiatrischen und der allgemeinen Krankenversorgung;
4. neben den allgemeinen Aufgaben der Gesundheitsfürsorge auch die Aufgabe der Gesundheitserziehung, -aufklärung und -beratung in den Einrichtungen des öffentlichen Gesundheitsdienstes.

Außer diesen institutionsspezifischen Tätigkeiten lassen sich – wie in der Abbildung durch die sich überschneidende Kreise zum Ausdruck gebracht – Kooperationsfelder bezeichnen, die nur durch die Zusammenarbeit von mindestens zwei der genannten Träger erfüllt werden können:

1. Kooperation von Kindergärten, Schulen und Ausbildungsstätten mit Gesundheits-, Umwelt- und Ernährungsberatern vom Gesundheitsamt, z.B. um übergreifende Gesichtspunkte der Gesundheitsentwicklung der Bevölkerung in die Gesundheitserziehung einfließen zu lassen und umgekehrt Erfahrungen aus der praktischen pädagogischen Arbeit in die umfassende Koordination von Gesundheitsaktivitäten aufnehmen zu können;
2. Kooperation der Gesundheitsämter und der ihnen zugeordneten Institutionen der Gesundheits- und Umweltberatung mit niedergelassenen Ärzten und mit medizinisch-psychiatrischem Personal aus Kinder- und Jugendkliniken, um Erkenntnisse und Erfahrungen aus der Beobachtung der regionalen Versorgungssituation und über ein System der Gesundheitsberichterstattung abzustimmen;
3. Kooperation zwischen den Einrichtungen der psychiatrischen und der Krankenversorgung und den Einrichtungen der psychosozialen Versorgung und Beratung, z.B. um Hilfe und Unterstützung bei den vielfältigen Aufgaben abzustimmen, die sich aus der gegenseitigen Beeinflussung von psychosozialen und bio-physischen Störungen und Beeinträchtigungen der Persönlichkeitsentwicklung ergeben;
4. Kooperation von Psychologen, Sozialarbeitern und Pädagogen aus Beratungsstellen für Eltern und Familie, Kindern und Jugendlichen, mit Bildungseinrichtungen, z.B. um die konkrete Hilfe und Unterstützung von Kindern und Jugendlichen in Bildungs- und Erziehungsinstitutionen zu verbessern;
5. Kooperation zwischen Kindergärten, Schulen und Betrieben mit niedergelassenen Ärzten und mit dem Fachpersonal von Kinder- und Jugendkliniken, z.B. um von beiden Seiten aus abgestimmte Hilfen und Unterstützungen für die Bewältigung von psychischen Störungen und gesundheitlichen Beeinträchtigungen bei Kindern und Jugendlichen zu gewähren;
6. Kooperation zwischen den öffentlichen Gesundheitseinrichtungen der Gemeinde und den Einrichtungen der psychosozialen Versorgung und Beratung, um übergreifende regionale Koordinationsgesichtspunkte der Arbeit der Beratungsstellen vor Ort durchzuführen.

Im Zentrum von Abbildung 9, im Überschneidungsbereich aller vier Aktivitätsbereiche, ist der Standort einer *übergreifenden Koordinationsstelle* markiert, die die Kooperation aller genannten Träger und Einrichtungen miteinander einleitet, um die jeweiligen Einzelaktivitäten effektiv aufeinander abzustimmen und in ein Ergänzungsverhältnis zu bringen und zugleich falsche Konkurrenzbezüge und Zuständigkeitskämpfe zu vermeiden. Um diese Aufgabe zu bewältigen, bietet sich eine regionale Konstruktion von *Gesundheitszentren* als Einrichtungen der Koordination der Gesundheitsförderung an. Sie können in lockerer Anbindung an das jeweilige Gesundheitsamt einer Stadt oder eines Kreises eingerichtet werden und sollten eng mit den Erziehungs- und Bildungseinrichtungen und den anderen erwähnten Institutionen in einer Region verzahnt sein.

Im folgenden gehe ich näher auf ausgewählte Aufgabenfelder einer umfassenden Gesundheitsförderung als Bestandteil der Kinder- und Jugendpolitik ein, wobei die spezifischen Aufgabenbereiche der Trägereinrichtungen der Gesundheitsförderung angesprochen werden. Im Vordergrund steht dabei die Frage, welche Ansatzpunkte für eine konzeptionelle Erweiterung und eine qualitative Verbesserung der Arbeit dieser Einrichtungen heute gegeben sind und welche Anschlußstellen für die jeweilige Kooperation mit Nachbareinrichtungen bereits existieren oder noch geschaffen werden müssen.

Eine wichtige Rolle wird den Aufgabenbereichen der Erziehungs- und Bildungseinrichtungen zugewiesen. Da deren allgemeiner Beitrag zur Gesundheitsförderung von Kindern und Jugendlichen bereits in Kapitel 4 angesprochen wurde, kann sich die folgende Darstellung besonders auf die spezifischen Aufgabenfelder der Gesundheitserziehung und Gesundheitsbildung konzentrieren.

Begründung und Konzeption der Gesundheitserziehung

Ein wichtiges Ziel der Gesundheitserziehung und -bildung ist es, das gesundheitsrelevante Verhalten von Kindern und Jugendlichen zu beeinflussen. Die meisten Ansätze in diesem Bereich gehen von der Annahme aus, daß das Gesundheitsverhalten durch die Überzeugungen und das Wissen beeinflußt werde, die ein Mensch über Gesundheit und über die Möglichkeiten der Verhinderung von Krankheit zur Verfügung hat. Den meisten Ansätzen der Gesundheitserziehung liegt eine sozialpsychologische *Theorie des intentionalen Handelns* zugrunde, wonach jedes Verhalten, ob gesundheitsförderlich oder gesundheitsschädlich, auf einer vorsätzlichen Absicht beruht, die auf bestimmte persönliche und normative Überzeugungen zurückzuführen ist. Um Verhaltensänderungen zu bewirken, müssen dieser Theorie zufolge die Überzeugungen, Einstellungen und die subjektiven Normen geändert werden, um auf die Absicht Einfluß zu nehmen. Als gesundheitsförderliches Verhalten wird im wesentlichen schädigungsvermeidendes und Vorsorgeverhalten gewertet, das im Aufsuchen medizinischer Beratung und Behandlung sowie im Befolgen ärztlicher Ratschläge besteht.

Theoretische Ausgangspunkte

In dem in diesem Feld weit verbreiteten, sogenannten *Health-Belief-Modell* wird zum Beispiel eine Verbindung von einer subjektiv wahrgenommenen Anfälligkeit für eine Erkrankung und die wahrgenommene Schwere und Bedrohlichkeit dieser Krankheit für die eigene Person als Ausgangspunkt für gesundheitsrelevantes Verhalten unterstellt. Grundannahme dabei ist, daß bei einer solchen wahrgenommenen Anfälligkeit für eine Krankheit auch die empfundene Bedrohung durch diese Krankheit steige und als Folge ein vorsorgliches und den ärztlichen Anweisungen Folge leistendes Verhalten eintrete. Nach dieser Theorie unterschätzen viele Menschen ihre Anfälligkeit für Krankheiten, fühlen sich durch sie nicht bedroht und unterlassen aus diesem Grund die erwünschten positiven Verhaltensweisen. Die Rolle der Gesundheitserziehung wird nun im wesentlichen darin gesehen, diese Menschen auf die Gefahren von Krankheiten nachdrücklich hinzuweisen, vor allem durch Aufklärung und Information, aber auch durch abschreckende Impulse für die eigene Einstellungsbildung. Dieser Denkansatz vertraut darauf, daß eine umfassende Information über gesundheitsgefährdende Faktoren und gesundheitsabträgliche eigene Verhaltensweisen auch das tatsächliche Verhalten eines Menschen beeinflusse (Becker 1974; Bausell 1986).

Die Schwächen dieses Denkansatzes sind offensichtlich: Es wird auf die volle Rationalität des menschlichen (Gesundheits-)Verhaltens gesetzt und darauf vertraut, daß kognitiv vermittelte Information verhaltenssteuernd wirkt. Diese Annahmen sind aber nur teilweise realistisch. Deshalb werden in den letzten Jahren vielfältige Bemühungen unternommen, die sozialpsychologische Ausgangstheorie für Gesundheitsverhaltensweisen zu erweitern. Dabei geht es um die Frage, welche kognitiven, motivationalen *und* emotionalen

Vorgänge die Einleitung und Aufrechterhaltung gesundheitsrelevanten Verhaltens in sozialen Situationen beeinflussen.

So berücksichtigt zum Beispiel das Modell von Schwarzer (1989) – was im Health-Belief-Modell vernachlässigt wird –, daß es für den einzelnen Menschen um die tägliche Verhaltensbewältigung schlechthin geht, wobei die Gesundheitsschädigung dieser spezifischen Verhaltensweisen oft nur aus der Perspektive des Wissenschaftlers identifiziert werden kann. Der *Gesamtmotivation für oder gegen gesundheitsrelevantes Verhalten* wird hier eine Schlüsselfunktion zugeschrieben. Die Entscheidung für eine bestimmte Verhaltensweise oder die Korrektur einer bisher gepflegten Verhaltensweise muß die aktuelle individuelle Motivationslage berücksichtigen: Zum Beispiel verfehlt der Hinweis an Jugendliche, die Fortsetzung des Risikoverhaltens „Rauchen" würde in einer späteren Lebensphase, mit unbekannter Wahrscheinlichkeitshöhe zumal, zu gesundheitlichen Belastungen führen, die erwünschte Wirkung, da dieser Hinweis mit den aktuellen attraktiveren Verhaltensalternativen nicht erfolgreich in Konkurrenz treten kann.

Gesundheitsrelevantes Verhalten kann nach diesem Modell nicht alleine durch Veränderung von Einstellungen bewirkt werden, sondern muß in ein Bild von der eigenen Person und in ein Selbstkonzept des eigenen Handelns einbezogen sein. Bei Kindern und Jugendlichen können wir noch nicht von expliziten gesundheitsbezogenen Selbstschemata ausgehen. Vielmehr stehen Aspekte des psychosozialen Wohlbefindens im Sinne der Bewältigung von Entwicklungsaufgaben im Zentrum der Selbstdefinition. Ob gesundheitsrelevante Einstellungen auch wirklich verhaltenswirksam werden, entscheidet sich danach, ob sie als wichtiger Bestandteil der Selbstdefinition wahrgenommen werden und inwieweit sie mit anderen Selbstschemata konkurrieren. Unter einem Selbstschema wird dabei die kognitive Repräsentation von bestimmten Aspekten der eigenen Person verstanden, also ein Bestand an selbstbezogenen Wahrnehmungen, die im Laufe des Lebens aufgrund von Erfahrungen und Bewertung dieser Erfahrungen erworben werden. Die geordnete Menge der gesundheitsrelevanten Selbstschemata wird als eine implizite Theorie, als eine *subjektive Gesundheitstheorie* verstanden, als ein System zur Verarbeitung gesundheitsrelevanter Informationen und zur Steuerung entsprechender Handlungen (Schwarzer 1989).

Empirische Befragungen von Jugendlichen, etwa die von Millstein und Irwin (1987), bestätigen, daß Gesundheit und Krankheit in dieser Altersgruppe nicht als gegenteilige Pole auf einem einheitlich dimensionierten Kontinuum wahrgenommen werden, sondern unterschiedliche inhaltliche Assoziationen und Einstellungen auslösen. Gesundheit und Krankheit bilden zu einem großen Teil, bei den jüngeren Schülern noch weniger als bei den älteren, unterschiedliche Vorstellungen und Konzepte ab. Krankheit wird viel stärker als Gesundheit durch die körperliche Befindlichkeit definiert, sehr intensiv auch durch objektive Indikatoren, also meßbare und beobachtbare Anzeichen für Störungen physiologischer Prozesse. Demgegenüber werden zur Definition von Gesundheit vorbeugende Verhaltensweisen (bewußtes Essen, viel Sport Treiben usw.), allgemeine Fitneß und körperlich-seelisches Befinden als Kriterien herangezogen. Die Autoren ziehen hieraus die Konsequenzen, daß Gesundheit von Jugendlichen als mehr wahrgenommen wird als nur die Abwesenheit von Krankheit. Insgesamt fällt den Jugendlichen die Definition von Gesundheit ganz offensichtlich schwerer als die Definition von Krankheit.

Kindern und Jugendlichen geht es in ihrem Lebensalltag vor allem um die soziale und individuelle Identitätsbildung und den Erfolg im schulischen Bereich und im Freundeskreis. Es geht ihnen darum, beliebt, durchsetzungsfähig, erwachsen, stark, unabhängig, sicher, gut aussehend und intelligent zu sein. Verhaltensweisen, die die physische Gesundheit schädigen, wie z. B. Rauchen oder Drogenkonsum, werden in diesem Zusammenhang nach ihrem sozialen Einfluß als „Mittel zum Zweck" eingesetzt, um z. B. bei den wichtigen Bezugsgruppen bestimmte Anerkennungen zu forcieren. In der Kosten-Nutzen-Abwägung fällt die Entscheidung für eine bestimmte Verhaltensweise oft zugunsten der gesundheitsschädlichen Verhaltensweise, da das aktuelle seelische und soziale Wohlbefinden der Jugendlichen höher gewertet wird als die potentielle Beeinträchtigung der physischen Gesundheit. Die Jugendlichen streben eine ideale Erfüllung ihres Selbstbildes an und orientieren sich dabei an den unmittelbaren Anforderungen, die sie vor sich sehen (Perry & Jessor 1985; Hurrelmann & Lösel 1990).

Gesundheitserziehung und -bildung bei Kindern und Jugendlichen muß nach diesen Überlegungen von einem sehr breiten Gesundheitskonzept ausgehen. Gesundheit darf nicht allein über die Abwesenheit von Krankheitssymptomen definiert werden, sondern muß positive Konnotationen besitzen. Gesundheitsschädliches Verhalten muß mit solchen negativen Konsequenzen verknüpft werden, die nicht nur im biologischen, sondern auch im sozialen und psychischen Bereich liegen (zu viel Essen macht dick; Rauchen bringt unangenehme Begleiterscheinungen für Aussehen und Geruch mit sich, usw.). Gleichzeitig müssen Verhaltensalternativen angeboten werden, die den gleichen psychosozialen Zweck erfüllen wie die gesundheitsschädlichen Verhaltensweisen, also ebenfalls zu sozialer Akzeptanz und zur Verbesserung des Selbstwertgefühls führen. Die Folgen des gesundheitsbewußten Verhaltens müssen positiv bewertbar sein: Körperliche Attraktivität, Vitalität, erhöhte Streßresistenz, höhere Lebenserwartung, größerer Lebensgenuß (Schwarzer 1989).

Da Jugendliche sehr stark gegenwartsorientiert sind, muß Gesundheitserziehung vor allem auf ihre körperliche Attraktivität und ihr aktuelles Wohlbefinden und nicht so sehr auf ihre spätere Lebenserwartung abstellen. Auch ist zu bedenken, daß das gesundheitsangemessene Verhalten starke Anforderungen an die eigene Steuerung des Verhaltens und das Ertragen von Unlustzuständen (z. B. bei körperlicher Beanspruchung, beim Durchhalten eines Konfliktes, beim Einhalten einer Diät usw.) verlangt. Das problembezogene und nicht-ausweichende Bewältigungsverhalten verspricht also in einer konkreten Situation nicht unbedingt die schnelle und streßfreie Lösung, sondern kann genau das Gegenteil bedeuten. Auch hieraus erklärt sich, warum die gesundheitsschädigenden Verhaltensweisen aktuell so attraktiv sein können (McAlister 1982; Silbereisen & Kastner 1986).

Aktive Bewältigungsstrategien sind nicht nur mit einem hohen Maß von Selbststeuerung und Selbstsicherheit verbunden, sie setzen auch voraus, daß man sich von bestimmten Bezugsgruppen abhängig machen kann. Die Fähigkeit, solche Bezugspersonen zu mobilisieren, die dem eigenen Bewältigungsverhalten entgegenkommen, gehört mit zum „Coping"-Repertoire einer Person. Je nach Bezugsgruppe können mehr oder weniger gesundheitsförderliche und gesundheitsgefährdende Verhaltensweisen erwünscht sein. Die Verhaltensweisen Alkoholtrinken, Zigarettenrauchen und Drogeneinnahme sind z. B. relativ leicht zugänglich und werden außerdem in gleichaltrigen Bezugsgruppen meist positiv bewertet; sie sind außerdem mit einem unmittelbaren Lustgewinn verbunden. Dagegen erfordern die gesundheitsförderlichen Handlungen erhebliche Anstrengungen und ein großes Maß an Selbstkontrolle (z. B. mäßiges Essen und Trinken, Sport treiben, festen Tagesrhythmus einhalten) und haben nicht sofort den gleichen Stellenwert in Bezugsgruppen (Coates, Petersen & Perry 1982).

Didaktische Konzepte der Gesundheitserziehung

Wie diese konzeptionellen Überlegungen zeigen, sind die verschiedenen Ausgangsmotive für das Verhalten im Blick auf die Gesundheitsrelevanz bei Kindern und Jugendlichen wahrscheinlich noch konflikthafter und ambivalenter als bei erwachsenen und alten Menschen. *Gruppendruck, Machtbeziehungen, Prestige- und Einflußmotive, Neugierverhalten, Suche nach Erlebnis und Anregung können bei Kindern und Jugendlichen dazu führen, daß ein schädigendes Verhalten das attraktivere gegenüber dem nichtschädigenden Verhalten ist.* Extreme Gefühlszustände und emotionale Stimmungslagen können sowohl der Ausgangspunkt für gesundheitsbeeinträchtigendes Verhalten (Drogenkonsum z. B.) als auch die Konsequenz davon sein.

Es lassen sich entsprechende Kriterien für die Gesundheitserziehung ableiten:

1. Eine Konzeption der Gesundheitserziehung läßt sich deshalb nur dann aussichtsreich begründen, wenn sie an den *Erfahrungen und Erlebnissen von Lebensfreude* bei Kindern und Jugendlichen ansetzt und nicht etwa als Attacke auf Lebenslust angesehen wird. Gelingt dieser Zugang nicht, dann hat jede Gesundheitserziehung den Status des unattraktiven, lustlosen, lusttötenden und restriktiv-disziplinierenden Vorgehens, sie ist damit gleich von vornherein zum Scheitern verurteilt. Gesundheitserziehung darf nicht als ein Oktroi, als ein Aufzwängen von offiziellen Erwachsenenverhaltensweisen empfunden werden, denn gerade im Jugendalter gehört es ja zu den wichtigsten Verhaltensimpulsen, sich gegen die vorherrschenden gesellschaftlichen Erwachsenennormen aufzulehnen und sich von ihnen abzusetzen. Setzt hier die Gesundheitserziehung falsch an, so kann sie von Jugendlichen negativ besetzt werden und richtet damit mehr Schaden an als Nutzen (Dlugosch & Schmidt 1990).
2. Die Konzepte der Gesundheitserziehung müssen die vorherrschenden *normativen und sozialstrukturellen Rahmenbedingungen* berücksichtigen. Es wäre z. B. wirklichkeitsfremd, die objektiv gesundheitsfeindlichen Wertorientierungen, die in weiten Bereichen des Erwachsenenlebens dominieren, in der Gesundheitserziehung gegenüber Kindern und Jugendlichen zu verheimlichen. Dazu gehört insbesondere auch eine Analyse der Mechanismen der kommerziellen Werbung, die ja eindeutig und mit unterschwelligen sozialpsychologischen Einflußmethoden zugunsten gesundheitsgefährdenden Verhaltens (Rauchen, Alkoholkonsum, kalorienhaltige Speisen usw.) aktiv ist. Auch dürfen die strukturellen Belastungskomponenten des täglichen Lebens nicht ausgeklammert werden: Dauerbelastung durch lange Ausbildungszeiten, Verunsicherung von Jugendlichen und jungen Erwachsenen durch einen anforderungsreichen und strukturell schwierigen Arbeitsmarkt, Verzögerung des Eintritts in verantwortungsvolle Elemente des Erwachsenenstatus und Irritation durch hohe Anforderung an die Individualisierung.
3. Effektive Gesundheitserziehung muß den alltäglichen Lebensstil von Kindern und Jugendlichen, wie er durch soziale und kulturelle Einflüsse geprägt wird, in ihren Ansatz einbeziehen. Das Bestreben gerade junger Menschen, Selbständigkeit und Selbststeuerung zu erlangen, kann ein wichtiger Anknüpfungspunkt für die Gesundheitserziehung sein, der sie für die junge Generation interessant macht. Verstanden als Hilfe bei der Unterstützung eines individuellen Lebenskonzeptes, das sich von eingefahrenen Pfaden des Erwachsenenlebens unterscheidet, ist Gesundheitserziehung für Kinder, Jugendliche und junge Erwachsene ein interessantes und attraktives Konzept der Förderung von Selbstentfaltung und Selbstfindung.

Die meisten der heute in Kindergärten und Schulen praktizierten Konzepte der Gesundheitserziehung in der Bundesrepublik sind von diesen Modellvorstellungen noch weit entfernt. Sie sind weitgehend negativ orientiert, auf Krankheiten und deren Verhütung fixiert, wobei meist Modelle der Abschreckung und der Aufklärung eingesetzt werden:

1. Das didaktische Konzept der *Abschreckung* beruht darauf, die negativen Folgen gesundheitswidrigen Verhaltens darzustellen und damit Furcht, Angst und Schuldgefühle zu erzeugen. Beispiele sind schockierende Bilder von jugendlichen Drogentoten. Die Effektivität dieser Maßnahmen ist schon seit langem umstritten. Die Adressaten sind emotional zwar schockiert, aber möglicherweise auch blockiert; es kommt allenfalls zu kurzfristigen Veränderungen des Verhaltens, die nach kurzer Zeit wieder den üblichen Verhaltensmustern weichen (Staeck 1990). Wie Staeck betont, bagatellisieren die Schüler auch oft in einer Art Abwehrreaktion die tatsächlichen Gefahren oder machen die dargestellte Situation lächerlich und setzen sich in einer daraus resultierenden Oppositionshaltung sogar einer verstärkten Gesundheitsgefährdung aus. Die abschreckenden Inhalte haben für sie manchmal kaum Bedeutung, da sie sie aufgrund ihrer Ich-Ferne nicht auf sich selbst beziehen. Schließlich ist es sowohl pädagogisch wie auch ethisch unbefriedigend, daß durch dieses didaktische Konzept Ängste ausgelöst werden und damit der Weg für den Aufbau von Kompetenzen und persönlicher Stärke nicht unbedingt gesichert ist.
2. Das didaktische Konzept der *Aufklärung* ist im Unterschied zur Abschreckung nicht emotional, sondern kognitiv ausgerichtet. Hier liegen seine Stärken und Schwächen. Schülerinnen und Schüler sollen durch Informationen und klare Aussagen überzeugt werden. Es wird unterstellt, auf diese Weise lasse sich ihr tatsächliches Verhalten beeinflussen. Das Aufklärungskonzept knüpft an die traditionellen Muster des Health-Belief-Modells an. Wie bereits diskutiert, bietet aber die Aufnahme und die Anhäufung von Wissen für sich alleine keine Gewähr für eine entsprechende Einstellungsänderung und vor allem für ein gesundheitsgerechtes Verhalten. Da gerade bei Jugendlichen gesundheitsgefährdendes Verhalten sehr oft momentan, situativ und gefühlsmäßig beeinflußt ist, hat auch die beste kognitive Aufklärung keinen Einfluß auf diese Verhaltensweisen. Dem Aufklärungskonzept fehlen vor allem die emotionalen und sozialen Komponenten, die Informationen und Kenntnisse erst verhaltenswirksam machen könnten. Vor allem wird die oben erwähnte Motivation von Jugendlichen für gesundheitsrelevantes Verhalten weitgehend ausgeblendet, und die psychosoziale Funktion von Verhaltensweisen im Jugendalter wird zu wenig beachtet (Staeck 1990; Schneider 1990).

Zunehmend wird in der didaktischen Diskussion erkannt, daß Aufklärung nur eine unterstützende Funktion gegenüber der Beachtung der individuellen und sozialen Bedürfnisse von Kindern und Jugendlichen haben kann. Als Ziel der Gesundheitserziehung wird gesehen, Kindern und Jugendlichen bei Entscheidungsprozessen und Problemlösungen zu helfen und damit zu ihrem persönlichen Entwicklungsprozeß beizutragen. Konzeptionen dieser Art sind nicht auf eine einzelne Altersstufe oder Entwicklungsphase zu begrenzen. Sie sollten vor allem schon früh in der Persönlichkeitsentwicklung einsetzen. In der Kindergarten- und Grundschulzeit kann durch das Einüben gesundheitsrelevanter Verhaltensweisen schon ein erheblicher Beitrag, zum Beispiel besonders zur Drogen- und Suchtprävention, geleistet werden.

Zu einer solchen umfassenden Konzeption der Gesundheitserziehung gehören Programme, die es ermöglichen, den eigenen Körper kennenzulernen, Achtung vor dem eigenen und dem Körper anderer Kinder zu erwerben, Gefühle und Beziehungen zwischen Menschen wahrzunehmen, einem unüberlegten Konsum Einhalt zu gebieten, bei Angeboten auch nein sagen zu können, Freude über Neuentdecktes zu empfinden, den Sinn vernünftiger Verbote einzusehen, und die Übernahme von Verantwortung für Gemeinschaftsaufgaben zu erlernen usw. (Hedewig 1990, S. 123). Ein wichtiges zentrales Motiv für die moderne Gesundheitserziehung ist dabei die Erziehung zur Genußfähigkeit:

„Die Genußfähigkeit wurde an unseren Schulen lange Zeit durch Überbetonen intellektueller Leistungen weitgehend vernachlässigt. Diese Genußfähigkeit wurde überwiegend dem Freizeitbereich zugeordnet, für den sich die Schule nicht zuständig fühlte. Gerade in diesem Bereich wirken jedoch die geheimen Verführer der Konsumgesellschaft mit einem Überangebot von oft kostspieligen und deshalb prestigeträchtigen Konsumangeboten, darunter auch Rauschdrogen. Erziehung zur Genußfähigkeit sollte das Ziel haben, gegenüber solchen Konsumangeboten auf Distanz zu gehen, von ihnen unabhängig zu werden und nur das zu nutzen, was man für die eigene Lebensgestaltung auch wirklich braucht. Außerdem kommt es darauf an, stärker bei eigenem produktiven Gestalten der Freizeit Befriedigung zu finden" (Hedewig 1990, S. 124).

So wird in den neueren didaktischen Konzepten betont, daß Gesundheitserziehung nur erfolgreich sein kann, wenn sie an Lebensfreude, Erkundungsinteresse und Spaß an der eigenen Entfaltung anknüpft. *Es muß sich für die Jugendlichen im wahrsten Sinne des Wortes lohnen, gesund zu leben, wenn sie gesundheitsrelevante Verhaltensweisen den anderen Verhaltensweisen vorziehen sollen und wollen.* Gesundheitserziehung muß den ganzen Menschen mit seinen affektiven, sozialen, pragmatischen und kognitiven Persönlichkeitsdimensionen in ihre Didaktik mit einbeziehen und zum wesentlichen Ziel haben, Heranwachsende mit Kenntnissen, Fähigkeiten, Fertigkeiten und Handlungskompetenzen auszustatten, die sie zur erfolgreichen Auseinandersetzung mit den täglichen Lebenssituationen befähigen.

Lehrplanmäßig gehören die folgenden Themenkomplexe zu den wichtigsten Gebieten der Gesundheitserziehung in Kindergärten, Schulen und anderen Bildungseinrichtungen (Green & Johnson 1983; Galli 1978):
– Theoretische wissenschaftliche Grundlagen der Gesundheitserziehung
– Natürliche Umwelt und Gesundheit

- Seelische und soziale Gesundheit
- Körperliche Gesundheit
- Ansteckende und nicht ansteckende Krankheiten
- Tabak, Alkohol und illegale Drogen
- Arzneimittel und Medikamente
- Ernährung
- Menschliche Sexualität
- Körperhygiene allgemein
- Mund- und Zahnhygiene
- Körperliche Fitneß
- Verbraucherverhalten und Verbraucherschutz
- Öffentliche Gesundheit und Sozialpolitik
- Unfallverhütung

Programme der Suchtprävention

Als Beispiele für gelungene Konzepte der umfassenden Gesundheitserziehung greife ich zwei deutsche und ein ausländisches Programm heraus.

Das erste Beispiel ist das nordrheinwestfälische Programm der Suchtprävention, das vom Landesinstitut für Schule und Weiterbildung (1988) entwickelt wurde. Es geht von der Prämisse aus, daß Präventionsmaßnahmen im Jugendalter den Drogenkonsum als psychosozialen und funktionalen Bestandteil des Lebens ansehen müssen, mit dem die Herausforderungen der Lebensphase Jugend bewältigt werden. Der Schwerpunkt aller Maßnahmen wird entsprechend an den psychosozialen Funktionen angesetzt, die die Nutzung von Drogen im Kontext kultureller und sozialer Bedingungen der Lebensbewältigung im Jugendalter hat. Der Schule als Bildungsinstitution und als wichtiger sozialer Erfahrungsraum im Jugendalter kommt hierbei eine Schlüsselrolle zu. Das Programm bemüht sich um Konzepte, die den Prozeß der aktiven Aneignung von Informationen und Wissensbeständen sowie der produktiven Auseinandersetzung mit ihnen in das Zentrum der unterrichtlichen Bildungsprozesse rücken und zugleich die Lerninteressen und persönlichen Bedürfnisse der Schülerinnen und Schüler ansprechen.

Als didaktisches Ziel wird die Kombination von Informations- und Einstellungsveränderungsstrategien gewählt. Maßnahmen, die Wissen über die rechtlichen, physiologischen und psychologischen Voraussetzungen und Folgen von Drogenkonsum und -mißbrauch vermitteln, werden *Informationsstrategien* genannt. Maßnahmen zur Förderung von Kommunikations- und Entschlußfähigkeit, von

Selbstbehauptung und Fähigkeit zur Definition von Werthaltungen sowie Versuche, positive emotionale Erlebnisse zu vermitteln, werden als *affektive Strategien* bezeichnet.

Die Materialien und Medien des Landesinstituts für Schule und Weiterbildung sind als Praxishilfen für den schulischen Alltag konzipiert. Sie sollen suchtprophylaktischen Unterricht unterstützen, indem sie soziale affektive und kognitive Lernziele aufeinander beziehen und Lebensbewältigung, Problemlösungsfähigkeit sowie das Erlernen sozialer und personaler Handlungskompetenzen als zentrale Ziele definieren. Es wird eine auf Theorie und Praxis abgestimmte Konzeption zur Sucht- und Drogenprävention in der Schule und zugleich ein Modell zur Fortbildung von Lehrern für Suchtvorbeugung und Drogenfragen vorgelegt.

Die Materialien sind mit jeweils unterschiedlichen Schwerpunkten für Stunden und Unterrichtsreihen, aber auch für den situativen Einsatz in der Klasse, wie folgt gegliedert:
1. Kognitive Inhalte und Sachinformationen
   - Informationen über Sucht und Suchtmittel (Nikotin, Alkohol, Tabletten, illegale Suchtmittel), Wirkungsweisen,
   - Möglichkeiten der Therapie und Beratung,
   - Drogen und Gesellschaft;
2. Übungen zur Entwicklung psychosozialer Identität
   - Bewußtmachen von Gruppendruck,
   - Widerstehen und „Nein-Sagen" lernen,
   - Bewußtmachen der Interaktionen in einer Gruppe,
   - Unsicherheit, Angst, Frustration, Mißerfolg, Ablehnung aushalten können,
   - Möglichkeiten der Entscheidungsfindung, der Verbesserung der Kommunikations- und Problemlösungsfähigkeit,
   - Verbesserung der Ich-Kompetenz;
3. Übungen zur Verbesserung der Selbstwahrnehmung
   - Anspannungs- und Entspannungsübungen,
   - Gefühle und Befindlichkeiten wahrnehmen, verbalisieren und akzeptieren,
   - Sinneswahrnehmungen trainieren;
4. Bewußtmachen von Werten und Normen
   - Kennenlernen unterschiedlicher Normen und ihrer Bedeutung für das Verhalten,
   - Entstehung und Veränderung von Normen und Werten,
   - Bewußtmachen persönlicher Werteskalen;
5. Übungen und Spiele zur Körpererfahrung
   - Erfahrungen des eigenen Körpers, der Reaktionen auf Gefühle,
   - Erfahrung von Reaktionen im emotionalen Bereich auf körperliche Signale,
   - Wahrnehmung und Überwindung von körperlichen Berührungsängsten.

Schulische Suchtprophylaxe wird nicht nur als Aufgabe einiger ausgewählter Fächer gesehen. Die Materialien sollen allen Lehrerinnen und Lehrern helfen, solche Ansätze in den Unterricht aufzunehmen, indem sie ihre Kompetenz als Fachlehrer und Pädagoge einbringen. Großer Wert wird auf die über den unterrichtlichen Bereich hinausgehenden Freiräume des Schullebens gelegt. Durch den Wahlpflichtunterricht, Arbeitsgemeinschaften oder Neigungsgruppen können methodische Arbeitsformen und Sozialformen stärker akzentuiert werden, die die unterrichtliche Arbeit organisatorisch ergänzen und bereichern. Durch das Zusammenwirken von unterrichtlichen und außerunterrichtlichen Aktivitäten einer Schule entsteht erst ein „Schulleben", durch das die unterschiedlichen Maßnahmen, die eine Schule im Hinblick auf die Suchtprävention ergreifen kann, eine sinnvolle Abrundung und Abstimmung erfahren.

Als die zentralen Ziele der schulischen Suchtvorbeugung werden genannt:

1. Die Fähigkeit der Heranwachsenden entwickeln, angemessen und selbstverantwortlich mit persönlichen und sozialen Problemen, Konflikten und Realitätsanforderungen umzugehen.
2. Die Fähigkeit der Heranwachsenden zu entwickeln, gesundheitlich und rechtlich angemessen sowie selbstverantwortlich mit Drogen umzugehen, das heißt insbesondere
   – vollkommene Abstinenz im Hinblick auf illegale Rauschmittel;
   – verantwortlicher und selbstkontrollierter Umgang mit Alkohol mit dem Ziel weitgehender Abstinenz;
   – verantwortlicher und selbstkontrollierter Umgang mit Tabakerzeugnissen mit dem Ziel möglichst weitgehender Abstinenz;
   – bestimmungsgemäßer Gebrauch von Medikamenten.

Schulische Suchtvorbeugung ist im Sinne dieser Ziele keine isolierte, drogenspezifische Einzelmaßnahme, sondern eine umfassende Aufgabe aller an Schule Beteiligten. Sie ist Teil des Bildungs- und Erziehungsauftrags der Schule.

In diesem Programm wird ausdrücklich betont, daß die Schule die vielfältigen Auslöser und Verstärker von Suchthaltungen und süchtigem Verhalten außerhalb ihres Verfügungsbereichs nicht verantworten und auch nicht beseitigen kann. Zugleich aber wird gefordert, daß die Schule ihr Verhältnis zu möglichen Ursachen und Verstärkern von Suchthaltungen, soweit sie im eigenen Verfügungsbereich liegen, in präventiver Absicht aufnehmen und selbstkritisch betrachten muß. Es wird auf die nachhaltigen Problem- und Konflikterfahrungen hingewiesen, mit der der Schulbesuch verbunden ist und denen sich die schulische Vorbeugungsarbeit stellen muß. Leistungsbewertung, die Bedeutung schulischer Abschlüsse auf dem Arbeitsmarkt, Konfliktregelungen und Ordnungsmaßnahmen – diese und viele andere einzelne Elemente der Schule können sich für viele Schüler mit Erlebnissen von Angst, Versagen, Unsicherheit und Ohnmacht verbinden. Aus suchtpräventiver Sicht sind die aktive und konstruktive Auseinandersetzung mit solchen Erlebnissen und ihren

Ursachen als eine wichtige Aufgabe der Suchtprävention definiert – nicht nur für Schüler. Auch Lehrer müssen in der Lage sein, ihr Arbeitsfeld in diesem Sinne kritisch zu betrachten und sich selbst als Beteiligte und Betroffene zu erkennen.

Um Schülern das Erlernen dieser Fähigkeiten zu ermöglichen, sollen ihnen umfassend Gelegenheiten zur aktiven, selbständigen und eigenverantwortlichen Beteiligung an der Gestaltung des Schullebens sowie von Unterricht und Erziehung gegeben werden. Dadurch sind – so die Maximen des Programms – viele überflüssige Abhängigkeiten vermeidbar, die bei Schülern Motivationsprobleme, Angst, Versagens- oder Ohnmachtsgefühle auslösen können. Die Schule soll damit nicht etwa zu einem problem- und konfliktfreien Schonraum gemacht werden, der im Interesse der Heranwachsenden weder erstrebenswert ist noch erreichbar wäre. Vielmehr geht es darum, Schüler in einem positiven Lern- und Vertrauensklima zum selbstbewußten, verantwortlichen und angemessenen Umgang mit schulischen Ansprüchen und eigenen Schwierigkeiten zu befähigen.

Ergänzend sollten speziell ausgebildete Drogenkontaktlehrer besondere Aufgaben der Beratung und Information übernehmen:
- Problem- und situationsbezogene Information und Beratung von Lehrern, Eltern und Schülern über Sucht, Suchthaltungen und Drogen, über Ursachen des Drogenmißbrauchs und Verhaltensmöglichkeiten für alle Beteiligten.
- Beratung von Lehrerkonferenzen, von interessierten Lehrergruppen und einzelnen Lehrern im Hinblick auf Sucht- und Drogenprobleme als Unterrichtsthemen in den einzelnen Schulfächern.
- Beratung von Lehrern, Eltern und Schülern, die als Betroffene im Umgang mit sucht- und drogengefährdeten Schülern Hilfe im Hinblick auf Information, Einstellungen und Verhaltensweisen brauchen.

Beispiel eines AIDS-Präventionsprogramms

Als zweites Beispiel soll auf das AIDS-Präventionsprogramm von Franzkowiak (1989) verwiesen werden. Es baut auf suchtpräventiven Konzepten auf (Franzkowiak 1986) und geht von der Erkenntnis aus, daß der Sexualität und dem sexuellen Verhalten mit seiner zentralen Bedeutung für die Selbstentfaltung und persönlichen Bestätigung aber auch ihren Verpflichtungen und den nicht zu übersehenden gesundheitlichen Gefährdungen in den letzten Jahren verstärkt Bedeutung zukommt, vor allem wegen der Bedrohung von Kindern und Jugendlichen durch die neuartige Immunschwächekrankheit AIDS. Mit den veränderten Lebensbedingungen Heranwachsender in den industrialisierten Gesellschaften haben sich in den letzten 20 Jahren auch die Zeitpunkte in der Stufenfolge der bio- und soziosexuellen Entwicklung verändert. Die körperlichen Umbrüche setzen bereits bei 11- bis 14jährigen ein (z. B. die erste Regelblutung bei Mädchen um das 13./14. Lebensjahr). Das sexuelle Lernen beginnt für viele Jugendliche schon zum Ende der Frühadoleszenz und setzt im Durchschnitt weitaus früher ein als noch in der Eltern- oder Großeltern-Generation. Sexualität außerhalb ehelicher Beziehungen wird zunehmend akzeptiert und auch gleichgeschlechtliche Partnerschaften und Sexualbeziehungen werden in zunehmendem Maße toleriert (Franzkowiak 1989).

Wie Franzkowiak in seiner Dokumentation betont, bringen die heute typischen Muster des sexuellen Lernens und Suchens und der damit verbundene Partnerwechsel erhebliche Risiken einer Infektion mit dem für AIDS verantwortlichen HIV-Virus mit sich. Das Kernziel einer Prävention von AIDS in der Adoleszenz und im Jugendalter wird daher in der Beeinflussung von Sexualverhalten und Risikobereitschaft mit dem Ziel gesehen, risikovermeidende und risikoärmere Lebensweisen zu eröffnen. Diese Präventionsziele sind nur über Einstellungs- und Verhaltensänderungen in Intimbereichen und Tabuzonen sowohl individueller als auch gesellschaftlich-kultureller Art zu erreichen. Ziele der Gesundheitserziehung müssen in diesem Rahmen unter anderem die folgenden sein (Franzkowiak 1989):

1. Sachlich-umfassende Information Adoleszenter und Jugendlicher über Infektionswege, Infektionsrisiken und entsprechende Schutzmöglichkeiten; Information über Anwendungsvoraussetzungen und Aussagekraft von HIV-Antikörper-Suchtests; Abbau von irrationalen Ansteckungsängsten bzw. „AIDS-Hysterie".
2. Beeinflussung der intimen Kommunikation zwischen (potentiellen) jugendlichen Sexualpartnern in Richtung eines erhöhten Risikobewußtseins; Veränderung des Sexualverhaltens Adoleszenter und Jugendlicher hin zu einem aufgeklärten sexuellen Selbst- und Fremdschutz in potentiell riskanten Situationen; Unterstützung von Sexualverhalten und partnerschaftlichen Lebensweisen, die eine umfassende, möglichst vorurteilsfreie Bewertung von Sexualität und Erotik enthalten.
3. Verhinderung bzw. Verminderung des gemeinschaftlichen Gebrauchs möglicherweise kontaminierter Spritzbestecke (sog. "needle-sharing") im Hochrisiko-Setting der Subkulturen injizierender Drogengebraucher bzw. -abhängiger.

„Das Thema AIDS kann und sollte nicht als isolierter Lernstoff oder gar als ‚Trainingseinheit' in die pädagogische Arbeit mit Adoleszenten und Jugendlichen eingeführt werden. Die HIV-Prophylaxe ist vorrangig in die kulturell jeweils gegebene sexualpädagogische Aufklärung und Unterstützung junger Menschen zu integrieren. Dabei müssen Lebens- und Entwicklungsthemen wie Liebe, Partnerschaft und Sexualität, aber auch die Auseinandersetzung mit Sterben und Tod sowie das Problem der Solidarität mit Betroffenen offensiv und umfassend, d. h. ohne Heuchelei oder Angstmache, angesprochen werden. Zugleich sollte die

AIDS-Prävention Überschneidungspunkte mit der „neuen" Suchtprävention suchen und sich als integrativer Bestandteil von Gesundheitsförderung verstehen" (Franzkowiak 1989).

Inhaltlich und methodisch orientiert sich eine solche Konzeption am aktivierenden und bedürfnisbezogenen Präventionsmodell der Sexualpädagogik, wobei Sexualpädagogik verstanden wird als Unterstützung des sexuellen Entwicklung, insbesondere der Erlebnis-, Lust- und Kommunikationsfähigkeit. Ihre Ziele sind:

- die sexuelle Selbstbestimmung und Entfaltung umfassend informierter weiblicher wie männlicher Jugendlicher,
- sexueller Selbst- und Fremdschutz und die Förderung verantwortungsvoller Partnerbeziehungen,
- eine kritische Überprüfung herkömmlicher Geschlechtsrollenzwänge sowie
- vorurteilsfreie Information über und engagierte Solidarität mit „sexuellen Minderheiten".

Franzkowiak weist darauf hin, daß Ziele und Strukturen, die so massiv in Lebensweisen und Handlungsorientierungen von Menschen eingreifen, nicht allein über massenkommunikative Einweg-Aufklärungen vermittelt und implementiert werden können. Erfolgversprechender scheint ihm ein integriertes Zusammenwirken von personalen, kommunikativen und strukturellen Informations- und Unterstützungsangeboten zu sein, das sich konzeptionell und methodisch an das Gesundheitsförderungs-Konzept der WHO anlehnt.

Umfassende Modellprogramme der Gesundheitsförderung

In verschiedenen Ländern sind in den letzten Jahren umfassende Konzepte der Gesundheitserziehung und -bildung entwickelt worden, die als Bestandteile einer breiten „Gesundheitsförderung" angelegt sind. Herauszuheben sind vor allem folgende Projekte:

- Minnesota Herz- und Gesundheitsprogramm (Blackburn, Juepher u. a. 1984)
- Nordkarelien Jugendprojekt (Vartiainen 1982)
- Stanford Präventionsprogramm für Herzkrankheiten (Coates u. a. 1981)
- Osloer Jugendstudie (Tell 1982)
- Internationales Programm „Lerne deinen Körper kennen" (Wynder u. a. 1981)
- Chicago Herz-Gesundheits-Curriculum (Sunseri u. a. 1982).

Diese Programme folgen sehr eng den Vorgaben, wie sie von der Weltgesundheitsorganisation (WHO) für die allgemeinen Konzepte der Gesundheitsförderung formuliert worden sind. Die beiden zur Zeit umfangreichsten Projekte in diesem Bereich sind das Nordkarelien-Jugendprojekt in Finnland und das Minnesota-Kreislauf-Programm in den USA. Es handelt sich in beiden Fällen um Langzeit-Projekte, die über einen Zeitraum von über zehn Jahren angesetzt sind und die sich beide auf die Prävention von Zigarettenrauchen und die Prävention von falscher Ernährung und unzureichender körperlicher Bewegung schon bei Kindern und Jugendlichen konzentrieren.

Beim Nordkarelienprojekt sind schulische Ernährungsprogramme einbezogen, verbunden mit Empfehlungen für die Nahrungsaufbereitung in Familien. Außerdem sind Gesundheitserziehungsprogramme Bestandteil, die auf das Verhindern oder Einstellen des Rauchens abzielen. Die bisher durchgeführten Messungen der Interventionseffekte sind positiv. Die Risikoverhaltensweisen konnten in allen Fällen unmittelbar nach der Durchführung der Interventionsprogramme und auch zwei Jahre später deutlich gedrosselt werden.

Ähnliches ist vom Minnesota-Kreislauf-Programm für Jugendliche zu berichten. Hier werden neben der Schule die Gleichaltrigengruppe, die Familie und die Gemeinde als Adressaten für die Interventionsprogramme mit einbezogen. Das Interventionsprogramm besteht aus einem Paket von aufeinander abgestimmten Erziehungs- und Fördermaßnahmen, die über einen längeren Zeitraum eingesetzt werden. Erste vorliegende Ergebnisse der Evaluation zeigen einen positiven Trend (Perry, Klepp & Shultz 1988).

Das Programm aus Minnesota unterscheidet zwischen zwei sich ergänzenden Strategien der Gesundheitsförderung:
1. solchen Aktivitäten und Maßnahmen, die darauf gerichtet sind, gesundheitsbeeinträchtigendes Verhalten zu reduzieren oder zu vermeiden und
2. solchen, die darauf gerichtet sind, gesundheitsförderndes Verhalten zu stärken und zu bestätigen.

Beide Strategien werden in einem Ergänzungsverhältnis gesehen und mit der gleichen Gewichtigkeit in die Gesamtkonzeption eingeführt. Die erste Strategie konzentriert sich unter anderem darauf, die Häufigkeit von Drogenkonsum zu reduzieren, ungesundes Eßverhalten positiv zu beeinflussen und verkehrsgefährdendes Verhalten zu reduzieren. Die zweite Strategie konzentriert sich darauf, sportliche Aktivitäten einzuleiten, umfassende soziale Geschicklichkeiten und Kompetenzen aufzubauen und Strategien des Geburtenschutzes einzuüben.

Diese beiden Strategien, die im Sinne der oben entwickelten Begrifflichkeit auch als korrektive und präventive Intervention bezeichnet werden können, richten sich auf die Zieldimensionen des individuellen Verhaltens, der Persönlichkeitsmerkmale und der Umweltgegebenheiten. Auf der Verhaltensebene sind hier z. B. alle Ansätze angesiedelt, die auf den systematischen Abbau von gesundheitsbeeinträchtigendem Verhalten (etwa Zigaretten- und Alkoholkonsum) gerichtet sind. Sie zielen damit ganz direkt auf das tatsächliche Verhalten und versuchen, es zu modifizieren und zu verändern. Der Aufbau gesundheitsförderlicher Verhaltensweisen richtet sich darauf, alternative Aktivitäten zu stimulieren, z. B. die Förderung von Jogging, Freizeitsport, neuen Hobbys, neue soziale Aktivitäten usw., die die gleichen psychosozialen Funktionen wie gesundheitsgefährdendes Verhalten haben können.

Ergänzend wird auf der Ebene von Persönlichkeitsmerkmalen versucht, Einstellungen gegenüber abweichendem Verhalten zu verändern und die Risikobereitschaft sowie die Suche nach Erfahrungen und Erlebnissen in einer konstruktiven Weise zu beeinflussen. Solche Persönlichkeitsdispositionen und Einstellungen werden gefördert und unterstützt, die gesundheitsförderliches Verhalten entstehen lassen oder verstärken könnten, wie etwa die hohe Bewertung von Gesundheit und Fitneß, ein starkes Empfinden von Selbstwert und Fähigkeit zur Selbsteuerung, die Betonung von Selbstverantwortlichkeit und Verantwortlichkeit für andere Menschen. Ohne Berücksichtigung solcher wichtigen persönlichkeitsstrukturellen Variablen erweisen sich die Maßnahmen oft als ineffektiv. Auffallend an der Konzeption des Minnesota-Programms ist somit nicht nur das manifeste Verhalten, sondern auch die latenten zugrundeliegenden Dispositionen und verhaltensrelevanten Einstellungen zu beeinflussen, die in Persönlichkeitsstrukturen und persönlichkeitsdynamischen Verarbeitunsprozessen verankert sind.

Auf der Ebene der Umweltstrukturen richtet sich das Programm auf die Zugänglichkeit von Nahrungs- und Genußmitteln, die gesundheitsbeeinträchtigend wirken können (z. B. legale und illegale Drogen und ungesunde Nahrungsmittel) und es konzentriert sich darauf, negative soziale Modelle für das eigene Gesundheitsverhalten abzubauen und durch positive Modelle zu ersetzen. Wichtig ist es dabei, soziale Unterstützung durch zentrale Bezugspersonen aus dem Beziehungsnetzwerk sicherzustellen.

Schließlich ist ein drittes Merkmal des Minnesota-Herz-Gesundheits-Programms eine Mischung aus mehreren Interventionskomponenten, nämlich

a) öffentlichen Aufklärungskampagnen zur Beeinflussung gesundheitsrelevanten Verhaltens,
b) pädagogischen Erziehungsmaßnahmen zum Aufbau von gesundheitsrelevanten Kompetenzen und
c) regionalen Organisationsmaßnahmen zur sozialen Unterstützung verschiedener Politikfelder in der Gemeinde.

Diese drei Komponenten der Interventionsprogramme werden eng miteinander verzahnt. Die öffentlichen Aufklärungskampagnen werden zeitgleich mit den Erziehungsprogrammen durchgeführt, und die gemeindepolitischen Aktivitäten werden ebenfalls inhaltlich und zeitlich mit diesen Vorgängen abgestimmt. Auf diese Weise verstärken sich die Aktivitäten in den verschiedenen Zielbereichen gegenseitig und sorgen für eine öffentliche Bestätigung der jeweiligen Einzelmaßnahmen (Perry, Klepp & Schultz 1988).

Diese Präventionsprogramme sprechen die gesamte Population von Jugendlichen an, nicht im engeren Sinne nur die „Risikopopulation".

Die Begründung für diese breite Streuung liegt darin, daß es sehr schwierig ist, die Risikogruppen gezielt anzusprechen. Außerdem sind Nebeneffekte wie eine falsche öffentliche Aufmerksamkeit und Stigmatisierung der Gruppen nicht auszuschließen. Ferner sind die Kosten für ein gezieltes Vorgehen meist höher als für ein breites Vorgehen. Auch die weitere Verbreitung der Risikofaktoren im Jugendalter spricht für ein bevölkerungsweites Vorgehen. Schließlich ist auch darauf hinzuweisen, daß die Einbeziehung der gesamten Bevölkerung zu einer allgemeinpolitischen und gesundheitspolitischen Sensibilisierung führen kann, die stärker ist, als wenn nur ausgewählte Risikogruppen einbezogen werden.

Medizinische und psychosoziale Versorgung von Kindern und Jugendlichen

Die Entwicklung von Programmen der geschilderten Art ist auch im Hinblick auf das Verhalten von Kindern und Jugendlichen im Bereich ihrer psychophysischen und psychosozialen Versorgung dringend notwendig. Kinder und Jugendliche müssen besonders stimuliert werden, Beratungsstellen in diesen Bereichen aus eigenem Antrieb aufzusuchen. Im Vergleich zu anderen Altersgruppen kommt die Altersgruppe der etwa 10- bis 20jährigen vergleichsweise wenig mit sozialen, psychischen und medizinischen Beratungs- und Behandlungsinstitutionen in Berührung. In dieser Hinsicht handelt es sich bei ihnen gesundheitspolitisch um eine unterversorgte Bevölkerungsgruppe. Obwohl typischerweise in diesem Lebensabschnitt im sozialen, psychischen, physiologischen und körperlichen Bereich erhebliche Umstellungen von größter Tragweite auftreten, liegt insbesondere der Anteil von Arztbesuchen deutlich unter dem Durchschnitt anderer Altersgruppen der Bevölkerung.

Der Besuch von Allgemeinärzten und Internisten ist nicht so hoch, wie er den objektiven Anforderungen und den Ergebnissen von Selbstberichten nach sein müßte (Du Bois 1989). *Viele Jugendliche haben über mehrere Jahre hinweg keinen Kontakt zu einer ärztlichen oder psychologischen Beratungs- und Behandlungseinrichtung.* Schätzungen aus den USA rechnen mit bis zu 15% Jugendlichen, die nicht die medizinische Versorgung erhalten, die sie eigentlich unbedingt nötig hätten (Millstein 1988). In Bevölkerungsgruppen, die in ökonomisch ungünstiger Lage leben, ist die Unterversorgung besonders groß. Die häufigsten Anlässe für Arztbesuche sind demnach Schwangerschaft, medizinische Grunduntersuchung, Akne, Knochenbrüche und Verrenkungen, Allergien, Atemwegserkrankungen, Entzündungen im Beckenraum und Entzündungen im Hals-Nasen-Ohren-Bereich. Die Arztbesuche sind im Durchschnitt kürzer als die Besuche anderer Altersgruppen. Vermutlich kommen die sozialen und psychischen Ausgangskonstellationen für Gesundheitsbeeinträchtigungen verhältnismäßig wenig zur Sprache und sind auch nur im geringen Ausmaß Bestandteil des Behandlungskonzeptes der Ärzte. Auch die vielfältigen Probleme, die Jugendliche im Zuge der altersbedingten Sexualkontakte haben, spiegeln sich in den ärztlichen Behandlungsstatistiken nicht angemessen wider (Millstein 1988).

Die Hauptursachen für die Unterversorgung Jugendlicher werden in den sozialen und psychischen Barrieren gesehen, die sie gegenüber dem professionellen Personal und dem Institutionsbetrieb der Praxen wahrnehmen. Ein weiterer Faktor könnte die Versicherungslage sein. Normalerweise sind Jugendliche über die Versicherung der Eltern krankenversichert. In ihrem Bestreben, sich nicht in allen ihren Problemen, die teilweise sehr intimer Art sind, den eigenen Eltern gegenüber zu öffnen, verzichten sie oft lieber auf einen Arztbesuch, auch wenn sie ihn objektiv für sinnvoll erachten mögen. Hinzu kommen mag auch die Sorge, daß der Arzt selbst den Eltern gegenüber keine volle Vertraulichkeit bewahrt.

Diese Unsicherheit der Jugendlichen entspricht nicht selten eine Unsicherheit des Fachpersonals. Ärzte, Arzthelfer und nicht speziell geschulte psychologische Berater sind oft unvorbereitet auf die spezifischen Gesundheitsprobleme von Jugendlichen. Das gilt besonders in Problembereichen, die in unserer Gesellschaft nur wenig öffentlich diskutiert werden, also etwa bei sexuellen Problemen, sexuell übertragenen Krankheiten, Schwangerschaftsverhütung usw. Jugendliche gelten in manchen Fachkreisen als schwieriges Klientel, für das sowohl sozial als auch finanziell ein starkes Engagement nicht lohnt. Unsicherheiten und mangelndes Engagement auf Seiten des Fachpersonals überträgt sich wiederum auf die ohnehin schon vorhandene Zurückhaltung von Jugendlichen, so daß sich diese beiden Effekte gegenseitig aufschaukeln können. Du Bois verweist auf die Empfehlungen von Ärzteberatern:

„Zum Krankheitsverhalten wird übereinstimmend ausgeführt, daß sich die Jugendlichen zwar bereits dem konzeptionsgeleiteten Krankheitsverständnis der Erwachsenen nähern, aber doch dem kindlichen, situationsgebundenen Krankheitserleben der Kindheit noch nahestehen. Es wird den praktizierenden Kinderärzten empfohlen, auf dieses Erleben Rücksicht zu nehmen und das ärztliche Gespräch nicht starr auf die medizinischen Symptome einzuengen. Es bedarf freilich eines behutsamen Vorgehens. Der Arzt, der angesichts somatischer Beschwerden auch die psychosozialen Hintergründe erkennt, muß versuchen, auf der Mitte zwischen zu großer Anbiederung und zu großer ärztlicher Distanz zu bleiben" (Du Bois 1989, S. 321).

In der praxisrelevanten medizinischen Forschung fehlen vor allem Kriterien, anhand derer aus psychosozialer Sicht Gesundheit und Krankheit graduell abschätzbar werden. Dazu müßten Daten zusammengetragen werden, die heute noch in unterschiedlichen Forschungsfeldern verstreut sind, z. B. physikalische Leistungs- und Entwicklungsdaten, medizinische Krankheitsdaten, Erlebnisschilderungen, Typisierungen der Einstellung zum Körper, fremdanamnestische Schilderungen des gesundheitsrelevanten Sozialverhaltens und Angaben über die Integration in verschiedenen gesundheitsrelevanten Tätigkeitsfeldern (Beruf, Schule, Sport).

Du Bois kritisiert an der praxisrelevanten medizinischen Forschung vor allem die folgenden Aspekte:

„1. Arbeits- und präventionsmedizinische Studien werden von einem hohen öffentlichen und staatlichen Interesse getragen ... Die eventuelle Sinnhaftigkeit und inhärente Zwangsläufigkeit eines Risikoverhaltens, etwa unter sozial devianten Bedingungen, bleiben ausgeklammert. Der Risikokandidat wird in einem frühen, noch erziehbaren Alter an seine Verantwortung gegenüber der Solidargemeinschaft der gesunden Versicherungsnehmer erinnert.
2. In den sportmedizinischen und anthropometrischen Untersuchungen steht die Funktionalität und Optimalität des menschlichen Organismus unter dem Aspekt der Leistung im Mittelpunkt. Die Möglichkeiten der apparativen Messung verführen dazu, außerordentlich eingeengte Teilaspekte der Jugendgesundheit zu verfolgen, deren praktische Anwendung noch fraglich ist oder regelrecht konstruiert werden müßte.
3. Die klinisch-medizinischen Untersuchungen legen einen individualistischen Krankheitsbegriff zugrunde. Die allgemeine Jugendgesundheit wird ausdrücklich als Idealnorm entworfen, indem sie der Existenz von eindeutig kranken Patienten gegenübergestellt wird. Eine medizinische Würdigung der Morbidität ist für die Einschätzung der Jugendgesundheit nur sinnvoll, wenn die Grenzen von gesund und krank fließend gehalten werden, d. h. wenn nicht nur schwere chronische Krankheiten, sondern auch Bagatellerkrankungen das Interesse der forschenden Mediziner finden und wenn sich hierbei eine ähnlich fruchtbare Zusammenarbeit zwischen klinischer Medizin und klinischer Psychologie ergibt, wie in der Erforschung und Betreuung schwerer chronischer Krankheiten" (Du Bois 1989, S. 324).

Wichtige Informationen und Beobachtungen über das Gesundheits- und Risikoverhalten von Jugendlichen könnten gewonnen werden, wenn alle Anlässe für das Aufsuchen von ärztlicher Unterstützung untersucht und wenn zusätzlich die Schwellen für den Besuch von ärztlich relevanten Einrichtungen gesenkt werden könnten. Jugendliche übernehmen heute früh das Muster, daß Menschen mit Beschwerden, Leiden und Behinderungen „behandelt" werden und „sich behandeln lassen". Sie gehen zu den Fachleuten, insbesondere den Ärzten, um an sich eine Behandlung durchführen zu lassen. Hier ist *ein passives Verständnis von Gesundheit und Krankheitsbewältigung* zugrundegelegt, das dringend verändert werden muß. Diese passive Einstellung wird durch die heutige Konstruktion der Krankheitsversicherung unfreiwillig unterstützt, weil das eng geknüpfte Netz der sozialen Sicherung in vielen Fällen die Eigenverantwortung einschläfert. Viele Menschen mit Gesundheitsbeeinträchtigungen oder Krankheiten lassen die ärztliche Behandlung vornehmen und warten dann passiv ab, ob sie auf ihren Körper wirkt. Eine Eigenbeteiligung am Heilungsprozeß wird meist nicht als wichtiger Bestandteil der Behandlung gesehen.

Hiergegen müssen in Medizin und Pädagogik Alternativvorstellungen entwickelt werden. *Zusammen mit dem Arzt oder anderen Beratungspersonen wird eine Lösung für die gesundheitlichen Probleme und Beschwerden gesucht und die Umsetzung der Lösung kann nur durch die aktive Beteiligung des Patienten erfolgen.* Die Vorstellung muß geweckt werden, daß Gesundheit nicht erworben oder zurückerworben werden kann, indem man nur etwas mit sich tun läßt, sondern indem man etwas mit sich tut und dafür die Hilfe anderer hinzuzieht. Hierbei spielen die bereits erwähnten Konzepte der Gesundheitserziehung eine große Rolle.

In verschiedenen Ländern werden Überlegungen und Versuche angestellt, den besonderen Gesundheitsbedürfnissen von Kindern und Jugendlichen dadurch gerecht zu werden, *daß Schulen ärztliche Beratungsstellen angegliedert werden.* In diesen Einrichtungen soll sich fachgeschultes Personal mit den Krankheitsbildern und Gesundheitsbeeinträchtigungen befassen, die charakteristischerweise in den Lebensabschnitten Kindheit und Jugend auftreten. Durch die Nähe zu Erziehungs- und Bildungseinrichtungen soll vor allem das Zugangsproblem vermindert werden, indem die sozialen, psychischen und auch räumlichen Barrieren überwunden werden, die heute bei Kindern und vor allem Jugendlichen gegenüber helfenden Institutionen zu beobachten sind.

In den Vereinigten Staaten existieren seit 1970 „Gesundheitszentren" an Schulen, oft in Zusammenarbeit mit medizinischen oder psychologischen Fachbereichen der örtlichen Universität, Krankenhäusern und Ärzteorganisationen. In vielen Fällen war der Auslöser zur Gründung solcher Gesundheitszentren die hohe Schwangerschaftsquote bei weiblichen Jugendlichen in der Altersgruppe von 13 bis 17 Jahren. Inzwischen sind weitere Arbeitsschwerpunkte hinzugekommen, die den Bereich von sexuell übertragenen Krankheiten, Immunschwächekrankheiten, Suchtproblemen, Krebskrankheiten und anderen Symptomatiken umfassen. 1988 gab es in den Vereinigten Staaten schon über 125 Gesundheitszentren an Schulen (Millstein 1988).

Die meisten amerikanischen Zentren sind auf dem Schulgrundstück oder in dichter Nähe davon angesiedelt. Die Zentren sind während der gesamten Schulzeit und auch im Anschluß daran geöffnet. Sie sind meist nicht in der Trägerschaft der Schule, sondern der der Gemeinde, also insbesondere der lokalen Gesundheitsämter oder der ihnen entsprechenden Einrichtungen. Die Schulen stellen allenfalls Gebäude oder Gebäudeteile zur Verfügung, ansonsten haben sie keine unmittelbare Verantwortung und auch keine Eingriffsbefugnisse in die Gesundheitszentren.

Die meisten Zentren konzentrieren sich sowohl auf präventive Gesundheitsförderung und -beratung als auch auf Krisenhilfe bei akuten Krankheiten und Problemen. Der Schwerpunkt liegt auf allgemeinen Untersuchungen mit diagnostischer Zielsetzung, um anschließend zu entscheiden, ob der Besuch von Spezialisten außerhalb des Gesundheitszentrums notwendig ist oder nicht. Das Programm der Gesundheitszentren umfaßt Laboruntersuchungen, allgemeine Konditionsuntersuchungen, Beratung bei Ernährungs- und Bewegungsfragen, Beratung für sexuelle Verhaltensweisen, Schwangerschaftsberatung, Drogenberatung und ähnliches. In vielen Gesundheitszentren werden Verhütungsmittel ausgegeben oder verschrieben. Der Personalstab der Zentren ist meist klein und umfaßt im Durchschnitt etwa fünf Personen, darunter Krankenhelfer, Sprechstundenhilfe, Arzt und Psychologe, auch zusätzlich Sozialarbeiter. Die Ärzte sind meist auf einer Teilzeitbasis in den Zentren eingesetzt.

Die Erfahrung zeigt, daß vor allem die 14- bis 18jährigen die Dienste der Gesundheitszentren in Anspruch nehmen. Mädchen besuchen die Einrichtungen häufiger als Jungen. Als besonders wichtig hat sich eine Verbindung der Aktivitäten des Gesundheitszentrums mit der schulischen Gesundheitserziehung erwiesen. Der Anteil der Schüler in der Schule, der die Dienste eines Gesundheitszentrums in Anspruch nimmt, schwankt zwischen 5 und 30%. Hauptanlaß für Besuche sind akute Krankheiten und Unglücksfälle, erst dann folgen die komplexeren Probleme im Bereich von sozial und sexuell gesundheitsriskantem Verhalten (Millstein 1988).

Ausbau von Beratungsstellen für Kinder und Jugendliche

Ohne diese Konzeption genau übernehmen zu können – dazu ist die institutionelle Verfassung des Schulwesens im Vergleich zu den USA zu unterschiedlich – liegen in diesen Modellversuchen interessante Anregungen auch für die bundesdeutsche Situation. *Ambulante Versorgungseinrichtungen der dargestellten Art können in vielen Bereichen flexibler und informeller auf Gesundheitsprobleme bei Kindern und Jugendlichen eingehen als das heutige System.* Sie können Anonymität und Vertrauenswürdigkeit sichern.

Die Einrichtungen sollten allgemein als „Beratungsstellen" charakterisiert sein und für alle relevanten Fragen aus den Bereichen Privatleben, Schule, Arbeit und Gesundheit Anlaufstationen bilden. Wichtig ist eine flexible Öffnungszeit und ein Mindestmaß an administrativen Formalitäten. Die Beratungsstellen sollten als Anlaufstation sowohl bei sozialen, als auch bei psychischen und gesundheitlichen Problemen von Kindern und Jugendlichen dienen.

In einigen europäischen Ländern wurden gute Erfahrungen mit nachbarschaftlichen Beratungsstellen für Jugendliche gemacht, die einen „klientenzentrierten"

Zugang wählen. Möglichst in Wohnortnähe werden Beratungsräume eingerichtet, in einer ansprechenden Atmosphäre, die möglichst wenig Schwellenangst auslösen. Den Jugendlichen wird ein unverbindliches Beratungs- und Hilfsangebot gemacht, wobei ihre Selbstdefinition als Klienten der Ausgangspunkt für den gesamten Beratungsprozeß ist (Fache 1990).

Wichtig ist, daß Jugendliche schnell und ohne komplizierte Verweisungssysteme in einen Beratungsprozeß einbezogen werden und nicht in einen bürokratischen Erfassungs- und Weiterverweisungsprozeß hineingeraten. Wichtig ist auch, daß die Hilfe anonym und vertraulich bleibt und nur das Allernotwendigste an Aktenunterlagen erstellt wird. Die Eltern erfahren von dem Ratsuchen ihrer Kinder im Normalfall nichts, es sei denn, die Umstände erzwingen eine solche Information. Sobald sich die Beratungsstelle einen ersten Überblick über die Problemlage eines Jugendlichen gemacht hat, wird über weitere Schritte gemeinsam beraten. Dazu kann dann auch das Einschalten von spezialisierten Institutionen gehören, je nach Problemlage. Entweder wird innerhalb der Institution an eine Fachperson für Drogenfragen, Schwangerschaftsfragen, Krankheitsprobleme usw. weiterverwiesen, oder an einen Spezialisten außerhalb. Ein wichtiges Prinzip ist dabei, daß an Personen und nicht an Institutionen weitervermittelt wird. Der ursprüngliche Berater bleibt in jedem Falle weiterhin die Anlaufstation – auch dann, wenn andere Beratungsspezialisten einbezogen werden müssen.

In der Bundesrepublik Deutschland dürften zur Zeit bis zu 1000 Beratungsstellen existieren, die sich meist auch schon als „Beratungsstellen für Kinder, Jugendliche und Familien" bezeichnen. Diese Beratungsstellen sind überwiegend mit psychologischem und sozialpädagogischem Fachpersonal ausgestattet. Nur sehr dünn ist die psychiatrische und medizinische Kompetenz ausgebildet. Schon seit vielen Jahren werden Überlegungen angestellt, wie auch dieser Bereich der Versorgung in der Bundesrepublik verbessert werden kann. Dabei muß auf ein ausgewogenes Verhältnis von ambulanter Versorgung in kleineren, regional leicht zugänglichen Beratungsstellen und stationärer Versorgung in Kliniken und entsprechenden Einrichtungen hingearbeitet werden, die für einen größeren Einzugsbereich zuständig sind. Ein klar in sich strukturiertes und fachlich gut abgestimmtes Versorgungssystem existiert z. Z. noch nicht.

Im Anschluß an die Überlegungen der Enquete-Kommission des Deutschen Bundestages hat Remschmidt (1987, S. 445) das Konzept eines *Verbundsystems zur Versorgung psychisch und sozial auffälliger, gestörter und behinderter Kinder und Jugendlicher* entwickelt. Der ambulante Bereich mit Beratungsstellen dient in diesem Konzept als erste Anlaufstation für Kinder, Jugendliche und Eltern beim Auftreten von Problemen in der sozialen, psychischen und körperlichen Entwicklung. Die Beratungsstellen sollen eng mit den schulpsychologischen Diensten, Beratungslehrerinnen und Beratungslehrern an Schulen, Kontaktpersonen in Kindergärten, niedergelassenen

Ärztinnen und Ärzten und verschiedenen Initiativgruppen und Selbsthilfeeinrichtungen zusammenarbeiten, um die Zugangsschwelle niedrig zu halten und ihr Angebot auf die sich ständig verändernde Bedarfslage flexibel abzustimmen.

Die Beratungsstellen können auch als die Vermittlungsinstitutionen zu den stationären und teilstationären Einrichtungen und den zentralen kinder- und jugendpsychiatrischen Diensten fungieren. Für das breitgestreute und regional flächendeckende Netz von Beratungsstellen ist es denkbar, an die heutigen psychosozialen Beratungsstellen anzuknüpfen und ihr Kompetenzspektrum auch auf psychiatrische und medizinische Fragestellungen zu erweitern. Gelingt dieser Schritt, dann können diese Beratungsstellen die wichtige Funktion erfüllen, erste Anlaufstationen eines professionell organisierten Systems der Hilfe und Unterstützung zu sein, Anlaufstellen allerdings, die in ihrer Arbeitsweise äußerst flexibel sind und nicht die abschreckende Aura einer Klinik oder einer geschlossenen Einrichtung verbreiten.

Die *zentralen Dienste* (Kliniken etc.) sollten nach dieser Konzeption in einem Zentrum für Kinder- und Jugendpsychiatrie zusammengefaßt werden, das unter anderem die Aufgaben der ambulanten Diagnostik und Behandlung, der stationären Diagnostik, der kurzfristigen und der mittel- und langfristigen stationären Behandlung, z. B. bei Störungen des Verhaltens und der Beziehung, bei Psychosen, Mehrfachbehinderungen, schweren Persönlichkeitsbeeinträchtigungen, geistigen und seelischen Behinderungen übernimmt. Die ambulanten Abteilungen einer solchen Klinik sollen die Aufgaben der allgemeinen kinder- und jugendpsychiatrischen Ambulanztätigkeit, der Frühberatung und Frühbehandlung, der Krisenintervention und der Institutionsberatung übernehmen.

In vielen allgemeinmedizinischen Kliniken ist die Tendenz zu beobachten, spezielle Kinder- und Jugendlichenstationen einzurichten. Dieser Trend ist zu befürworten, weil damit die Besonderheiten in der Behandlung dieser Altersgruppen institutionell abgesichert werden können. Zugleich ist eine Einbeziehung der Kinder- und Jugendabteilungen in die Gesamtstation dringend wünschenswert. Auch in den Geburtskliniken ist eine besondere Berücksichtigung von Bedürfnissen der Neugeborenen bzw. der Jugendlichen und jungen Erwachsenen sehr wichtig. Die Besonderheiten sollten sich vor allem in der Schulung des Personals, in den räumlichen Bedingungen und den sozialen Einrichtungen der Krankenhausarbeit ausdrücken. Damit sollte nicht einer „Adoleszentenmedizin" als eigenständigem Fach das Wort geredet werden. Eine Verselbständigung von Spezialfächern nach Altersgruppen ist grundsätzlich nur für das Schulgesundheitspersonal und Jugendberatungsstellen sinnvoll. Hingegen ist eine spezifische Zusatzausbildung von Klinikpersonal, aber auch von Hausärzten und Kinderärzten, über die Jugendgesundheitsproblematik wünschenswert.

Die einzelnen Einrichtungen der Gesundheitsberatung müssen nicht notwendigerweise ausschließlich in öffentlicher Trägerschaft sein. *Denkbar wäre auch eine Weiterentwicklung des Modells der Praxen von Ärzten, Psychologen und Pädagogen, die als niedergelassene Berater und Therapeuten tätig sind.* Vorzug sollten dabei interdisziplinär besetzte Gemeinschaftspraxen haben. Es ist allerdings zu bedenken, daß die Praxis eines niedergelassenen Arztes heute inzwischen nach Größe, Umsatz und Arbeitsweise den Kriterien eines mittelständischen Betriebes entspricht. Vermutlich müssen andere Berufsgruppen im Gesundheitswesen, die ihre Leistungen ebenfalls frei und selbständig anbieten wollen, sich an diesen Mustern orientieren. Die wirtschaftliche Organisationsform der niedergelassenen Praxis mit den verschiedenen einzelnen institutionellen Facetten dürfte deswegen wohl Pate stehen.

Erst zögerlich zeigen sich Kooperationen zwischen Ärzten und Psychologen; Kooperationen mit Pädagogen sind noch völlig ungewöhnlich. Eindeutig herrscht die Tendenz bei den Medizinern vor, sich die Gebiete der Psychologie und der Pädagogik als Zusatzkompetenzen zu erwerben und mit in ihren medizinischen Aufgabenbereich hineinzudefinieren. Dringend ist, daß auch von medizinischer Seite arbeitsteilig und interdisziplinär gedacht und nicht der Eindruck erweckt wird, die Medizin sei eine Alleswissenschaft, die für sämtliche Bereiche der Gesundheitsbeeinträchtigung zuständig ist. Genauso wie Mediziner sich psychologisches und pädagogisches Fachwissen zusätzlich aneignen können, ist das umgekehrt auch für Psychologen und Pädagogen mit dem medizinischen Fachwissen möglich. Das Ziel einer umfassenden Gesundheitsförderung kann jedenfalls nur durch das Zusammenspiel der drei genannten Komponenten, möglichst noch ergänzt um weitere fachliche Aspekte, erreicht werden. Die öffentliche Förderung von Modellpraxen und anderen Gesundheitsberatungseinrichtungen mit freiberuflichem Charakter und interdisziplinärer Teambesetzung wäre in jedem Fall ein interessanter Modellversuch.

Chancen der kommunalen Gesundheitsförderung

Unabhängig hiervon ist aber eine Stärkung der öffentlichen Verantwortlichkeit und der öffentlichen Trägerschaft im Bereich der psychosozialen und der medizinischen Versorgung von Kindern und Jugendlichen dringend notwendig. Dem Gesundheitsamt mit einem erweiterten Aufgabenspektrum kommt hierbei eine Schlüsselrolle zu. *Ziel ist es, das Gesundheitsamt zu einem Forum für die kommunale Gesundheitspolitik werden zu lassen.* Der Privatisierung dieses wichtigen Versorgungssektors, die in der Bundesrepublik in den letzten Jahrzehnten stark vorangetrieben worden ist, muß dringend entgegengewirkt werden, wenn die Gesundheitspolitik wieder einen öffentlichen Stellenwert gewinnen soll. Wir haben es heute mit einer

Überbetonung der kassenärztlichen Versorgung und der Krankenhausversorgung zu tun, während die übrigen wichtigen Aufgaben der Gesundheitsberatung und -vorsorge zum Teil darnieder liegen (Badura, Elkeles, Grieger & Kammerer 1989).

Das Gesundheitswesen in der Bundesrepublik ist zu einer Art Reparaturbetrieb für bereits eingetretene Gesundheitsstörungen geworden und hat sich kaum um vorbeugende und präventive Maßnahmen gekümmert. Die Gesamtausgaben für die Erhaltung und Wiederherstellung von Gesundheit belaufen sich auf astronomische Höhen, aber nur bis zu 6% hiervon werden für vorbeugende und betreuende Maßnahmen aufgebracht. Die Ausgaben für den öffentlichen Gesundheitsdienst fassen noch nicht einmal 1% des gesamten Budgets der Gesamtausgaben für das Gesundheitswesen. Die einseitige Betonung der kurativen und rehabilitativen Leistungen ist nach übereinstimmender Auffassung der Kritiker des heutigen Gesundheitswesens ein wesentlicher Grund dafür, daß die Kostenexplosion in diesem Bereich nicht unter Kontrolle kommt.

Die Einrichtung von gesundheitspolitischen Koordinationszentren ist dringend notwendig. Sie sollten möglichst räumlich getrennt von Gesundheitsämtern, aber in enger Kooperation mit ihnen, aufgebaut werden. Die Distanz zu den Gesundheitsämtern ist wichtig, weil diese sehr stark für die Durchführung und Wahrnehmung von Pflichtaufgaben mit Kontrollfunktion zuständig sind, die einen ungünstigen Rahmen für die Arbeit des Gesundheitszentrums und die Übernahme neuer Aufgabenbereiche setzen könnten. Durch eine zumindest räumliche Trennung auf Stadt- und Gemeindeebene können auch die Schwellenängste der Besucher und Ratsuchenden abgebaut werden.

Als Aufgabenschwerpunkte eines kommunalen Gesundheitszentrums bieten sich an:

1. *Initiierung und Koordination der Gesundheitsförderung im Einzugsbereich:* Hier geht es darum, mit dem Gesundheitszentrum eine bürgerorientierte Informations-, Kommunikations- und Koordinationseinrichtung zu schaffen, die einerseits gesundheitsbezogene Serviceleistungen anbietet, andererseits sich als Vermittler zwischen der öffentlichen Verwaltung, den Institutionen der Sozial- und Gesundheitsversorgung und den Selbsthilfeaktivitäten in der Region versteht. Langfristiges Ziel muß es sein, die öffentlich und privat getragenen Dienst- und Hilfeleistungen so miteinander zu verzahnen und aufeinander abzustimmen, daß eine bessere Qualität der Versorgung mit gesundheitsrelevanten Diensten erreicht wird. Ein wichtiges Gremium für die Durchführung dieser Aufgaben könnte eine kommunale Arbeitsgemeinschaft sein, die aus allen mit Gesundheitsförderung, Gesundheitserziehung und Gesundheitsdiensten befaßten professionellen Organisationen und Einrichtungen und den Interessenverbänden der Ärzte, der Krankenkassen, der Beratungsstellen usw. zusammengesetzt ist. In diesem Gremium kann es zu einem Erfahrungsaustausch und zur Abstimmung von Maßnahmen kommen.

Auf einer zweiten Ebene der Koordination muß versucht werden, die Selbsthilfegruppen, organisierte oder nicht organisierte Initiativen und Einzelpersonen mit Aktivitäten im Bereich der Gesundheitsförderung zusammenzuführen und ein „Bürgerforum Gesundheit" einzurichten, das vorwiegend dem Austausch zwischen Mitgliedern der Verwaltung und den konkreten Aktivitäten der Initiativen dient.

2. *Gesundheitsberichterstattung:* Eine vorausschauende Planung und Gestaltung der Gesundheitsförderung in der Kommune ist nur möglich, wenn auf vielen Ebenen Daten gesammelt und für die Zwecke der Gesundheitsförderung, Gesundheitserziehung und Gesundheitsberatung aufbereitet werden. Die heutige Medizinalstatistik des öffentlichen Gesundheitsdienstes bietet hierfür eine unzureichende Grundlage. Sie muß zu einem leistungsfähigen Informationsnetz ausgebaut werden, das Auskunft für die Gesundheits- und Krankheitslage aller Bevölkerungsgruppen, insbesondere auch der Kinder und Jugendlichen, in der Region gibt. Nur wenn vollständige Überblicke über Gesundheitsdaten und ihre Entwicklung existieren, können gezielte Maßnahmen abgesprochen, initiiert und koordiniert werden. Nur auf dieser Basis ist auch ein vorgreifendes und vorbeugendes Handeln im Sinne von präventiven Maßnahmen möglich.

3. *Koordination der Gesundheitserziehung und -bildung:* Das Gesundheitszentrum kann als die Einrichtung fungieren, in der die Initiativen aller Träger für Gesundheitserziehung in der Gemeinde dokumentiert und aufeinander abgestimmt werden. Hier geht es also um die Aktivitäten in den Erziehungs- und Bildungseinrichtungen, den Einrichtungen des öffentlichen Gesundheitswesens, den ärztlichen Praxen und Kliniken und den Einrichtungen der psychosozialen Versorgung. Die Aktivitäten der Gesundheitserziehung sind in jeder einzelnen Einrichtung heute in ein Gefüge von Erfahrungen und Traditionen und von institutionellen Bindungen einbezogen, die oft zu einer Abschottung der jeweiligen Aktivitäten voneinander geführt haben. Hier ist dringend ein Austausch und die Verabredung einer Arbeitsteilung notwendig.

4. *Fort- und Weiterbildung:* Eng mit dem Aufgabenbereich der Koordination von Aktivitäten der Gesundheitserziehung hängen Aktivitäten der Fort- und Weiterbildung zusammen. Diese Aktivitäten müssen eng mit den entsprechenden Fortbildungsaktivitäten der Schulaufsichtsbehörden abgestimmt werden. Denn eindeutig kommt natürlich den Lehrerinnen und Lehrern eine Schlüsselrolle bei der Durchführung von Gesundheitserziehung zu. Das Gesundheitszentrum kann dafür sorgen, daß die ergänzenden Aktivitäten aller anderen Einrichtungen außerhalb des schulischen Sektors qualitativ hochwertig laufen und den aktuellen Erkenntnisstand der einschlägigen Forschung repräsentieren. In der Bundesrepublik ist durch das Gesundheitsreformgesetz seit Ende der 80er Jahre den Krankenkassen die Aufgabe der Gesundheitsförderung und damit auch der Gesundheitserziehung gesetzlich mit zugewiesen worden. Aus diesem Grund wird auch in diesen Institutionen das Interesse und der Bedarf an einer Intensivierung von Fortbildungsmaßnahmen für Kräfte in Kindergärten, Jugendbildungseinrichtungen, Ausbildungseinrichtungen, Betrieben, Freizeiteinrichtungen usw. steigen. Das Gesundheitszentrum muß hier für eine sinnvolle Arbeitsteilung und Kooperation sorgen.

5. *Gesundheitsberatung:* Das Gesundheitszentrum auf Gemeindeebene kann auch in begrenztem Ausmaß die Funktion einer direkten Gesundheitsbera-

tung von Bürgerinnen und Bürgern der Gemeinde übernehmen. Für Kinder und Jugendliche wäre dabei besonders interessant, Erfahrungen nicht nur mit dem Angebot von Gesundheitsberatung an Familien weiter auszubauen, sondern – wie diskutiert – auch Erfahrungen mit dem direkten Angebot von Beratung an junge Menschen.

Literatur

Allerbeck, K. & Hoag, W. (1985): Jugend ohne Zukunft? Einstellungen, Umwelt, Lebensperspektiven. München: Piper
Antonovsky, A. (1979): Health, stress, and coping. San Francisco: Jossey Bass
Aries, P. (1975): Geschichte der Kindheit. München: Hanser
Baacke, D. (1983): Die 13–18jährigen. Weinheim: Beltz
Badura, B. (Hg.) (1981): Soziale Unterstützung und chronische Krankheit. Frankfurt: Suhrkamp
Badura, B., Elkeles, T., Grieger, B. & Kammerer, W. (1989): Zukunftsaufgabe Gesundheitsförderung. Berlin: LVBK
Badura, B. & Pfaff, H. (1989): Streß – ein Modernisierungsrisiko? In: Kölner Zeitschrift für Soziologie und Sozialpsychologie 41, S. 644–668
Baur, J. (1989): Körper- und Bewegungskarrieren. Opladen: Leske
Baurmann, M. C. (1983): Sexualität, Gewalt und psychische Folgen. Wiesbaden: Bundeskriminalamt
Bausell, B. R. (1986): Health seeking behaviors: Private versus public health perspectives. Psychological Reports 58, S. 187–190
Beck, U. (1986): Risikogesellschaft. Auf dem Weg in eine andere Moderne. Frankfurt: Suhrkamp
Becker, M. H. (1974): The health belief model and personal health behavior. Thorefare: Slack
Beck-Gernsheim, E. (1988): Die neue Kinderfrage. München: Piper
Beller, E. K. (1987): Die Förderung frühkindlicher Entwicklung im Alter von 0–3 Jahren. In: Oerter, R. & Montada, L. (Hg.): Entwicklungspsychologie. München: Psychologie-Verlags Union
Bertram, H. & Bayer, H. (1984): Berufsorientierung erwerbstätiger Mütter. Weinheim: DJI-Verlag
Blackburn, H., Juepker, R., et al. (1984): The Minnesota Heart Health Program: A research and demonstration program in cardiovascular heart disease prevention. In: Matarazzo, J. D., Weiss, S. M., Herd, J. A., et al. (Eds.): Behavioral health: A handbook of health enhancement and disease prevention. New York, John Wiley and Sons
Böhnisch, L. & Münchmeier, R. (1990): Pädagogik des Jugendraumes. Weinheim: Juventa
Borman, K. M. (Hg.) (1982): The social life of children in a changing society. Hillsdale: Erlbaum
Bräutigam, W. & Christian, P. (1986): Psychosomatische Medizin. Stuttgart: Thieme

Brinkmann, W. & Honig, M. S. (1986): Gewalt gegen Kinder. Weinheim: DJI Verlag

Brusten, M. & Hurrelmann, K. (1973): Abweichendes Verhalten in der Schule. Eine Untersuchung zu Prozessen der Stigmatisierung. München: Juventa

Buchholz, W., Gmür, W., Höfer, R. & Straus, F. (1984): Lebenswelt und Familienwirklichkeit. Frankfurt: Campus

Büchner, P. (1983): Vom Befehlen und Gehorchen zum Verhandeln. In: Preuss-Lausitz, U. u. a. (Hg.): Kriegskinder, Konsumkinder, Krisenkinder. Weinheim: Beltz, S. 196–212

Buhr, P., Strack, P. & Strohmeier, K. P. (1988): Lebenslage und Alltagsorganisation junger Familien in NRW, Bielefeld: Forschungsbericht

Bundesministerium für Jugend, Familie, Frauen und Gesundheit (1989): Daten des Gesundheitswesens. Stuttgart: Kohlhammer

Bundeszentrale für gesundheitliche Aufklärung (1982): Teilband E, Medikamentenkonsum. Köln

Bundesvereinigung für Gesundheitserziehung (Hg.) (1990): Umwelt und Gesundheit. Bonn: BfG

Charlton, M. & Neumann, K. (1986): Medienkonsum und Lebensbewältigung in der Familie. Weinheim: Beltz

Coates, T. J., Perry, C. L., Killen, J., et al. (1981): Primary prevention of cardiovascular disease among children and adolescents. In: Prokop, C. & Bradley, L. (Eds.): Medical Psychology. Orlando: Academic Press

Coates, T. J., Petersen, A. C. & Perry, C. S. (Eds.) (1982): Promoting adolescent health. New York: Academic Press

Colberg-Schrader, H. & von Derschau, D. (1990): Sozialisation im Kindergarten. In: Hurrelmann, K. & Ulich, D. (Hg.): Neues Handbuch der Sozialisationsforschung. München: Psychologie-Verlags Union

DeMause, L. (1977): Hört ihr die Kinder weinen. Eine psychogenetische Geschichte der Kindheit. Frankfurt: Suhrkamp

Deutsche Gesellschaft für Ernährung (Hg.) (1988): Ernährungsbericht 1988. Frankfurt: DGE

Deutsche Hauptstelle gegen die Suchtgefahren (Hg.) (1990): Jahrbuch zur Frage der Suchtgefahren. Hamburg: Neuland

Deutsches Jugendinstitut (Hg.) (1986): Tageseinrichtungen für Kinder. Informationen, Erfahrungen, Analysen. München: DJI-Verlag

Dittrich, K. A. (1985): Familienalltag und Familienbeziehungen. Frankfurt: Campus

Dlugosch, G. & Schmidt, L. (1990): Psychological aspects of health education. In: Hurrelmann, K. & Lösel, F. (Eds.): Health hazards in adolescence. Berlin: De Gruyter

Dollase, R. (1979): Sozial-emotionale Erziehung in Kindergarten und Vorklasse. Hannover: Schroedel

Dost, B. (1983): Die Erben des Übels – Kranke Umwelt, kranke Kinder. München: Piper

Du Bois, R. (1989): Gesundheit und Leistungsfähigkeit im Jugendalter. In: Markefka, M. & Nave-Herz, R. (Hg.): Handbuch der Jugendforschung. Neuwied: Luchterhand, S. 311–318

Edelstein, B. A. & Michelson, L. (Eds.) (1986): Handbook of prevention. New York: Plenum

Engel, U. & Hurrelmann, K. (1989): Psychosoziale Belastung im Jugendalter. Berlin: De Gruyter

Engelbert, A. (1986): Kinderalltag – familiale und ökologische Bedingungen. In: Hurrelmann, K. (Hg.): Lebenslage, Lebensalter, Lebenszeit. Weinheim: Beltz, S. 66ff.

Engfer, A. (1986): Kindesmißhandlung: Ursachen, Auswirkungen, Hilfen. Stuttgart: Enke

Fache, W. (1990): Youth Counseling Centers. In: Hurrelmann, K. & Lösel, F. (Eds.): Health hazards in adolescence. Berlin: De Gruyter, S. 512–528

Familienbericht der Landesregierung von Nordrhein-Westfalen (1990): Minister für Arbeit, Gesundheit und Soziales. Düsseldorf

Fend, H. (1978): Schulklima: Soziale Einflußprozesse in der Schule. Weinheim: Beltz

Fend, H. (1988): Sozialgeschichte des Aufwachsens. Frankfurt: Suhrkamp

Ferchhoff, W. & Olk, T. (1988): Jugend im internationalen Vergleich. Weinheim: Juventa

Finkelhor, D. (1984): Child sexual abuse. New theory and research. London: Masmillan

Franzkowiak, P. (1986): Risikoverhalten und Gesundheitsbewußtsein bei Jugendlichen. Berlin: Springer

Franzkowiak, P. (1989): Primäre AIDS-Prävention für Jugendliche. Köln: Bundeszentrale für gesundheitliche Aufklärung.

Fromberg, E. von, Boehnke, K. & McPershon, M. (1989): Die Reaktionen westdeutscher Jugendlicher auf makrosozialen Streß. In: Rundbrief der Friedensinitiative Psychologie. Marburg.

Galli, N. (1978): Foundations and principles of health education. Santa Barbara: John Wiley

Garbarino, J., Schellenbach, C.J. & Sebes, J.M. (1986): Troubled youth, troubled families. New York: Aldine de Gruyter

Garmezy, N. & Rutter, M. (Eds.) (1983): Stress, coping, and development in children. New York: Aldine de Gruyter

Green, L. & Johnson, K. (1983): Health Education and Health Promotion. In: Mechanic, D. (Ed.): Handbook of Health, Health Care, Professions. New York: Free Press, S. 744–765

Grupe, O. (1982): Bewegung, Spiel und Leistung im Sport. Schondorf

Gutschmidt, G. (1986): Kind und Beruf. Alltag alleinerziehender Mütter. Weinheim: Juventa

Harms, G. & Mannkopf, L. (Hg.) (1989): Spiel- und Lebensraum Großstadt. Berlin

Hedewig, R. (1990): Drogenprävention und Erziehung zur Genußfähigkeit. In: Jahresheft Gesundheit. Friedrich-Verlag, S. 121–125

Heitmeyer, W. (1987): Rechtsextremistische Orientierungen bei Jugendlichen. Weinheim: Juventa

Heitmeyer, W. & Olk, T. (1990): Individualisierung von Jugend. Weinheim: Juventa

Hellerich, G. (1984): Hyperaktivität. Zur Verkrankung abweichender Verhaltensweisen bei Kindern. In: Zygowski, H. (Hg.) Erziehungsberatung in der Krise. Tübingen: DGVT-Verlag

Hildenbrand, B. (1983): Alltag und Krankheit. Ethnographie einer Familie. Stuttgart: Klett
Holtappels, H. G. (1985): Schülerprobleme und abweichendes Schülerverhalten aus der Schülerperspektive. In: Zeitschrift für Sozialisationsforschung und Erziehungssoziologie 5, S. 291–323
Honig, M. S. (1986): Verhäuslichte Gewalt. Frankfurt: Suhrkamp
Honig, M. S. (1989): Individualisierung und Kindeswohl. In: Melzer, W. & Sünker, H. (Hg.): Wohl und Wehe der Kinder. Juventa: Weinheim
Hornstein, W. (1983): Gesellschaftlicher Wertwandel und Generationskonflikt. In: Hornstein, W. (Hg.): Jugend ohne Orientierung? Weinheim: Beltz
Hornstein, W. & Lüders, C. (1987): Arbeitslosigkeit – und was sie für Familie und Kinder bedeutet. In: Zeitschrift für Pädagogik, 33, S. 395–614
Hurrelmann, B. (1989): Fernsehen in der Familie. Weinheim: Juventa
Hurrelmann, K. (1986): Einführung in die Sozialisationstheorie. Weinheim: Beltz 1986
Hurrelmann, K. (1988): Sozialisation und Gesundheit. Weinheim: Juventa
Hurrelmann, K. (1989): Warteschleifen. Keine Berufs- und Zukunftsperspektiven für Jugendliche? Weinheim: Beltz
Hurrelmann, K. & Engel, U. (Eds.) (1989): The social world of adolescents. New York: De Gruyter
Hurrelmann, K., Holler, B. & Nordlohne, E. (1988): Die psychosozialen „Kosten" verunsicherter Statuserwartungen im Jugendalter. In: Zeitschrift für Pädagogik 34, S. 25–44
Hurrelmann, K., Kaufmann, F. X. & Lösel, F. (Eds.) (1987): Social intervention: Potential and constraints. Berlin: De Gruyter
Hurrelmann, K. & Lösel, F. (1990) (Eds.): Health hazards in adolescence. Berlin: De Gruyter
Hurrelmann, K., Rosewitz, B. & Wolf, H. K. (1985): Lebensphase Jugend. Weinheim: Beltz
Hurrelmann, K. & Ulich, D. (Hg.) (1990): Neues Handbuch der Sozialisationsforschung. München: Psychologie-Verlags Union
Jessor, R. & Jessor, L. (1977): Problem behavior and psychosocial development. New York: Academic Press
Jopt, U.-J. (1987): Nacheheliche Elternschaft und Kindeswohl – Plädoyer für das gemeinsame Sorgerecht als anzustrebenden Regelfall. In: Zeitschrift für das gesamte Familienrecht, S. 875–885
Jugendwerk der Deutschen Shell (Hg.) (1985): Jugendliche und Erwachsene. Opladen: Leske
Kaplan, H. B. (Ed.) (1983): Psychosocial stress: Trends in theory and research. New York: Academic Press
Katsching, H. (Hg.) (1981): Sozialer Streß und psychische Erkrankung. München: Urban und Schwarzenberg
Kaufmann, F.-X. (1980): Kinder als Außenseiter der Gesellschaft. In: Merkur, 34. Jg., S. 761–771
Kaufmann, F. X. (1988): Familie und Modernität. In: Lüscher, K., Schultheis, F. & Wehrspaun, M. (Hg.): Die ‚postmoderne' Familie. Familiale Strategien und Familienpolitik im Übergang. Konstanz: Universitätsverlag
Kavemann, B. & Lohstöter, I. (1984): Väter als Täter. Sexuelle Gewalt gegen Mädchen. Reinbek: Rowohlt

Kazdin, A. E. (1987): Conduct disorders in childhood and adolescence. Beverly Hills: Sage.
Kempe, R. S. & Kempe, C. H. (1984): The common secret. Sexual abuse of children and adolescents. New York
Kessler, R. C. & McLeod, J. D. (1984): Sex differences in vulnerability to undesirable life events. In: American Sociological Review, 49, S. 620–631
Keupp, H. & Röhrle, B. (Ed.) (1987): Soziale Netzwerke. Frankfurt: Campus
Kickbusch, I. (1989): Approaches to an ecological base for public health. In: Health Promotion 4, 265–269
Kinze, W. & Barchmann, H. (1990): Konzentrationsfähigkeit und Konzentrationsstörungen bei Schulkindern. In: Psychologie in Erziehung und Unterricht, 37, S. 13–25
Kinderschutzzentrum Köln (1987): Familienorientierter Kinderschutz. Köln
Klages, H. (1985): Wertorientierungen im Wandel. Frankfurt: Campus
Klemm, K. u. a. (1990): Bildungsgesamtplan '90. Weinheim: Juventa
Kramer, G. (1987): Umweltverschmutzung – Lebensgefahr für unsere Kinder. München: Knaur
Laaser, U., Sassen, G., Murza, G. & Sabo, P. (Hg.) (1978): Prävention und Gesundheitserziehung, Heidelberg: Springer
Landesinstitut für Schule und Weiterbildung (Hg.) (1988): Sucht- und Drogenvorbeugung in der Schule. Materialien und Medien. Soest: LSW
Lang, S. (1985): Lebensbedingungen und Lebensqualität von Kindern. Frankfurt: Campus
Lauth, G. (1983): Verhaltensstörungen im Kindesalter. Stuttgart: Kohlhammer
Lazar, J. & Darlington, R. (1982): Lasting effects of early education: A report from the consortium for longitudinal studies. In: Monographs of the Society for Research in Child Development, No. 196, Vol. 47
Lazarus, R. S. & Folkman, S. (1984): Stress, appraisal and coping. New York: Springer
Ledig, M. & Nissen, U. (1987): Kinder und Wohnumwelt. München: DJI
Lehr, U. (1975): Die mütterliche Berufstätigkeit und mögliche Auswirkungen auf das Kind. In: Neidhardt, F. (Hg.): Frühkindliche Sozialisation. Stuttgart: Enke, S. 230–269
Levi, L. (1981): Psychosoziale Reize, psychophysiologische Reaktionen und Krankheit. In: Nitsch, J. (Hg.): Streß-Theorien, Untersuchungen, Maßnahmen. Bern: Huber, S. 188–212
Liegle, L. (1987): Welten der Kindheit und Familie. Weinheim: Beltz
Lösel, F. (1987): Belastung, Vulnerabilität und Problemverhalten. Bielefeld: SFB 227 – preprint
Lüscher, K. (1979): Sozialpolitik für das Kind. Stuttgart: Klett
Lüscher, K., Schultheis, F. & Wehrspaun, M. (Hg.) (1988): Die ‚postmoderne' Familie. Familiale Strategien und Familienpolitik im Übergang. Konstanz: Universitätsverlag
Mangold, B. (1988): Bedeutung der familiendynamischen Sichtweise bei psychosomatischen Erkrankungen von Kindern und Jugendlichen. In: Wesiack, W. (Hg.): Entwicklungstendenzen in der psychosomatischen Medizin. Heidelberg: Springer, S. 72–96
Mansel, J. & Hurrelmann, K. (1990): Ansprüche Jugendlicher an Schule, Beruf und Familie. In: Gegenwartskunde 18, 220–234

Mattejat, F. (1985): Familie und psychische Störungen. Stuttgart: Enke

McAlister, A. L. (1982): Theory and action for health promotion. Illustrations from the North Karelia Project. In: American Journal of Public Health 72, S. 43–49

McPartland, J. M. & McDill, E. L. (1977): Violence in schools: Perspectives, programs and positions. Lexington, Mass.: Lexington Books

Mechanic, D. (Ed.) (1984): Handbook of health, health care, and health professions. New York: Free Press

Melzer, W. & Sünker, H. (Hg.) (1989): Wohl und Wehe der Kinder. Weinheim: Juventa

Minuchin, S., Rosman, B. L. & Baker, L. (1981): Psychosomatische Krankheiten in der Familie. Stuttgart: Klett-Cotta

Millstein, S. G. (1988): The potential of school-linked centers to promote adolescent health and development. Washington: Carnegie Corporation

Millstein, S. G. & Irwin, C. E. (1987): Concepts of health and illness: Different constructs or variations on a theme? In: Health Psychology, 6, S. 515–524

Minister für Arbeit, Gesundheit und Soziales NRW (Hg.) (1987): Jugend und Drogen. Düsseldorf

Minister für Arbeit, Gesundheit und Soziales NRW (Hg.) (1989): Kinder und Medikamente. Düsseldorf

Mueller, D. P. & Cooper, P. W. (1986): Children of single parent families: How they fare as young adults. In: Family Relations, 35, S. 169–176

Napp-Peters, A. (1985): Ein-Elternteil-Familien. Weinheim: Juventa

Nave-Herz, R. & Markefka, M. (Hg.) (1989): Handbuch der Familien- und Jugendforschung. Band 1. Neuwied: Luchterhand

Nauck, B. (1989): Erwerbstätigkeit und Familienstruktur. Weinheim: Juventa

Nissen, G. (Hg.) (1987): Prognose psychischer Erkrankungen im Kindes- und Jugendalter. Bern: Huber

Nitsch, J. R. (Hg.) (1981): Streß, Theorien, Untersuchungen, Maßnahmen. Bern: Huber

Nordlohne, E. (1990): Alkohol-, Tabak-, Drogen- und Medikamentenmißbrauch im Jugendalter. Universität Bielefeld: Dissertation

Nordlohne, E., Hurrelmann, K. & Holler, B. (1989): Schulstreß, Gesundheitsprobleme und Arzneimittelkonsum. In: Prävention, 3, 1989, S. 47–53

Oerter, R. & Montada, L. (Hg.) (1987): Entwicklungspsychologie. München: Psychologie-Verlags Union

Pearlin, L. (1987): The stress process and strategies of intervention. In: Hurrelmann, K., Kaufmann, F. X. & Lösel, F. (Eds.): Social intervention: Potential and constraints. Berlin: De Gruyter, S. 53–72

Perry, C. L. & Jessor, R. (1985): The concept of health promotion and the prevention of adolescent drug abuse. In: Health Education Quarterly, 12, S. 169–184

Perry, C. L., Klepp, K. I. & Shultz, J. M. (1988): Primary prevention of cardiovascular disease: Communitywide strategies for youth. In: Journal of Consulting and Clinical Psychology, 56, S. 358–364

Petermann, F., Noecker, M. & Bode, U. (1987): Psychologie chronischer Krankheiten im Kindes- und Jugendalter. München: Urban & Schwarzenberg

Preuss-Lausitz, U. (1983): Kriegskinder, Konsumkinder, Krisenkinder. Zur Sozialisationsgeschichte seit dem zweiten Weltkrieg. Weinheim: Beltz

Remschmidt, H. (Hg.) (1987): Kinder- und Jugendpsychiatrie. Stuttgart: Thieme
Rolff, H. G., Klemm, K. & Hansen, G. (Hg.) (1988): Jahrbuch der Schulentwicklung. Weinheim: Juventa
Rolff, H.-G. & Zimmermann, P. (1985): Kindheit im Wandel. Eine Einführung in die Sozialisation im Kindesalter. Weinheim: Beltz
Rutter, M., Maughan, B., Mortimer, D. & Ouston, J. (1980): Fünfzehntausend Stunden. Schulen und ihre Wirkung auf Kinder. Weinheim: Beltz
Rutter, M. (1980): Changing youth in a changing society. Cambridge: Harvard University Press
Saller, H. (1989): Sexuelle Ausbeutung von Kindern. In: Melzer, W. & Sünker, H. (Hg.): Wohl und Wehe der Kinder. Weinheim: Juventa, S. 144–161
Schmidtchen, S. (1989): Kinderpsychotherapie. Stuttgart: Kohlhammer
Schmidt-Denter, K. (1988): Soziale Entwicklung. München: Psychologie-Verlags Union
Schmidt-Kolmer, E. (Hg.) (1984): Kinderkrippen – Krippenkinder: Analyse von Bedingungen für die Entwicklung und Erziehung von Krippenkindern. Ost-Berlin: Verlag Volk und Gesundheit
Schneewind, K. A., Beckmann, H. & Engfer, A. (1983): Eltern und Kinder. Umwelteinflüsse auf das familiäre Verhalten. Stuttgart: Kohlhammer
Schneider, V. (1990): Motiviert für Gesundheit? In: Jahresheft Gesundheit. Friedrich Verlag, S. 30–33
Schwarz, K. (1989): In welchen Familien wachsen unsere Kinder auf? In: Zeitschrift für Familienforschung 1, S. 27–48
Schwarzer, R. (1989): Überlegungen zu einer sozialkognitiven Theorie des Gesundheitsverhaltens. Manuskript. Berlin: Freie Universität
Seifert-Schröder, B. (1989): Familie und Drogenmißbrauch. In: Paetzold, B. & Fried, L. (Hg.): Einführung in die Familienpädagogik. Weinheim: Beltz, S. 223–239
Silbereisen, R. K. & Kastner, P. (1986): Jugend und Problemverhalten. Entwicklungspsychologische Perspektiven. In: Oerter, R. & Montada, L. (Hg.), Entwicklungspsychologie. München: Psychologie-Verlags Union
Siegrist, J. (1988): Medizinische Soziologie. München: Piper
Staeck, L. (1990): Gesundheitserziehung heute. In: Jahresheft Gesundheit. Friedrich Verlag S. 25–29
Stark, W. (Hg.) (1989): Lebensweltbezogene Prävention und Gesundheitsförderung. Freiburg: Lambertus
Statistisches Bundesamt (Hg.) (1989): Statistisches Jahrbuch 1989 für die Bundesrepublik Deutschland. Stuttgart: Metzler-Poeschel
Steinhausen, H. C. (Hg.) (1985): Risikokinder. Ergebnisse der Kinderpsychiatrie und -psychologie. Stuttgart: Kohlhammer
Steinhausen, H. C. (1988): Psychische Störungen bei Kindern und Jugendlichen. München: Urban & Schwarzenberg
Sunseri, A. J., Alberti, J. M. & Schoenberg, J. A. (1982): Children as Reinforcers of Adult Health Education. Chicago Heart Health Curriculum Program Report. Chicago: Chicago Heart Association
Tell, G. (1982): Factors influencing dietary habits: Experiences of the Oslo Youth Study. In: Coates, T. J., Petersen, A. C. & Perry, C. L. (Eds.): Promoting Adolescent Health. New York: Academic Press

Trube-Becker, E. (1987): Gewalt gegen das Kind. Heidelberg: Kriminalistik-Verlag
Uexküll, T. von (1981): Handbuch der psychosomatischen Medizin. München: Urban und Schwarzenberg
Ulich, D. (1987): Krise und Entwicklung. München: Psychologie-Verlags Union
Vartiainen, E. (1982): Changes in cardiovascular risk factors during a two-year intervention programme among 13 to 15 year old children and adolescents. University of Kuopio, Finland, Unpublished doctoral dissertation
Verbrugge, L.M. (1989): The twain meet: Empirical Explanations of sex differences in health and mortality. In: Journal of Health and Social Behavior 30, S. 282–304
Voß, R. (1987): Anpassung auf Rezept. Stuttgart: Klett-Cotta
Waller, H. (1985): Sozialmedizin. Stuttgart: Kohlhammer
Weber-Falkensammer, H. (1986): Prävention und Sozialarbeit. In: Oppl, H. & Weber-Falkensammer, H. (Hg.): Soziale Arbeit im Gesundheitswesen. Frankfurt: Diesterweg, S. 148–171
Wenzel, E. (Hg.) (1986): Die Ökologie des Körpers. Frankfurt: Suhrkamp
Weltgesundheitsorganisation (WHO) (1985): Einzelziele für „Gesundheit 2000". Kopenhagen: WHO
Weltgesundheitsorganisation (WHO) (1986): Ottawa Charter for Health Promotion. Genf: WHO
Werner, E. & Smith, R. (1982): Vulnerable but invincible: A longitudinal study of resilient children and youth. New York: McGraw-Hill
Wynder, E., Williams, C.L., Laakso, K., et al. (1981): Screening for risk factors for chronic disease in children from fifteen countries. In: Preventive Medicine 10, S. 121–132
Zeiher, H. (1983): Die vielen Räume der Kinder. Zum Wandel räumlicher Lebensbedingungen seit 1945. In: Preuss-Lausitz, U. (Hg.): Kriegskinder, Konsumkinder, Krisenkinder. Weinheim: Beltz, S. 176–195
Zelizer, V.A. (1985): Pricing the priceless child. The changing social value of children. New York: Basic Books
Zenz, G. (1979): Kindesmißhandlung und Kindesrechte. Frankfurt: Suhrkamp
Zimmer, G. (Hg.) (1981): Persönlichkeitsentwicklung und Gesundheit im Schulalter. Frankfurt: Campus
Zinnecker, J. (1979): Straßensozialisation. In: Zeitschrift für Pädagogik, Heft 25, S. 727–746
Zinnecker, J. (1987): Jugendkultur 1940–1985. Leverkusen: Leske & Budrich

RATGEBER

Bornhaupt/Hurrelmann (Hrsg.)

Kinder im Streß?!

Ein Ratgeber für die Lebensprobleme der 6- bis 16jährigen.
Mit Zeichnungen von Mareike Siepmann.
167 S. Pappband.
ISBN 3-407-83119-6

Kennen Sie das? Ein Kind schläft nachts schlecht, kaut an den Fingernägeln, klagt öfter über Bauchschmerzen, kann nicht stillsitzen, ist im Kontaktzu anderen Kindern aggressiv, stört in der Schule ... Wir behaupten: dies alles sind mögliche Anzeichen für »Streß«. Sie werden fragen: »Kinder im Streß? Das gibt's doch gar nicht. Denen geht's doch heute so gut wie nie zuvor!« Das ist richtig. In vielen Bereichen haben es Kinder und Jugendliche noch nie so »gut« gehabt wie heute. Der größte Teil von ihnen braucht sich um die wichtigen lebenserhaltenden Fragen keine Sorgen zu machen: sie haben ein eigenes Zimmer, viel Taschengeld, ausreichend zu essen und können sich angemessen kleiden – alles Dinge, die noch vor fünfzig oder hundert Jahren keineswegs selbstverständlich waren. ... und dennoch geht es unseren Kindern und Jugendlichen nicht gut: sie werden vernachlässigt, ihre Bedürfnisse mißachtet. Es entstehen neue Krankheiten, Allergien, Pseudo-Krupp, Magersucht breiten sich in erschreckendem Maße aus. Viele Kinder und Jugendliche leiden. Selbstmord steht heute bei Kindern als Todesursache bereits an fünfter, bei Jugendlichen sogar an zweiter Stelle! Eltern und Pädagogen sind beunruhigt über Auffälligkeiten im Leistungsbereich in der Schule und über soziale Schwierigkeiten.

Beltz Verlag · Postfach 10 01 54 · 69441 Weinheim

GRÜNE REIHE

Klaus Hurrelmann/Ulrich Laaser (Hrsg.)
Gesundheitswissenschaften
Handbuch für Lehre, Forschung und Praxis
459 Seiten. Pappband.
ISBN 3-407-25143-2

Die »Gesundheitswissenschaften« als eigenständige Disziplin existieren im deutschen Sprachraum so gut wie gar nicht. Doch wegen der veränderten und nach wie vor prekären Gesundheitslage der Bevölkerung, ganz besonders in den nichtindustrialisierten Ländern, und auch wegen der immer weiter steigenden gesellschaftlichen Kosten für den Sektor »Gesundheits-/Krankheitswesen« ist eine Bündelung der verschiedenen wissenschaftlichen Aktivitäten in diesem Bereich überfällig. Das Handbuch soll dem wachsenden Bedarf nachkommen, in Ausbildung und Praxis über ein zuverlässiges Nachschlagewerk zu den Gebieten der Gesundheitsmedizin, Gesundheitspsychologie, Gesundheitsbiologie, Gesundheitssoziologie, Gesundheitsrecht, Gesundheitspolitik, Gesundheitserziehung zu verfügen.
Es ist in sechs Komplexe aufgeteilt:
- Theoretische Grundlagen,
- Methoden der Gesundheitswissenschaften,
- Krankheitsprävention und Gesundheitsförderung,
- Versorgung mit und Inanspruchnahme von Gesundheitsdiensten,
- Arbeit, Umwelt und Gesundheit,
- Analyse und Weiterentwicklung des Gesundheitssystems.

Das zuverlässige Kompendium und Nachschlagewerk für alle, die sich – wissenschaftlich oder praktisch – mit dem Thema Gesundheit beschäftigen.

Beltz Verlag · Postfach 10 01 54 · 69441 Weinheim